PROVINCIAL FINANCIAL ENGINEERING

省域金融工程

——基于中国湖北省的示范分析

叶永刚 刘宇奇 宋凌峰 张培 等著

人民出版社

让省域经济插上腾飞的翅膀

（代序）

一

怎么会有这样一本书呢？也许读者会问。

这本书的写作应该说由来已久。

在珞珈山这片美丽的土地上，我们从2002年开始创办本科生金融工程专业，随后又开设了金融工程硕士专业和博士专业。在和全国的同行们一起建设这门新型学科的过程中，我们感到中国不仅要向国外学习，而且要有创新，要办出自己的特色。于是我们想到宏观、微观统一的金融工程。

在构建宏观、微观统一的理论体系过程中，我们想到了金融工程的应用层面。在应用方面，我们有“三大支柱”：一是宏观金融风险管理，二是产业金融工程，三是区域金融工程。在区域金融工程方面，我们不仅进行理论上的探讨，而且在实践中进行示范。从县域金融工程示范到市域金融工程示范，再到省域金融工程示范，于是便有了呈现在大家面前的这本书。

二

也许接下来读者们会问第二个问题：什么是省域金融工程？

省域金融工程是宏观金融工程的一个重要组成部分。它指的是在控制宏观金融风险的前提下，有效地配置金融资源，从而推动省域持续发展的一个研究领域。

本书涉及的主要研究内容有五大部分。其一，省域金融工程的一般理论与方法。主要由前五章构成：第一章，导论；第二章，省域金融工程理论基础；第三章，省域金融工程技术路线；第四章，省域金融工程的一般模式；第五章，省域金融规划。其二，省域金融体系建设。本部分由四章构成；第六章，省域股权交易市场建设；第七章，省域金融资产交易市场建设；第八章，省域民间金融体系建设；第九章，省域大宗商品交易市场建设。其三，省域产业金融工程。本部分由三章构成；第十章，省域农业金融工程建设；第十一章，省域工业金融工程建设；第十二章，省域服务业金融工程建设。其四，省域经济发展战略管理。本部分由一章构成；第十三章，省域经济发展战略管理体系。

三

热心的读者也许还会问第三个问题：你们在湖北省都做了哪些示范？

我们为湖北省建立了宏观风险管理监测体系；编制出了湖北省的资产负债表；每年制作湖北省宏观风险报告，为湖北省的经济发展提供有益的决策依据和相应的应对措施。

我们为湖北省研究和设计了金融要素市场，这些市场为湖北省武汉市构建区域金融中心起到了助推作用。

我们在湖北省开展了产业金融工程的示范。在武汉市黄陂区开展了农业金融工程的示范，在湖北省崇阳县开展了生态农业金融工程的示范，在大冶市尝试了矿业金融工程的示范。

我们在湖北省开展了县域金融工程示范和地市州金融工程示范。在湖北省通山县进行了县域金融工程示范，在咸宁市、黄冈市、十堰市和恩施自治州开展了市域金融工程示范。

我们为湖北省和武汉市制定了金融规划和相应的实施方案。

这些示范工作，大大加快了湖北省的经济发展速度，有效地改善了人们的物质文化生活，进一步丰富了我们的理论探索和思考。我们将这些示范、探索和思考一并呈现给各位读者，希望它们能够启发大家进行更为深入的研究，并且推动全国经济特别是各省、市、县经济的发展。

本书由叶永刚、宋凌峰、张培和刘宇奇总体策划和协调。刘宇奇撰写了其中的主要部分，并对全书进行编纂和润色。具体章节分工为：刘宇奇，第一章至第四章；张梦露，第五章和第七章；黄悦，第六章和第十章；雷珣，第九章与第十二章；余巍，第八章和第十三章；王凌伟，第十一章和第十三章。

本书的完成得到了湖北省政府，特别是金融办、财政厅和统计局的大力支持，在此表示感谢。本书还要感谢人民出版社的厚爱，感谢湖北省各示范单位的鼎力相助，感谢武汉大学中国金融工程与风险管理研究中心成员的潜心研究与写作。

衷心祝愿本书的出版能够为中国经济，特别是中国省域经济的发展插上一双腾飞的翅膀。

叶永刚

2015 年 4 月 6 日于武昌珞珈山

目　录

第一章　导　论

省级行政单位是中央政府管辖下的最高一级地方行政单位，它是中央与地方直接联系所在。从经济学的角度来看，省域经济在我国整体的经济构架中有着重要的地位，经济规模介于国家经济与县域经济之间，三者共同构成我国经济体系。由于省域经济是我国经济体系的重要组成部分，其发展的快慢直接决定我国经济整体的增长速度，对于省域经济发展的金融支持问题研究无论从理论还是实践上都具有重大意义。

金融是经济的核心部分，通过发挥金融的功能，资源能够得到优化配置。金融学本身起源于西方，绝大部分理论的发展也在西方。我国学术研究领域中所谓的金融可以分为宏观金融与微观金融，宏观金融主要的研究领域是货币金融，微观金融的重点在于资产定价和公司金融。从以往的研究来看，大部分研究聚焦于微观金融部分，现存宏观金融研究也多集中在货币经济学和国际经济学上，直接触及地方经济与金融关系的研究比较缺乏。

在 2008 年国际金融危机后，全世界范围内的金融研究者与实践者对金融都有了更深的认识，金融风险受到各国的强烈关注，金融如何定位成为关乎国家经济能否保持长期稳定发展的重要问题。我国政府提出了金融服务实体经济的要求，金融在应对国际金融危机的过程中发挥了巨大的作用。在未来的一个时期内，我国的金融应该如何发展、如何提高金融服务实体经济的质量与水平，这都是无法回避的问题。

由此可见，要想充分发挥金融的作用支持实体经济发展，回答好金融与经济的关系问题是关键。在此背景下，我们提出了省域金融工程这一全新的概念，其目标是谋求在一个省份的范围内，运用金融工程的手段来实现经济的跨越式发展。在这个过程中，既要实现经济的发展，又要控制金融风险，这是金融工程思想的延伸。总体来看，省域金融工程不仅能够填补理论上的空白，在实践中也具有很强的可操作性。

省域金融工程是一个全新的命题,它融合了经济学、金融学与金融工程,既具有理论上的可行性,也有实践中的可操作性。省域金融工程通过一套完整的体系将经济发展路径提升到工程化的层面,综合考虑了经济发展速度与金融风险这两个问题。

本章是全书的导论部分,首先对省域金融工程的研究背景进行了综述,其次提出省域金融工程的概念和研究范畴,最后论述本书的基本框架和创新点。

第一节　研究背景

省域金融工程是研究金融与经济发展的关系,将宏观金融与微观金融相结合的一个理论。下面就相关问题的已有研究进行梳理,提出省域金融工程的研究背景。

一、金融工程理论

1. 微观金融工程理论

20 世纪中后期,现代金融学创立并进入快速发展阶段。金融工程理论基于现代金融学产生。Black 和 Scholes(1973)发现期权定价公式标志着金融工程理论的诞生,期权定价方法作为一种全新的资产定价方法受到全世界的重视。几乎在同一时期,Merton(1974)在固定收益证券的基础下提出了期权定价的问题。Cox、Ross 和 Rubinstein(1979)提出了离散状态下的期权定价模型,即二项式期权模型,使得期权定价理论能够得到直观、简洁的呈现。Harrison 和 Kreps(1979)提出连续时间下的风险中性定价方法,或者说是鞅定价方法。Duffie(1985)通过对金融市场的研究,提出金融创新对提高整个社会资源配置效率具有重大意义,金融工程通过提高市场的完全性使得金融市场的效率得到提高,从而起到了提高整个社会资源配置效率的作用。John Finnerty(1988)通过研究金融工程在公司金融领域的应用,将金融工程看作是一种金融创新的手段,总结了金融工程在多个领域中的实际应用,定义了金融工程的使用范围,即产品创新、金融过程创新和因实际需要而产生的金融创新。John Marshell(1992)在此基础上对金融工程的应用范围进行了推广，认为金融创新不仅仅产生于宏观层面，微观层面的消费者也可以进行应用。Jeremy Staum(2003)将金融工程定义为工程学的范畴，是在现有条件和已设定目标的基础上来提供实际问题的解决方案。此外，金融工程也属于理论科学的领域，研究方向包括衍生金融工具定价、风险管理和最优化投资方法等范畴。

国内的金融工程在20世纪90年代后开始发展，在学习国外金融工程理论的基础上，逐渐提出个人对于金融工程的理解。但是在微观金融领域，国内的金融工程遵循的是西方微观金融工程的发展模式，并且在学科的发展速度和理论创新力度上远不及西方金融工程理论。

2. 宏观金融工程理论

宏观金融工程理论基于微观金融理论提出，它将金融工程的应用层面由微观拓展到宏观。宏观金融工程理论将微观金融工程理论作为基础，将金融工程的结构化思想拓展到宏观金融的层面。叶永刚、宋凌峰(2007)指出，宏观金融工程吸收了微观金融工程的基本思想和基本方法，把整个经济体和经济部门作为研究对象，研究国家整体和部门的金融风险和金融资源的配置状况，通过发挥金融工程的创新作用，来推动宏观经济的发展。叶永刚、宋凌峰、张培(2011)指出，从内容上看，宏观金融工程包括宏观金融资产负债表、宏观金融风险管理和宏观经济资本管理三个方面。

微观金融工程与宏观金融工程有着密不可分的关系，两者有着共通的基本思想和基本方法，但是研究的侧重点有所不同，宏观金融工程的研究领域集中于宏观金融方面，主要研究金融工程如何促进宏观经济的发展。在2008年国际金融危机后，一味强调发展微观金融工程的弊端为人们所诟病，人们意识到金融的发展要为宏观经济的发展服务，宏观金融工程的重要性日益凸显。省域金融工程属于宏观金融工程理论的一部分，是在微观金融工程理论的基础上研究宏观经济层面的问题。

二、区域经济增长理论

区域经济增长理论来源于区域经济学，讨论的是一个区域内经济增长的问题，特别是不同区域经济增长的差异性问题。可以粗略地将区域经济增长理论分为均衡增长理论和非均衡增长理论。

1. 区域均衡增长理论

区域均衡增长理论基于新古典经济增长理论,最核心的思想是通过发挥市场的调节机制,使得不同区域之间不同生产要素的报酬率最终趋近于一个均衡的水平,通过市场的价格机制使得不同区域之间的经济发展均衡。在发展过程中,均衡增长理论强调在国民经济的各个部门中同时进行投资,使得所有部门都能得到发展。区域均衡增长理论大致包括以下两个类型:

(1)大推进论

Paul Rosenstein - Rodan(1943)在《东欧和东南欧国家工业化问题》的论述中强调,进行工业化是发展中国家实现经济发展的根本路径。要想实现工业化,生产函数中资本的投入是必不可少的,但是由于在生产的供给与需求上都存在一定的不可分割性,为了能够克服规模给生产带来的限制,必须以最小临界投资规模对多个产业部门同时进行投资,这些产业最好是具有互补效应的,这样可以在提高利用率的同时降低成本。

(2)贫困恶性循环理论

贫困恶性循环理论由 Ragnar Nurkse(1953)在《不发达国家资本形成》这一著作中提出,他认为欠发达国家贫穷是贫穷恶性循环的缘故。在生产方面,低收入导致低储蓄,低储蓄导致低生产率;在消费方面,低收入导致低购买力,低购买力导致投资不足,由低收入导致的结果在供给与需求两个方面都进入周而复始的循环。他认为,要摆脱这种困境,需要对各个部门大规模投资,投资的比率可以有所不同,按照各部门的收入弹性和需求价格弹性加以调整。

这两个理论是区域均衡增长理论的代表,在理论上,它们都反映出区域经济平衡发展的思想,但是在现实中,两个理论均有明显的漏洞,它们都过分强调计划而非市场的作用。对所有产业部门都进行大规模的投资是不现实也是没有必要的,每个区域根据自身经济的特点都有优势经济部门和劣势经济部门,各个区域可以通过确立主导产业来重点发展部分产业,而不是搞“大推进”。所以,理论与现实脱节便是这两个理论的不足。

2. 区域非均衡增长理论

区域非均衡增长理论是针对区域均衡增长理论而提出的,它基于现实中各区域经济发展的差异。在大多数国家特别是发展中国家,广泛存在区域经济发展的两极分化,即经济在空间发展上的不平衡。这种理论认为,经济发展应该有重点发展地区和主导部门,通过它们来带动整个经济的发展而不是让所有地区同步发展。区域非均衡增长理论有累积因果循环理论、增长极理论、不均衡增长理论等。

(1)累积因果循环理论

累积因果循环理论由 Myrdal(1944)提出,他认为市场经济具有扩大差距的力量,扩散效应与回流效应作用之和决定了经济发展的模式。在发展中国家,回流效应要强于扩散效应,所以在发展初期,应该采取不均衡的发展措施,集中力量优先发展具有优势的地区,再发展其他地区。

(2)增长极理论

增长极理论由 Perroux(1955)提出,他认为经济的发展应该集中于具有创新能力的行业与部门,通过资源在这些行业与部门的集聚促进区域快速发展,通过辐射作用带动周围区域的发展,这种现象被称为"增长极"。通过"增长极"的发展来带动其他区域的发展。增长极理论强调的是快速发展地区对周边地区的影响作用,通过建立一个这样的区域来带动其他区域发展。

(3)不均衡增长理论

Hirschman(1958)提出了不平衡增长理论,他认为经济发展主要取决于效率,一个区域经济的发展不是一个平衡发展的过程,而是要以少数区域优先、快速发展为主,然后带动其他地区发展。具体到发展战略上来说,应该将有限的资源投入到最具发展潜力的部门,在经济发展到一定阶段后,再对经济发展战略进行一定程度的调整。

有关非均衡增长理论还有弗里德曼的"中心—外围"理论、库兹涅茨的"倒U型假说"等。这些理论都承认经济在不同区域之间的发展存在差异,认为经济的发展不是均衡的,在特定的阶段,需要经济的非均衡发展。

区域经济理论阐明了区域经济的发展方式,从已有的研究情况来看,非均衡的发展理论是适合发展中国家和地区的一套体系,即在经济的不发达阶段,要集中资源发展优势地区,通过优先发展地区的带动作用来促进整体的发展,而不是让所有部门、所有地区同步发展。

三、金融发展与经济增长的关系

金融发展理论研究的是金融发展与经济发展之间的关系。金融与经济的关系一直是人们关注的话题,理论界对这个问题的回答也不统一。一部分学者认为金融发展与经济增长之间没有直接的联系，货币在经济中呈中性，经济增长只包含实体经济范畴内的增长，虚拟经济与实体经济之间没有必然的关系。另一部分学者认为金融发展与经济增长之间存在着明显的相关关系，两者会相互影响。

最早认识到金融发展与经济增长关系的学者可以追溯到美籍奥地利经济学家 A. Schumpeter(1921)，他认为企业的创新是经济增长的重要环节，通过金融市场可以分辨出最有增长潜力的企业，提高资源的配置效率。同时，对于整个经济系统，货币的数量会对实体经济产生显著的影响。美国经济学家 J. Tobin(1969)创立了货币理论的一般均衡方法，集中分析经济中的部门、实体和资本账户，将货币部门内生化，证明了货币政策能够影响总需求。J. G. Gurley 和 E. S. Shaw(1955)指出，如果利用广义的货币来分析经济增长，那么需要把金融的因素纳入经济发展的分析之中。金融中对经济的影响因素不仅仅是货币，而应该是多样化的金融资产，这样才能更好地说明金融与经济的关系。R. W. Goldsmith(1969)提出了金融结构理论，讨论了金融结构的变化引起的金融发展，最终认为金融业的发展与经济的发展是紧密结合的，并且金融相关比率这个指标能够反映出金融结构的特点。E. S. Shaw(1973)认为金融制度与经济发展有着密切的关系，在发展中国家，金融体制的落后明显制约了经济发展的速度，而经济发展速度反过来又制约了金融效率的提高，成为一种恶性循环。R. I. Mckinnon(1973)同样以发展中国家的货币金融问题作为研究对象，认为发展中国家的金融市场并不完善，存在着金融抑制现象，要想摆脱这种困境，发展中国家要通过实行金融自由化来解除金融抑制。King 和 Levine(1993)找到了衡量金融发展水平的指标，并从实证的角度证明了金融与经济之间存在关系，即金融的发展能够促进经济发展水平的提高。

金融发展与经济增长关系是宏观金融工程的基础，也是省域金融工程的理论依据，从已有的研究来看，除了少数古典经济学家坚持金融与经济之间不存在明显的关系以外，多数学者都认为金融发展与经济增长存在明显的相关关系。研究者多从信贷、投资和金融制度的角度来解释金融与经济增长之间的问题，通过改进金融制度，提高市场上资金的使用效率，从而推动经济增长。此前的文献虽然指出了金融发展与经济增长之间的关系，但是未能详细描述并指出具体的操作路线，使得金融支持实体经济发展的路线不够清晰。此外，现有理论仅重点描述了金融发展促进经济增长这一方面，而不够关注金融风险对经济增长带来的负面作用。

第二节　省域金融工程概述

省域金融工程研究的是如何利用金融工程支持省域经济发展,本节主要对省域金融工程的基本概念加以阐述,并且概括省域金融工程的研究目标和研究内容。

一、省域金融工程的概念

省域金融工程采质是指将金融工程的相关原理和方法用于研究推动省域经济发展。具体地说,就是运用金融创新、风险管理、金融制度建设等金融手段,来解决省域经济发展中面临的问题,其核心是在控制风险的前提条件下实现省域经济的快速发展。

这个概念突出了省域金融工程的创新性、实用性和可操作性。创新性体现在两个层面,一是各种金融工具和金融制度的创新,二是将金融工程用于省域经济的发展。这两个层面创新的意义在于能够将金融的活力注入到经济发展中,使得金融不脱离实体经济而孤立发展。实用性体现在省域金融工程的研究不同于一般的理论研究,是以省域经济为基础,目标直指提高省域经济的发展质量与速度。省域金融工程的研究重点不局限于解决某一个理论问题,而在于如何运用金融的手段推动经济的发展,有着非常强的实用性。可操作性体现在省域金融工程的路线十分明确,核心就是利用金融工程手段推动经济发展。在我国经济运行的诸多环节中,大部分都受到金融因素的制约,导致经济发展缓慢,如能运用省域金融工程的思想和方法来解决这些问题,就能有效地打破经济发展中面临的资金瓶颈,加快增长速度。

省域金融工程概念的提出基于我国经济发展的现状,是与我国省域经济发展水平相适应的。随着经济发展水平的提高,省域金融工程的手段和方法会有新的突破,但省域金融工程的基本思想是不变的,即运用金融的手段来推动经济的发展。如果我国省域经济与金融能够进入良性循环的轨道,就能保持经济长期稳定的发展。

二、省域金融工程的总体目标

省域金融工程的总体目标在于找到一套适合中国省域经济的方法,在控制风险的前提下实现省域经济的快速发展。在这个总体目标之下,有着几个分目标。

1. 完善宏观金融工程理论

宏观金融工程理论是在微观金融工程理论的基础上发展而来,更加强调金融对于宏观经济的作用。宏观金融工程在理论上已经有一套较为完整的体系,省域金融工程的提出完善了宏观金融工程理论,特别是在理论与实际的结合上。微观金融工程多从理论上解释问题,通过建立抽象的数学模型来分析问题,省域金融工程的研究则侧重于解决实际问题。

2. 加深对我国经济金融规律的认识

金融理论以及金融工程理论起源于西方,推动力量也主要来源于西方,我国学者一般都是参照西方金融学的研究思路和方法来研究中国经济问题。但就目前的情况而言,我国国情与西方国家相比存在较大差异,西方金融学的结论和做法并不一定都适合我国的实际情况。在这种背景下,我们力求找到一套适合我国国情的金融理论。从数量上来说,研究省域经济的文献不在少数,但是大多数文献深度不够,缺乏理论根基,仅仅对省域经济现状做了一定的描述,而对现象背后的规律提炼不够。省域金融工程将理论与实践相结合,使我国省域经济的发展更具针对性。

3. 填补省域经济研究的空白

在我国区域经济的研究中,以整体研究和县域经济的研究为主,而对省域经济的研究相对较少。作为我国经济体系的重要组成部分,省域经济起着承上启下的作用。目前,对我国省域经济的研究集中在对经济现状的分析中,而对省域的金融风险问题没有进行深入的探讨,理论研究存在空白。省域金融工程的研究对象定位于一个省,能够充实对省域经济的研究。

4. 提出工程化的操作方法

有关省域经济的研究以往都集中在理论的探讨上,而理论与现实往往存在一段距离,使得理论成果不能顺利转化为操作方法。省域金融工程则针对这一不足加强了可操作性层面的研究,缩短了理论到实践的距离。在这一研究过程中,笔者对湖北省进行了大量的实践工作，并从中提炼出省域金融工程的相关理论。

三、省域金融工程的研究内容

省域金融工程的研究从大体上可以分为理论部分和实践部分。理论研究主要用来证明金融发展对经济增长的促进作用，并且提出具体的作用机制。实践研究主要是搭建一个体系来完成金融服务实体经济的使命。

1. 探索省域金融工程的一般理论和做法

研究省域金融工程，省域经济发展模式这个问题是不能回避的。由于各省的资源条件以及现阶段的发展情况不尽相同，就需要根据实际情况设计适合每个省的发展模式。只有首先设计出省域经济的发展模式，才能够根据省域经济发展的需求制定出相应金融服务方案。在省域金融工程的实施过程中，金融的定位是服务实体经济，金融政策的制定与实施一定要与省域经济发展战略相匹配，才能保证资源优化配置。

2. 设计与省域经济相匹配的金融体系

省域金融工程的工程化思想体现在金融体系的设计之中，在明确了省域经济的发展模式后，相应的金融体系设计是接下来要完成的工作。目前我国金融体系的建设主要是从整个国家的角度着手，设计出的方案体现了我国整体金融的发展方向，但是没有彻底体现出各个省在金融发展上的差异。省域金融工程可以根据省域经济的发展模式设计出一套能够与之匹配的金融体系。金融体系的构建是整个省域金融工程的重要内容，它不仅要体现我国金融的发展方向，也要为当下实体经济提供最直接的金融支持。

3. 完善省域金融风险管理体系

金融发展能够有效推进经济增长这个观点已被普遍认同，但是在 2008 年国际金融危机后，金融风险让各国的政策制定者重新思考金融的发展问题。金融工程的一个重要内容就是解决风险管理的有关问题，省域金融工程根据金融工程的思路和方法设计出一套完善的风险管理体系，来应对金融推动经济发展过程中带来的风险。目前，我国金融风险的防范主要在国家层面展开，在省域层面金融风险管理体系并不完善，构建省域风险管理体系对于省域经济以及我国整体经济的健康发展都有积极作用。

省域金融工程的研究内容具有如下几个特点:一是将宏观经济与金融工程相结合,实现经济与金融的统一;二是将金融发展的道路工程化,能够有效地说明如何在服务实体经济的前提下更好地发展我国的金融;三是将风险问题与发展问题综合考虑,只有在控制风险的前提下来发展经济,才能保证我国整体经济的健康稳定发展。通过省域金融工程的研究,可以为我国省域经济金融的发展提供一个全新的思路和路径。

第三节 基本框架和创新点

一、基本框架

本书采用总论和分论的结构。

第二章至第四章为全书的总论部分,从总体上说明省域金融工程的一般理论及方法。具体来看,第二章是省域金融工程的理论基础,主要是根据省域金融工程相关研究的需求,结合整个经济学和金融学理论,在此基础上总结出相应的理论支持体系。第三章是省域金融工程的研究方法,完整阐述了省域金融工程的技术路线。第四章是省域金融工程的一般模式,概括出一般的方法来构建省域经济的金融支持体系。

第五章至第十三章是分论部分,第五章是省域金融规划研究,主要解决省内各层行政单位的金融规划问题。第六章至第九章解答有关省域金融市场建设问题,主要介绍了省域股权交易市场建设、省域金融资产交易所建设、省域民间金融体系建设和省域大宗商品交易市场建设。上述四个金融市场的定位符合省域经济的规模和特点,同时也能针对当前省域经济发展的瓶颈来解决相应的资金等问题。第十章至第十二章内容是省域产业金融工程,从农业、工业和服务业的角度对产业进行划分,同时根据这三个产业的特点设计出相应的金融工程支持体系。第十三章是省域经济发展战略管理体系,从风险控制和战略管理的角度来论述省域金融工程。

二、主要创新点

省域金融工程是宏观金融工程的具体应用,能够为我国省域金融经济的发展在理论上和实践上提供指导，与以往的相关研究比较，本书的主要创新点体现在以下几个方面。

1. 提出省域金融工程的概念

省域金融工程的定义从金融服务实体经济的角度出发，克服了过去金融工程有关理论偏重微观分析而忽略宏观分析的缺点，从宏观与微观相结合的角度来论述金融问题，将金融发展问题和经济增长问题相结合，不仅能够弥补理论研究上的不足，还能够有效地指导我国经济金融的发展。当然省域金融工程概念的提出不是凭空的，它是基于整个宏观金融工程体系，是在整个已有金融工程研究基础上的创新。

2. 以省域经济为研究对象

从已有的研究来看，对宏观经济研究的范围多集中在我国整体经济、特定几个区域经济和县域经济上，对于省域经济的研究并不多。但省域经济是我国经济的重要组成部分，对省域经济的研究能够指导省域经济的实践。并且省域经济的操作性很高，通过一个省的经济金融规划就能有效地实现省域经济的管理。在我国的各级行政单位管理体系中，省级行政单位的管理具有其他类型难以比拟的优势，容易实现资源的优化配置。

3. 将经济增长与金融风险结合

经济增长是整个经济学中最为关注的问题，目前对于经济增长的研究不计其数，但是将经济增长与金融风险相结合的研究并不多。省域金融工程是用金融发展来推动经济增长，并且是在能够控制金融风险的前提下实现增长。在2008年国际金融危机后，各国政府更加重视金融风险问题。各国深知如果片面追究经济增长速度而忽视了金融风险问题，就容易滋生金融的不稳定因素，最终导致金融危机的发生。经济发展与金融风险是一个问题的两个方面，必须同时兼顾才能实现经济的平稳快速发展。

4. 以实践为基础提炼理论

省域金融工程研究的过程不同于其他研究，它是在已有实践基础上的提炼与升华。在省域金融工程有关理论的研究过程中，笔者已经在湖北省设计并实施了多个金融示范项目，再进行提炼与总结，形成省域金融工程的相关理论。所以本书所总结的思想和方法均是理论与实践的结合，强调理论的实用性与操作性。

第二章　省域金融工程理论基础

省域金融工程是一个全新的概念，它既包含了经济学与金融学中的理论成分，也吸收了金融工程中工程化的思想方法。省域金融工程的研究隶属于整个宏观金融工程研究体系，其理论是基于金融发展理论、微观金融工程理论和宏观金融工程理论。本章根据省域金融工程理论研究的需要，对其理论基础进行梳理和提炼。

第一节　省域金融工程理论基础概述

经济增长是经济学者们研究的核心问题，而金融则是经济体系中的核心，金融与经济之间的关系则是连接金融与经济的桥梁。省域金融工程的理论基础来源于金融与经济之间的关系。金融在经济中的重要性是由金融在经济中的作用决定的，金融在整个经济体系中控制着资金的融通和使用，承担着资源配置的作用。省域金融工程理论核心思想就是借助金融在经济发展中的作用，通过一系列工程化的操作手段，利用金融来发展经济。这种借助金融的力量服务经济的思想主要体现在以下三个方面：第一，金融作为经济体系中核心的部分，最重要的作用就是资金的融通。从生产的方面来看，资本是最重要的生产要素，而金融恰恰就是配置资本的手段，所以金融可以对经济增长产生巨大的影响。第二，省域金融工程中的工程化方法主要体现在金融工程体系的构建中，包括金融规划体系、金融市场体系、产业金融工程支持体系和经济发展战略管理体系，这四个体系都属于金融的范畴，通过这四个体系的发展形成金融的发展。第三，通过金融与经济之间的关系形成一个良性循环。金融发展与经济增长是相互促进的，金融发展可以提高经济增长的速度，而经济在增长过程中，可以带动金融的发展。如果对金融系统进行改革,金融得到发展后,能够使金融与经济互相推动,形成上述的良性循环,继而实现省域金融工程的最终目标。

具体到省域金融工程的理论基础来看,主要有三个部分:金融发展理论、微观金融工程理论和宏观金融工程理论。

第二节　金融发展相关理论

金融发展理论的核心是经济与金融之间的关系,在金融发展理论之前的研究中,经济增长与金融发展之间基本上处于隔离状态,研究者讨论的话题是货币对于产出造成的影响,而没有对整个金融系统进行专门的研究。在第二次世界大战后,随着金融系统的发展以及研究的深入,有经济学家开始对金融和经济的关系问题进行专门的探讨。1973 年,McKinnon 和 Shaw 的两部重要著作的出版,标志着金融发展理论开始形成,在随后的研究中,诸多学者拓展了金融发展理论。

一、金融发展理论概述

总的来说,可以粗略地把金融发展理论分成三个阶段。第一个阶段是以 Mckinnon 和 Shaw 对发展中国家的研究为主,同时包括后续学者对金融深化论和金融意志论的扩展。第二个阶段是借助宏观经济学中内生增长理论的发展,强调金融在全要素生产力中的作用,通过引入内生的金融市场和金融中介后,发挥金融对经济的刺激作用。第三个阶段是以影响金融的因素出发,开始讨论制度与非制度因素对于金融的影响,通过控制这些因素来推动金融的发展。

1. 第一阶段

第一阶段的金融发展理论奠定了整个金融发展理论的研究基础,在理论上以金融结构论、金融抑制论和金融深化论为主,后期有部分学者从这些理论出发做出了实证分析。

金融结构论是金融发展问题最早的研究之一,它的提出者是 Goldsmith。他在《金融结构与经济发展》一书中,详细讨论了金融结构对于经济增长的影响。金融结构包括金融工具与金融机构,而金融发展的主要内容就是金融机构的演进。通过比较35个国家将近百年的数据，然后建立描述金融结构的指标体系（其中包括最为著名的金融结构比率），最后通过横向比较和纵向比较，得到金融发展与经济增长确实存在正相关关系的结论。在作用机理上，笔者认为通过金融的发展，储蓄与投资之间会有一个重新的分配过程，通过这种资源的优化配置提高了效率；在金融的发展方式上，笔者认为发展中国家和发达国家的金融发展路线是一致的，只是各国起步的阶段不同，即金融发展存在一个内在的路径。

金融抑制论是由 McKinnon 提出的，通过对发展中国家的研究，他认为发展中国家的金融水平发展不足，对经济的增长起到了抑制的作用。这种抑制表现在对利率、汇率和价格等因素管制的诸多环节中出现无效率的现象，如对于利率的管制在通货膨胀率较高的情况下导致实际利率出现负值，引起融资规模的下降，同时信贷配给的出现造成了资源配置的无效率。要想改变这种状况，就要从抑制金融发展的因素出发，具体来说就是多从市场的角度来运作金融，即采用金融自由化的方式来解决这一问题。

金融深化论是由 Shaw 提出的，他认为金融的深化能够推动经济的发展，金融发展与经济增长之间存在着相互影响的关系。通过金融的发展，可以提高储蓄水平，同时能够使得金融资源得到更优化的配置；对于信贷来说，通过储蓄水平的提高增加信贷的供给，能够为生产领域提供更多的资金，导致更多的产出。在金融发展与经济增长的关系上，作者认为通过健全的金融体制刺激经济以后，经济的增长又会提高金融产业的规模和发展水平，通过两者的作用能够形成一个良性循环。

金融结构论、金融抑制论和金融深化论从不同的角度分析了金融与经济之间关系的问题，得到的结论都是金融发展能够有效地促进经济增长。后继学者在前人观点的基础上，开始了更为丰富的实证研究，对于金融发展的认识也深化到具体的指标上，得到的结论也基本相同。

2. 第二阶段

第二阶段的金融发展理论相比第一阶段的金融发展理论具有更坚实的微观基础，同时借助于内生增长理论，在研究的规范性和技术性上也比第一阶段的更进一步。越来越多的因素开始被引入金融发展的研究之中，比如不对称信息和不确定性的理论，使得理论更加接近于现实。

内生增长理论是第二阶段金融发展理论的坚实基础,内生增长理论强调的是内部因素对于经济增长的影响,同时这些增长理论具有微观基础,为描述金融与经济之间的关系提供了切入路径。金融中介与金融市场的内生化是第二阶段金融发展理论的核心,有关金融中介与金融市场均有大量的模型正说明了金融与经济的相互关系。其中,通过金融中介与金融市场的发展,可以实现包括提高资本的运营效率、提高储蓄转化为投资的比率和资本的边际生产率等功能。

在第二阶段的金融发展理论中,实证方法的改进也是另一个重要的特点。主要体现在相应指标的选择上,较为典型的是 King 和 Levine(1993)的研究。他们提出四个金融中介指标,其中有三个属于创新,分别是国内存款货币重要性指标、非金融企业信贷总信贷比率和非金融企业信贷所占 GDP 的比率。通过在指标上的创新可以从多个变量的角度解释金融与经济的关系。在数据上选取了多个国家的数据,并且此时的研究不局限于发展中国家,拓宽了理论的适用范围。多种计量方法与多个指标和数据的选择使得研究的可信度得到了较大程度的提高。最终的结论已基本表明,金融的发展大致可概括为金融市场的发展和金融中介的发展;这两者的发展对于经济增长的促进作用是不容置疑的,并且它们的作用不亚于实体经济。

第二阶段金融发展理论从金融市场和金融中介的角度,解释了金融发展对于经济增长的影响,而微观基础和更加高级的计量方法的使用促使理论日趋进步,同时加深了人们对于金融功能的理解。第一阶段金融发展理论虽然与第二阶段金融发展理论得到的最终结论近似,但是第二阶段理论明确说明了在因果关系上,金融发展是原因,经济增长是结果,通过改进金融市场与金融中介,能够推动经济的增长。

3. 第三阶段

第三阶段金融发展理论的研究方向有别于前两阶段的金融发展理论,研究的重点不是金融发展和经济增长的关系,而是影响金融发展的因素。并且这些因素多数不是经济领域的因素,主要是制度因素和非制度因素。在制度因素中,法律与政治是研究的终点;而在非制度因素中,社会因素、文化和宗教则是研究的主要方面。

法律与金融的关系是第三阶段金融发展理论研究的重点,研究的主要视角基于法律对证券市场的影响,主要来源于LLSV(1998)的关于法律与金融的讨论。通过对多个国家的数据进行实证研究发现,如果一国的法律能够很好地保护投资者利益,那么这个国家会更加有可能出现规模较大的证券市场和债券市场。这其中的法律因素主要指的是法系。后续学者的研究认为,如果法系更强调对私有资产的保护,那么实行这种法系的国家的资本市场更为发达。LLSV的研究将样本数据分为四个法系:普通法系、法国大陆法系、德国大陆法系和斯堪的维纳亚法系。通过比较不同法系国家的金融发展水平发现,不同的法系对于一国的金融发展水平有影响。如果将普通法和大陆法加以比较,通过不同学者对法律与金融关系的研究,那么得到的结论则是普通法相比于大陆法更能保护股东的利益,更能促进金融体系的发展。

除法律外的其他因素也可能成为学者研究的对象,比如政治。政治与金融的关系一直是一些学者讨论的重点问题,被称为金融发展的政治经济学。讨论主要集中于利益集团以及政治对于金融的影响,而后的非制度因素(例如社会因素、文化和宗教)也被用来研究有关金融发展的影响因素问题,这些研究对如何促进金融发展在一定程度上做出了回答。

三个阶段的金融发展理论从不同角度解释了金融与经济关系的问题,前两个阶段的理论集中讨论了金融与经济的关系,而第三阶段的金融发展理论集中讨论了影响金融的因素。这个过程包含了这样一个研究思路:通过证明金融发展与经济增长密切相关后,接下来研究如何促进金融发展。这三个阶段的金融发展理论对于金融发展与经济增长的关系问题做出了详尽的论述,为省域金融工程中利用金融服务实体经济做出了理论上的指导。

二、金融发展理论机制分析

上述三个阶段的金融发展理论都分析了金融发展对于经济增长的影响,虽然不同文献的分析角度和实证方法各不相同,但从整体来看,这些理论中有关金融对经济影响路径的描述可划分为以下几类:

1. 金融发展——提高资金使用效率——经济增长

这是金融发展给经济增长带来的最明显的作用之一,通过金融市场与金融中介的发展,社会上的闲散资金能够有效进入流动体系,使得资金能够得到优化配置。特别是金融市场的发展,能够有效吸纳资金,对资金的供需双方均提供便利。作为金融中介的银行可以大规模的调配资金,将个人与企业通过中介的形式连接起来。资金使用效率的提高增加了社会生产资本形成的速度,从而提高了生产率。

2. 金融发展——提高储蓄转化为投资比率——经济增长

金融发展带来的另外一个变化是提高了储蓄转化为投资的比率。储蓄转化为投资的一个关键影响因素是利率。如果实际利率较低而通货膨胀率较高,会导致家户部门储蓄较少同时企业部门信贷渠道不畅。但是通过金融的发展,利用证券市场,企业部门就能够从其他渠道获得资金。金融的发展拓宽了企业的融资渠道,提高了企业获得社会资金的机会。当储蓄转化为投资的比率增高时,经济的增长率往往会提高。

3. 金融发展——降低成本——经济增长

无论是金融市场的发展还是金融中介的发展,都能够有效降低交易成本和信息成本,也能够有效地缓解信息不对称带来的负面影响。金融中介产生的动力来源于交易成本的降低,同时,金融中介通过目前的发展,对项目评估以及投资评估产生了巨大的支撑作用。一般来说,这种评估的成本是非常大的,但是通过金融中介结构的承担,金融体系降低了投资人的支出,使更多的投资得以实现。

4. 金融发展——提高公司治理效率——经济增长

公司金融领域的发展也能够促进经济的发展。通过金融市场和金融中介的引入,可以有效减少公司治理过程中的信息不对称。通过对公司经理人的激励机制,公司经理人以股东财富最大化为目标来管理公司,本质其实是使公司的所有权与经营权分离。同时,证券市场能够督促上市公司加强治理水平,公开财务信息,将管理机制与股东的利益统一。公司治理效率的提高能够帮助企业部门创造更大的产值,从而实现经济的快速增长。

第三节　微观金融工程相关理论及分析方法

微观金融工程是由西方金融学者创立并主导的金融工程体系,是整个金融学体系中极为重要的一部分,微观金融工程相关理论是省域金融工程理论的基础,以下从微观金融工程相关理论及分析方法两个方面介绍。

一、微观金融工程相关理论

按照一般的定义,金融工程包括创新型金融工具与金融手段的设计、开发与实施,以及对金融问题给予创造性地解决(John Finnerty)。微观金融工程相关理论中最核心的就是资产定价和风险管理有关理论。

1. 资产定价的相关理论

资产定价理论是微观金融工程理论中的核心部分,自马科维茨开始后的三十年,是资产定价理论发展的黄金时期,学者们提出多种资产定价理论,下面按相关理论出现的时间顺序加以介绍。

(1)资产组合理论

资产组合理论由马科维茨创立,该理论的提出被认为是现代金融学的开端。资产组合理论最可贵之处在于把较为专业的数理方法引入金融学的分析之中,在此后所有的金融工程研究中,都少不了使用数学方法。在具体的研究过程中,以期望效用理论为基础,资产组合理论开创性的将金融资产的收益和风险同时纳入模型,并且选取投资组合的期望收益率和方差作为研究对象来讨论问题。投资组合收益率是单个股票收益率的加权平均,理性投资者选择投资组合的原则是:给定风险水平条件下对期望收益最大化,或者给定期望收益条件下对风险最小化。由资产组合理论出发,后续学者开拓出分离定理等多种具有重要意义的理论。资产组合理论作为现代金融学的开山之作,对于后续的研究产生了巨大的影响,数理方法的使用以及均值—方差模型都为后续研究开辟了一条崭新的道路。

(2)资本资产定价理论

资本资产定价理论是资产定价理论中最为重要的理论之一,它的诞生基于资产组合理论,目的是说明风险资产在市场中是如何被定价的。资本资产定价理论最终证明了在一系列假设条件下,市场上任何风险资产的收益率等于无风险利率加上风险溢价,而这个风险溢价由 β 值和超额收益率决定。通过这个理论,研究者可以将证券的风险分为系统性风险与非系统性风险,从而为分散化投资找到了理论依据。任何超额收益都要承担风险,投资者在追求期望收益最大化的过程中,始终要注意风险的变化。同时,资本资产定价理论将证券的期望收益率与市场组合收益率联系起来，说明了单个证券与整个市场之间的关系。资本资产定价模型作为最经典的定价模型，带来的后续研究也是最多的，它的分析方法和结论在目前仍旧产生着巨大影响。

（3）Black – Scholes 期权定价模型

Black – Scholes 期权定价模型是衍生品定价模型的基础。该模型的思想方法不同于之前的资本资产定价模型，模型假设在完备市场中不存在套利机会，那么采用自融资策略合成出的衍生证券与合成工具之间的价格应该相等。在模型的实际操作过程中，运用股票和债券的组合来复制欧式看涨期权，通过两者之间价格过程相同的条件，得到偏微分方程，最后求解出最终的定价公式。期权定价公式不仅给出了期权的定价，同时为所有衍生品定价提供了一条道路，即运用无套利的条件，采用复制的思想得到衍生品的价格。在期权定价模型的影响下，后续学者开发出相应的风险中性定价方法——二项式定价模型。期权定价模型推动了整个数值算法的发展。期权定价模型中体现的思想方法是金融工程的核心，无套利思想和复制思想贯穿了整个金融工程的发展过程。

（4）套利定价理论

套利定价理论是资本资产定价模型在理论上的推广，套利定价理论的基本思想是如果市场到达了均衡状态，那么市场上不会存在套利的机会。从这个思想方法出发，套利定价理论假设证券收益率与一些影响因素呈线性相关关系。如果两个证券的影响因素以及受影响的程度相同，那么两个证券会有相同的价格，这就是套利定价模型的结论。与资本资产定价模型相比，套利定价理论具有更少的假设，整个理论看起来也更加简洁。但是如果将影响因素假定为只有市场组合收益率，那么套利定价理论与资本资产定价理论在本质上是类似的。

（5）鞅定价方法

鞅定价方法的基本思想来源于风险中性定价思想，所采用的主要方法是金融随机分析。在风险中性的条件下，任何资产的期望收益率都等于无风险利率。按照金融随机分析，将资产的价格过程分为漂移项和扩散项，那么在风险中性条件下，任何资产的漂移项都等于无风险利率。通过测度的变换，将真实的测度转换到风险中性测度后，资产定价的问题就变得简化了。鞅定价方法是继期权定价模型后衍生品定价的又一重要方法，它大大简化了求解数学模型的难度；同时鞅定价方法为数值计算的发展提供了重要的理论基础，在金融工程后来的发展中被广泛应用。

2. 风险管理的相关理论

微观金融工程中还有与风险管理相关的理论。金融风险指的是金融资产的收益率存在不确定性,即实际收益率对于预期收益率的偏离。随着金融工程理论的发展,风险管理的理论不断升级,下面将介绍有关理论的具体内容。

(1)压力测试

压力测试在金融工程中是用来评价金融体系在受到剧烈冲击时的承受能力,它是一个定量的风险管理方法。通过假定小概率事件发生时,对银行等金融主体的脆弱性进行分析,从而对金融主体的抗风险能力做出评估。一般来说,压力测试可以粗略地分为敏感性分析、情景分析和其他方法,下面着重介绍前两种方法:

敏感性分析是指通过选择经济中的关键变量,然后观察变量在瞬间发生变化时,金融主体资产价值或者其他方面的变化。敏感性分析的操作十分便利,首先要找到敏感性分析指标,然后计算指标在正常状态下的取值,再假设指标瞬时发生一个比例的变动,最后考察主体的抗压能力,根据敏感性分析的结果,对风险管理情况进行调整。敏感性分析最大的特点是操作起来比较便捷,容易在短时间内得到结论。

情景测试是将金融主体放置在一定的情景中,观察金融主体在这种情境下的反应情况,具体可以分为历史情境和假定情景。历史情境中金融主体承受到的冲击是以前某个时间点确实存在的,即将金融主体还原到历史中的某个特定时期,真实地模拟过去的冲击,防止历史问题重现。假定情景是指人为构造一个没有发生过的冲击,通过假设冲击的规模和冲击带来的影响,来完成假定情景的压力测试。

(2)*VaR* 方法

VaR 方法是在险价值的简称,基本含义是在市场中某个金融资产可能遭受的最大损失。从数学的角度来看,*VaR* 这个指标反映了在一个特定的置信水平下,金融资产损失分布尾端对应的分位数。设 L 为金融机构在目标时间段内的损失,c 为设定的置信水平,那么 *VaR* 满足如下的式子:

$$P\{L > VaR\} = 1|c$$

VaR 方法的关键在于对时间区间和置信区间的选择。时间区间反映的是

计算金融资产在某个特点时间下的最大可能损失值，而置信区间的选择取决于实验者的风险偏好。*VaR* 最大的优点是能够计算由多个金融工具组成的资产组合的风险，并且易于操作，能够准确的得出可能损失的大小和概率。由于 *VaR* 方法能够运用于各种金融工具并且能够得到统一口径的风险水平，所以目前被大量的研究者广泛采用。

（3）全面风险管理

全面风险管理又被称作企业风险管理，通过建立企业风险管理的基本流程，完善风险管理体系，为实现企业总体的经营目标提出合理的过程和方法。在整个实施过程中，全面风险管理方法始终围绕企业总体经营目标，改进风险管理策略、内部控制系统、风险管理职能和风险管理信息。全面风险管理通过将企业战略与风险管理相结合，目的是在风险管理的基础上实现企业的战略目标。

全面风险管理的具体措施是运用科学的管理办法，在追求股东财富最大化的基础上，以整个企业的经营、管理活动为考察对象，分析企业在发展过程中可能面临的风险。全面风险管理不可能将企业的风险完全消除，它的目的是保证企业不发生重大的风险损失，特别是在重大不利事件发生时，能够减小损失。在风险管理策略的调整中，全面风险管理方法注重的是提高整体的运作效率，以最小的代价来发挥风险管理的作用。目前全面风险管理的有关方法已经被广泛应用于企业风险管理实务中。

二、微观金融工程相关分析方法

1. 积木分析法

积木分析法是金融工程中的一种重要分析方法，基本内涵是通过金融工具的分解和组合，类似于“搭积木”的方法，来解决实际金融中面临的问题，这其中的“积木”指的就是衍生金融工具。积木分析法一般都要借助于图形，主要包括现金流量图和损益状况图。现金流量图是将金融衍生品存续时间内所有的现金流描绘出来，再运用合成与分解方法，构造出新的衍生产品或者对原有衍生产品进行复制。损益状况图可以用来分析不同情况下金融资产发生的损失和收益状况。

积木分析法的思想在金融工程的资产定价、套期保值中都有大量应用，这种方法在理论和实践上都能够解决问题。特别是在实践中,针对要解决的问题,将已有的金融工具或者金融策略采用组合和分解的方法,形成一套完整的解决方案。

2. 无套利定价法

无套利定价法是一种相对定价方法,它有别于股票和债券定价中采用的绝对定价法。绝对定价法是利用未来现金流的现值来对金融资产定价,而无套利定价法是利用“在金融市场达到均衡状态时不存在套利机会”这一假设来实现定价的。具体来说,如果市场上存在套利机会,根据资金的逐利性,通过低买高卖金融资产的价格自然会发生调整,那么此时的市场就不是一个均衡的市场。通过消除套利机会市场达到均衡状态,此时就可以对金融资产进行定价。

无套利定价方法的应用非常广泛,如著名的期权定价公式采用的就是无套利定价方法。在省域金融工程研究领域,可以利用无套利的思想在市场资金运作上下文章,如果能够保证资金的成本小于资金投放得到的收益,那么此时便产生了一个套利机会,所以在此时进行资金运作是有利可图的。

第四节　宏观金融工程相关理论及分析方法

宏观金融工程的基本含义是运用金融工具和金融手段的创新、金融制度和金融结构的调整来解决宏观金融问题。从定义来看,宏观金融工程定义与微观金融工程工程有着紧密的联系,它们的基本思想是一致的,区别在于宏观金融工程力求解决的是宏观金融问题。

一、宏观金融工程相关理论

1. 宏观金融资产负债表理论

宏观金融资产负债表理论是宏观金融工程研究中的主体理论之一。根据需要可以编制多种类型的宏观金融资产负债表,其中最常用的是编制部门金融资产负债表。在部门的设置上,可以将整个经济划分为公共部门、金融部门、企业部门和家户部门。表的主要内容是宏观部门的资产、负债和权益状况。通过研究表中的数量信息，可以分析宏观部门的运行和风险状况，并且通过不同部门之间的联系可以分析金融风险的传导情况。

部门宏观金融负债表还可以进一步划分为账面价值资产负债表和市场价值资产负债表。其中市场价值资产负债表的编制包含了市场信息，能够有效地反映风险状况，其基本理论依据是或有权益理论，将资产负债表中的负债和权益项看做看跌期权和看涨期权，然后运用期权定价公式计算出相应项目的价值和波动性。这一市场价值的引入使得资产负债表克服了自身不包含市场信息的特点，将静态的表变为动态的表。

为了衡量资产负债表的风险，将风险主要分为四个方面：期限错配风险、货币错配风险、资本结构错配风险和清偿力风险。期限错配风险指的是由于资产和债务期限的不匹配造成的风险，这种风险会引起债务的展期和利率波动时带来的损失。货币错配风险是由资产与负债使用不同种货币造成的风险。资本结构错配风险是指如果企业过分依赖债务融资，那么在股东权益不足时，企业会发生风险。清偿力风险指的是企业资产不足以偿付债务时产生的风险，它和上述的三种风险都有着密切的关系。

宏观资产负债表分析方法体现的是存量分析方法。表中的资产、负债和所有者权益信息都是某一特定日期该指标存量的反映。但是，宏观资产负债表同样可以进行流量分析，这种流量分析可以体现为在两张资产负债表之差，具体可以从两方面加以考虑：一方面是同一张资产负债表在不同时点的差额，另一方面是在同一时点账面价值资产负债表和市场价值资产负债表的差额。前者体现的是账面上的增量，而后者体现出的是对损益的预测。这种流量与存量结合的方法能够更全面地分析整个金融的运行和风险状况。

2. 宏观金融风险管理理论

宏观金融风险管理指的是根据宏观金融工程的基本思想和方法实施的风险管理措施，主要内容包括宏观风险度量和风险管理。

宏观风险的度量对象可以分为整体层面和部门层面。在整体层面，宏观金融风险的度量主要依靠的是金融风险指数。金融风险指数通过账面价值资产负债表与或有权益资产负债表的相关指标构成，其中的函数关系由不同国家的数据进行横截面分析而得到。在建立指标体系后，运用包括情景分析、压力测试和蒙特卡洛模拟等具体方法完成对国家金融风险指数的测定，最后计算出国家金融风险指数的概率分布情况。依照这个基础分别设置金融安全临界线和金融安全预警线。

宏观金融风险管理涵盖风险管理机制、风险管理工具、风险管理政策和风险管理制度。风险管理机制主要指的是金融安全预警机制、损失控制机制和快速反应机制。风险管理工具包括原生品风险管理和衍生品风险管理两大类。风险管理政策包括相对应的货币政策、财政政策、产业政策和贸易政策,根据风险状况对各种政策进行调整。风险管理制度主要采用的是资产负债管理体系和金融稳定基金体系。

3. 宏观经济资本管理理论

宏观经济资本管理是对宏观金融工程研究的进一步拓展,主要方法是构建宏观经济风险准备体系来对宏观金融风险进行管理。主要内容包括宏观经济资本的界定、度量和管理。

宏观经济资本被界定为抵御金融风险应该持有的最低资本水平,除了这个定义外,还引入了微观风险管理中的 *VaR* 指标形成宏观经济 *VaR*,其含义是在一定时期内宏观金融资产在一定置信度下对目标水平的偏离。宏观净资产反映的是一个国家所拥有的净资产总量。这些指标的设置,构成宏观经济资本的主要内容。

宏观经济资本的度量就是计算上述宏观经济资本指标。一般而言,宏观经济资本的计算思路基本上与微观的相一致,大致步骤为:首先由风险因子的波动情况形成资产的价值分布,再依据设定的置信水平,运用统计计算的方法得到尾部对应的资本数量。宏观经济资本的度量需要计算国家经济的在险值。在险值由部门在险值和国家整体在险值两部分构成。在险值的计算方法主要包括分析法、历史模拟法和蒙特卡洛模拟法。

宏观经济资本管理是通过合理配置宏观经济资本来提高资金的使用效率。总体原则是通过一定的手段,将经济资本由利润率较低的部门转移到利润率较高的部门,这样就提高了金融资源的使用效率,优化了资源配置。在整个过程中,运用绩效评价的方法对各部门经济资本的存量和使用效率进行针对性的跟踪管理。

二、宏观金融工程分析方法

1. 或有权益分析法

或有权益分析法的基本思想来源于期权定价理论，它是宏观金融工程理论的核心方法。或有权益的含义是一种金融资产在未来产生的现金流取决于另一种金融资产。由于市场上的资产在理论上都是有风险的，所以传统的会计资产负债表反映的只是账面价值，并没有反映出相应资产和负债的风险因素。而通过或有权益方法，可以将资产与负债的价值与风险因素相联系，这样资产负债表就可以反映出资产与负债的市场价值。

或有权益方法的突破口在于权益。如果一个企业为上市企业，权益由债权和股权加总得到，那么很容易获得权益的市场价值。然后可以将资产项视为一个看涨期权的价值，而负债项视为看跌期权的价值，通过进一步研究，Gray、Merton 和 Bodie(2002)找到下面的一个关系式：

风险债务的价值 = 无风险债务的价值 - 违约担保

或有权益分析方法的基础是期权定价模型以及该技术在企业风险债券定价中的应用，使得宏观金融工程理论结合了微观金融工程的有关方法，从技术层面解决了宏观金融工程的风险管理问题。或有权益方法的核心应用在于或有权益资产负债表。一般而言，资产的风险源于其资产价值的波动性。风险性债务价值可以分为两个部分：一个是债务的无违约价值，即债务的本金及利息；另一个是预期损失的部分。预期损失可以被认为是隐含的看跌期权，而看跌期权的价值受到资产市值、波动率和时间的影响。通过这些变量的计算，就可以得到资产和负债的市场价值。

比起其他方法而言，或有权益方法不仅可以能够体现市场价值，并且能够计算多种资产与负债的价值。特别是将或有权益方法与资产负债表方法结合时，能够有效地反映出部门间价值和风险暴露之间的内在联系。另外，或有权益方法能够很好地与风险监管的策略相吻合。

2. 宏观 *VaR* 方法

宏观 *VaR* 方法思想与微观基本类似，但是宏观 *VaR* 方法计算的是一个国家整体或者分部门的在险值。宏观 *VaR* 指的是在一定的置信水平和一定的时间段内，一个国家或者部门的资产因为市场的变动可能遭受的最大损失。设 L 为一个国家或者部门在目标时间段内的损失，c 为设定的置信水平，那么 VaR 满下式：

$$P\{L > VaR\} = 1 | c$$

宏观 VaR 方法是宏观经济资本管理的基础，同时也是进行宏观金融风险管理的重要方法。使用宏观 VaR 方法的关键是置信水平和时间段的选择，一般来说参数的选择要以研究目的为先导。如果模型是用来决定与风险对应的资本，置信水平应该选取较高；如果研究的目的只是为了作为行业或者部门内部的风险比较，那么置信水平的选取应该根据行业或者部门要求来决定。

宏观 VaR 方法的计算方法有很多种，一般可以依据不同的市场条件、数据水平和精度要求加以选择。例如，根据是否利用资产市场价值分布参数来计算的主要方法有分析法、蒙特卡洛模拟法和历史模拟法三种。

第三章　省域金融工程技术路线

省域金融工程的基本思想是运用金融工程的基本原理和方法来推动实体经济的发展。从理论的角度来说,金融工程与实体经济是两个范畴,要实现两者关系的互动,就要打通金融与宏观经济之间的通道。省域金融工程在理论上是否能够完全成立,在很大程度上取决于能否把握金融与经济之间关系。

以往的研究中,金融与经济之间的关系尚存争议,但是随着金融的快速发展,其功能被研究者进一步挖掘,多数研究者承认了金融对于经济的影响。从实践的角度来看,金融对于经济的影响是显著的。理论和实践都表明了金融对于实体经济的显著影响,省域金融工程要做的工作就是将这种影响工程化,即提出省域金融工程的技术路线。

省域金融工程的技术路线可以分为理论论证和工程化方法两个部分,理论论证的目的是细化金融与经济之间互动的路线,工程化方法的目的是概括省域金融工程操作的一般方法。

第一节　总体技术路线

省域金融工程最重要的理论依据就是金融与经济的发展关系,总体技术路线在指明金融与经济互相影响具体路径的基础上,与工程化的方法相结合,最终实现在控制风险的前提下发展经济。

省域金融工程的技术路线指明了省域金融工程研究的总体思路。在理论上最基本的问题是金融与经济之间的关系,然后在工程化的道路上可以分为两个部分,分别是金融风险评估与增长路径的实现。通过论证金融与经济之间的作用关系,设计出相应的实践方法。

省域金融工程的基本问题是金融与经济的关系问题。以此作为研究出发点，在认识到金融与经济之间有着实质性影响之后，就需要探讨金融对经济影响的路径问题。本书将从金融深化、金融聚集和金融创新三个角度来论证两者关系问题，这三个方面同时也是影响经济增长的主要方式。

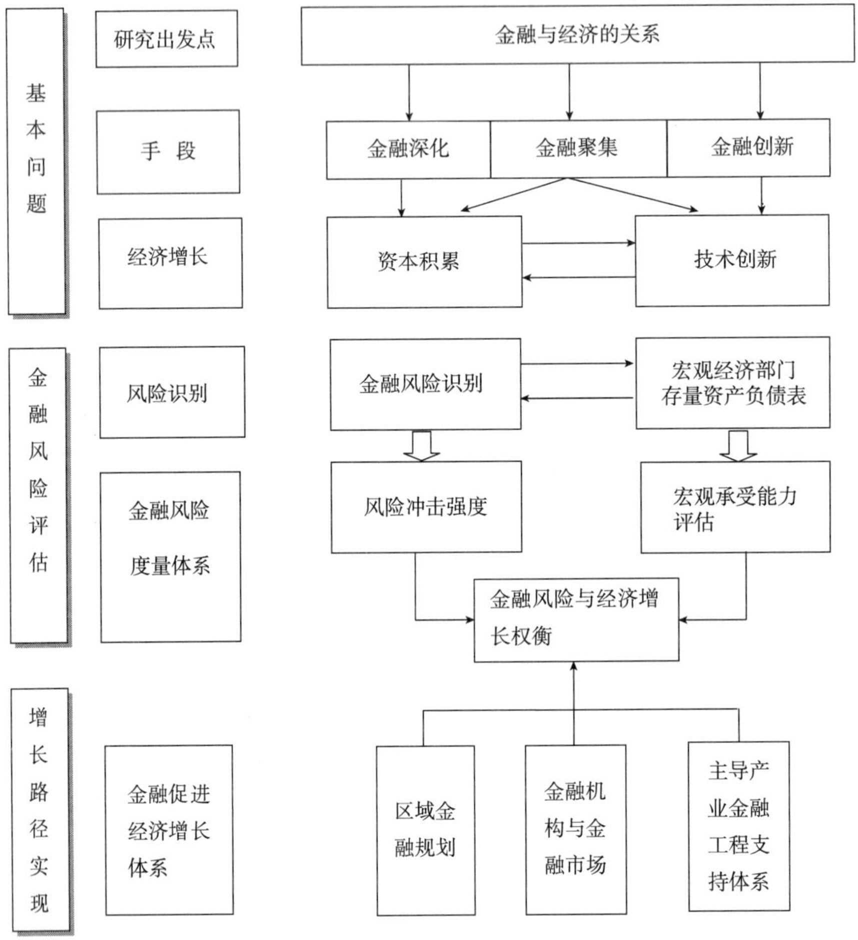

图 3－1　省域金融工程总体技术路线

第二节　金融深化路径

金融深化是政府放松对金融体系的管制,会增加整个社会储蓄与投资的数量,从而促进经济的增长。这其中的金融体系通常被认为是利率市场和汇率市场,而放松对这些市场的管制主要指的就是发展中国家的利率市场化、汇率市场化等的进程。通常来说,金融深化是一个比较宽泛的概念,有的研究把金融中介、金融市场和金融工具的创新都归于金融深化,而本书中的金融深化主要是指放松对金融市场的管制以及进行金融市场化,通过发挥金融市场的配资源置作用来促进经济的发展。

一、金融深化的原因

金融深化的提出可以追溯到20世纪70年代,当时以Mckinnon和Shaw为代表的经济学家们都提出了金融深化和金融自由化的理论,他们均是以发展中国家为背景来讨论金融深化问题。有关金融深化的原因,可以从以下几个方面来分析。

1. 资产价格扭曲

在金融尚未完全自由化之前,经济中存在政府的管制,从经济学的理论来看,如果市场存在管制,那么价格水平就不能反映真实情况下供给与需求的变化,即会发生价格的扭曲。例如,在以银行为主体的金融结构中,如果整个银行业不是处于完全竞争状态,而是存在一定垄断性质,一般而言,此时存贷款利率的差额会比较明显,银行便成为了可以获取稳定垄断收益的组织,而国内的资金需求方不得不求助于外资或者高成本的民间融资。此时,对于国内的企业或者个人而言,资金成本的高企限制了自身的发展。不仅是利率,还有其他的资产价格(例如国债收益率和汇率)都可能面临相同的困境。资产价格的扭曲抑制了正常的金融资产的交易过程,导致了实体经济在资金融通上出现不畅,引起了资源配置的不合理,最终使得经济的快速发展受到抑制。

2. 企业融资渠道单一

金融深化针对的另一个问题是企业融资渠道的问题。发展中国家在金融市场发展的初期,往往存在企业融资渠道单一的问题,银行是企业融资的主要渠道。由于金融市场发展的不充分,企业除了利用自有资金进行内源融资外,只能利用银行来进行外源融资。企业面临比较大的资金瓶颈,限制了企业发展的速度,也抑制了经济发展的活力。由于政府对于金融市场功能的认识不够,并没有大力发展资本市场,导致了整个经济中的投资只能从储蓄中转化,而金融市场的不完善使得经济中的储蓄形式是单一的银行存款,这种金融结构大大降低了可贷资金的数量。通过金融深化能够有效地解决这个问题,大力发展金融市场,可以扩大企业融资的渠道,如通过发行股票和债券、利用信托市场能够使企业募集到更多的资金。

3. 信息不对称

信息不对称是导致金融深化产生的重要原因。由于交易双方拥有的信息量不同,通常会出现一方拥有对方所没有的信息,这种情况下往往会导致道德风险和逆向选择等问题的发生。在金融发展不足时,无法利用市场的制度来解决信息不对称问题,此时有关金融的交易无法达成,导致个人或者企业的资源错配。信息不对称造成了市场资源配资效率的低下,研究者们针对这一问题设计出了多种方案,其中金融市场就是最有效的方式之一。通过设计出制度化的金融市场,可以利用做市商或者交易商这种金融中介的方式来解决信息不对称问题,同时市场出台信息披露等措施能够有效地维护交易双方的公平、公正。

4. 交易成本

交易成本的降低也有赖于金融发展。对于金融交易而言,由于金融中介机构的存在,一般都会存在交易成本问题。例如,个人在进行交易时,交易数量比较少,进行交易时的交易费用往往会很高,通过金融深化,可以采用共同基金的方式来降低交易成本。从市场制度本身来说,通过交易者的聚集就可以起到降低交易成本的作用。金融体系通过发展,如银行开展存贷款以外更多的业务,可以起到降低资金成本的作用。通过降低成本,提高市场资金的配置效率,最终可以推动经济的增长。

二、金融深化的主要模式

金融深化的模式指的是金融机构以及金融市场建立方式的选择。从已有的建立方式来看,目前可以分为金融中介主导型和金融市场主导型。金融中介主导型的代表国家是德国和日本，而金融市场主导型的代表国家是美国和英国。发展中国家一般采取的都是金融中介主导型，有研究表明金融机构主导型的金融体系对于金融体系不发达的国家而言更有利。总的来说，金融机构与金融市场两者之间是互补的关系，在经济发展的不同阶段，两者会发挥不同的作用。

1. 政府主导型

政府主导型的金融深化方式是完全由政府来主导进行，政府制定金融规划，拿出一套完整的金融方案，然后按照政府的规划逐一建立金融机构和金融市场。整个金融体系构建完以后，金融中介和金融市场并不能自由的发展创新，要在政府的主导下实现自身的发展，其业务范围和日常运行的模式也受到政府部门严格的管制。显然，这种政府主导型的金融深化模式并不是常态。一般而言，只有在刚开始着手建立金融体系时，或者金融体系受到巨大危机面临瘫痪时，才会使用这种特殊的金融发展模式。

2. 政府引导型

政府引导型的金融深化方式是指政府在制定政策的过程中会考虑到市场的需求，然后对于市场已有的发展方向和发展趋势进行分析，在结合政府利益的基础上，政府根据自身发展的需要选择相应的政策和制度给予支持和引导。这种金融深化方式相比于政府主导型，给予了市场上的金融机构和金融市场一定的自由发展空间，但是政府在其中还是起着引导的作用，即金融机构和金融市场的发展是有选择性的，不是任由市场自我发展。当金融体系产生了金融创新的需求，此时政府可以适当地进行干预。在完成发展初期的引导工作后，金融体系自身会继续发展。

3. 市场推动型

市场推动型的金融深化与前两者有所不同，政府在其中没有起到主要作用，而是市场上产生了对某种金融服务的需求后，市场中的参与者从自身利益出发，自发地进行金融深化来满足这一需求。市场推动型金融深化出现的前提之一是金融市场已经逐步成型，拥有了自我更新、自我发展的能力。所以，市场推动型金融深化不依靠政府的引导工作，需要的是完善的金融市场。对于发展中国家而言，金融市场必须经过一定时期的发展才能达到这个状态，所以市场推动型金融深化的出现一般会晚于前两种方式。

总的来看,金融发展的主要模式可以分为以上三种。根据金融市场发展的一般规律,这三种模式会分阶段地出现在一个国家的发展过程之中。观照我国市场经济和金融体系的建立过程,目前我国正处于第二个阶段,即政府引导型的金融深化模式。所以,在金融体系的发展过程中,应该逐渐突出市场的主导作用,政府在其中的定位只是引导者。

第三节　金融聚集路径

金融聚集指的是相关金融部门、机构或者企业在特定区域中集中,通过地理上的集聚可以带来成本降低、规模扩大等优势,促进金融产业和其他产业的发展。国际金融中心城市是金融聚集的典型代表,也是金融促进区域经济发展的典型案例。

一、金融聚集的形成条件

金融聚集是产业聚集的一个特例,除了具有产业聚集的一般特征外,金融聚集的形成对于外部条件的要求更高,特别是有关区域经济基础和金融基础设施。以下列举了四条有关金融聚集的形成条件。

1. 较高的经济发展水平

金融聚集往往发生在一个地区内经济发展水平比较高的区域,因为经济发展水平直接影响着金融发展水平,一个区域内的经济发展水平与交易发生的集中程度有直接关系。一般而言,大型龙头企业基本集中于经济发展水平较高的区域,而这些企业是金融资源的需求者和供给者,所以在此类区域容易产生对金融机构和金融市场的需求。另外,较高的经济发展水平更有可能使资金产生较高的收益率,更能够吸引大规模资本的进入。所以,金融聚集比较容易发生在经济发展水平较高的区域,再加上金融聚集的产生对经济有比较强的反作用,两者之间互相作用促使金融聚集与经济发展水平之间的关系更加密切。

2. 丰富的人力资源

金融行业是第三产业,除了资金的投入以外,一个关键的因素就是人才。金融业对于人才的需求十分迫切,并且金融业需要的人才种类比较多,如计算机、法律和专业管理人员等。一个地区人力资源不丰富会在比较大的程度上限制金融机构与金融市场的进入。在金融行业竞争比较激烈的地区，对于金融人才有着更高的要求，并且从金融机构的角度看，人力资本与金融机构的竞争力和对市场客户的吸引力存在较大的影响。所以，在人力资源丰富的区域，比较容易产生较大规模的金融聚集现象。

3. 较大的区位优势

金融机构与金融市场在进入时，对于地域的选择比较注重。除了考虑到金融需求外，对交通、信息和通信也会有要求。现有金融中心的所在地一般都是国际性的交通枢纽或者是区域性的经济中心，这种区位优势更容易降低金融机构的交易成本，也更能吸引高素质人才。信息也是关乎金融发展的要素，现在金融产业对于信息获取的要求越来越高，不论是信息的收集还是信息的发布，金融机构都有着特殊的要求。出于各大金融机构与金融市场的竞争考虑，一般在信息沟通比较畅快的区域设有相应的总部或者分支机构。从成本的考虑来看，金融聚集一般发生在拥有较大区位优势的地区。

4. 发达的金融体系

金融聚集发生的地区一般具有比较好的基础，而不会无条件的出现。在金融基础较好的地区，通常拥有比较多的金融人才和金融机构，在未来的发展过程中，起步会比一般的区域要快。从金融活力的角度来说，发达的金融体系一般可以产生比较大的金融创新活力，同时大规模的金融交易也比较容易发生在拥有较大金融发展基础的地区，所以金融聚集需要一个比较发达的金融体系。

二、金融聚集对实体经济的影响机制

根据学者的实证研究表明：金融聚集对于实体经济有明显的影响，在金融聚集效应比较大的地方，实体经济都比较发达。从理论上来说，这是由于金融聚集能够全方位地提高金融机构与金融市场运行的效率，并且能够有效地扩大金融资源的需求和供给的规模。下面从五个角度来分析金融聚集对实体经济的影响机制。

1. 规模效应

金融聚集的最大特点就是大量金融机构和金融市场在特定一块区域的集

中。当很多的金融资源集中时,能够有效地加快金融交易的完成速度,降低交易成本,并且对金融机构加强相互之间的合作有重要意义。降低成本与提高效率是规模效应最重要的体现。当各种金融机构集中后,势必会加大竞争的力度,金融机构会在业务创新和降低成本两方面下工夫,来体现自己的竞争优势。此外,金融中介目前的发展趋势是从分业经营转向混业经营,加大了各大金融机构业务的相关性,未来金融机构的竞争会更加激烈,这种竞争会推动整个金融行业的发展,在完善自身管理与降低成本后,对于经济中金融资源的有效分配能够起到很好的作用。从金融聚集引发的激烈竞争中获利的是企业和个人,他们能够以更低的成本完成交易。并且金融机构为了揽业务,会根据企业和个人的要求设计全新的交易方式和交易产品,最终结果是加大金融的交易量,减少金融资源错配现象。

2. 范围效应

范围效应指的是金融机构接触到更广泛的客户群,通过拓宽市场覆盖面的手段来扩大交易量;同时,范围效应对金融机构的混业经营有很大帮助,能够迅速整合不同金融机构的业务,使得各大金融机构的业务出现相似性,朝着全业务覆盖的方向发展。银行、证券公司和保险公司的集中能够有效降低各方交流的时间和成本,加大不同金融机构之间的合作。单个金融机构的力量是有限的,当金融机构联合时,能够促成一些以前不能完成的业务;同时各大金融机构之间业务的交叉性,也能开发出许多新兴业务,对于金融服务质量的提升有很大的作用。除了降低成本以外,范围效应的另外一个好处是通过金融机构之间的合作提高金融机构承担风险的能力。例如,当几家金融机构共同发行资产证券化产品时,通过不同产品之间的整合,能够降低一定的风险;并且通过出售产品的方式,可以将风险分散到金融机构中,对于降低金融产品购买者的风险具有一定的作用。总之,范围效应是未来金融产业发展的主要动力之一,能够有效地促进金融机构之间的整合和合作。

3. 降低经营成本

金融机构对于交通、信息和基础设施都有特定的要求,并且这种要求基本是相似的,如果金融机构各自为战,那么单个金融机构就要支付比较高的费用。通过金融聚集,金融机构与金融市场共享交通、信息和通信等基础设施,能够有效地降低成本。由于金融机构对基础设施和服务设施的要求比较高,而这类设施的成本又是比较高的，且基础设施对于金融机构和金融市场的运行是必不可缺的，所以金融聚集在共享基础设施和服务设施促进金融业降低经营成本上起到了积极的作用。除了基础设施和服务设施外，人才也是一个重要的因素，由于金融业对于人才素质的要求比较高，所以金融聚集的区域也是金融人才的集中地。并且金融人才之间的交流是比较密切的，金融聚集有利于金融人才的交流与沟通，有效地促进金融产业的发展。在金融制度方面，金融机构的聚集能够促成金融标准的形成，有效地降低金融机构运行的成本。随着金融机构与金融市场朝着网络化的方向发展，越来越多的金融业务聚集到互联网上，这是金融聚集在降低成本上最突出的表现之一。在降低成本与提高金融交易的效率方面，发生在互联网上的金融聚集能够适时整合各种金融资源，加强金融对经济的支持力度，促进经济增长速度的提高。

4. 扩大交易规模

金融聚集能够起到扩大交易规模的作用，原因在于金融聚集的区域往往经济发展水平比较高，拥有大量的潜在交易需求，在此发生金融聚集，能够有效扩大交易规模。在现代经济发展的过程中，大型企业与大型金融机构的合作越来越紧密，两者在地理上的交叉程度也越来越大，企业成为了金融机构的重要客户，金融聚集能够吸引到大量企业来开展金融业务。交易规模的扩大能够为经济增长提供活力，同时相关的金融机构和金融市场又能得到进一步的发展壮大，两者之间再次起到了互相推进的作用。

5. 促进信息交流

金融聚集对于有关金融信息的传播交流有积极作用。金融行业的发展程度越高，金融信息也越重要。金融机构与金融市场的聚集，可以促使金融信息在特定区域之内集中发布，形成一股信息流。一般来说，信息集中的地方也能够吸引更多的交易参与者，所以金融聚集通过信息交流对于扩大交易规模和解决信息不对称问题也有很大的作用。

第四节　金融创新路径

金融创新的概念源于经济学家熊彼特对于创新的定义，熊彼特认为创新的本质是建立新的生产函数，重新整合生产要素，使得市场格局发生改变。通常而言，经过创新后的生产效率要比以前高，能够获得较高的利润。金融创新也属于创新的范畴，只不过是发生在金融领域。金融创新能够使得整个经济出现新的增长点，为经济增长提供新的活力。

一、金融创新的形式

金融创新的形式主要包含三个层次：金融工具的创新、金融组织的创新以及金融制度的创新。

1. 金融工具的创新

现代金融发展以来，金融工具不断升级，金融工具的类型越来越多，从最初的现货工具发展到衍生工具，再发展到更高级的结构化产品，满足了不同人群的需求。在发展的过程中，衍生产品与资产证券化产品是最有代表性的金融工具。衍生产品是在传统金融工具的基础上衍生而来的新产品，它包括期货、期权和互换。衍生产品最大的功能在于风险管理，它能够有效地对冲各种金融风险；同时，衍生产品还具有价格发现的作用，对于未来资产的价格起到了一定的引导作用。

金融工具的创新是现代金融迅速发展的推动力之一，总的来说金融工具的创新起到的作用主要有以下三点：第一，金融创新扩大了投资机会。通过股票、债券、资产证券化工具的发展，可以创造出新的投资机会，特别是对于个人和企业来说，创新型的金融工具对于需求和供给两个方面都有推动作用。第二，金融创新提供了风险管理的渠道。风险管理在很大程度上依靠新型的金融工具，衍生产品在其中发挥了巨大的作用，各种期权和互换产品在风险管理中的应用十分广泛。第三，金融创新提高了金融系统运行的效率。金融工具的创新在金融风险管理与投资组合上发挥了重要作用；同时，由于金融工具对于价格发现的重要作用，能够有效地引导投资者进行投资决策，在一定程度上提高了金融系统运作的效率。

2. 金融组织的创新

金融组织包括金融机构和金融市场，在最近几十年中，金融市场创新一直是金融组织创新的主要部分。金融市场的创新不论在发达国家还是发展中国家都在进行，金融市场的创新主要存在于三个方面：资本市场、衍生品市场和离岸金融市场。

资本市场从理论上来说是交易对象期限在一年以上的证券市场，交易的产品主要是股票、债券和基金，其中发展最迅速的是股票市场。股票市场的创新包括两个方面，一方面是多层次的股票市场，另一方面是衍生品的引入。多层次的股票市场包括主板市场、中小板市场、创业板市场以及三/四板市场，为不同规模的企业提供了融资渠道。衍生品引入股票市场的结果是产生了诸如股指期货、股票期货和股票期权等新型金融工具，这类新型金融工具丰富了金融市场，同时完善了金融市场的功能，推动了股票市场的发展。资本市场是目前金融市场的重要组成部分，为长期资金的融通提供了平台，对于发挥金融的功能起到了重要作用。

衍生品市场的发展包括期货、期权和互换市场，它在风险管理、价格发现和增强市场的流动性上发生了重大作用。在风险管理上，衍生品在对冲价格风险、套期保值上具有独特的作用和意义。在价格发现上，由于衍生品和原生品之间的联系，使得衍生品具有了指示未来价格的功能，能够提高金融市场的效率，还为企业和个人预测以及防范未来价格波动的风险提供了依据。在增强市场的流动性上，由于衍生品具有低成本、高杠杆的特点，能够很好扩充市场的参与者，特别是投资者与投机者的参与，因此极大地增强了市场的流动性。衍生品市场通过发挥上述三个功能，体现出了金融的作用，为金融支持经济发展提供了明确的路线。目前，我国的衍生品市场正处在发展阶段。省域金融体系中，由于法律法规的约束，直接建设衍生品市场的可能性较小，通常是采用建设要素市场的办法来实现衍生品市场的功能。

离岸金融市场是目前在全球范围内兴起的一种市场形式，由于离岸金融市场不受所在国的金融监管，所以对企业和金融机构具有很大的吸引力。与在岸市场相比，离岸金融市场在税收方面具有极强的比较优势，因为离岸金融市场的税收较低，开设企业的成本也低于在岸金融市场。在资金的进出方面，由于离岸市场的金融监管较为宽松，资金进出较为自由，吸引了大量企业与个人的资金进驻。基于上述功能，离岸金融市场发挥了在岸金融市场不具备的功能，推动了经济的全球化发展，同时对国际金融的发展起到了巨大的作用。多数的离岸金融市场并没有具体的交易场所，是一个无形市场。离岸市场这种新型的金融市场不受交易场所的限制，加强了资本的流动性，对全球金融市场的建立起到了推动作用。对于我国来说,离岸金融市场是人民币走向国际化的重要场所之一,发展人民币离岸市场能够有效推动人民币在全球的影响力,而且由于离岸金融的种种优势,未来离岸市场会有更大的影响力。

3. 金融制度的创新

金融制度指的是资金融通的外部环境限制,狭义地看,金融制度主要包括金融监管制度和金融机构的组织制度。目前,这两方面的创新国内外都有比较迅速的发展,营造了适于金融发展的大环境。

金融监管在我国主要指的是政府对于金融部门的监管,其中"一行三会"是最主要的执行部门。近年来,我国金融监管与金融市场化共同发展,既要保证金融创新,又要能够稳定整个金融行业。虽然金融监管与金融创新有相互对立的成分,但是我国金融监管制度也在不断发展和完善之中。当前,我国金融监管制度的主要发展方向是市场化与制度化监管相结合、金融监管的效率与稳定相结合。在金融监管的方式上,既要形成规范化、制度化的金融监管体系,也要遵循金融市场化的发展方向,不能遏制金融发展与金融创新的步伐。在监管的目标上,要将监管的效率与稳定相结合,要以整个金融体系的发展为目标,提高整体金融运行的效率,同时还要保证金融体系的安全与稳定。这种不偏废的监管方式就是我国金融制度创新的方向。

金融机构在我国主要是银行、证券公司和保险公司,其中银行是我国目前最重要的金融机构。我国银行的内部制度创新主要表现在风险管理制度创新和财务管理制度的创新上;外部制度创新主要表现在一般商业银行与政策性银行的分离上。政策性银行的作用主要是贯彻国家的经济政策意图,其对经济发展有着重要的意义。政策性银行的产生改变了我国银行业与政府之间的关系,增强了一般商业银行的独立性,同时也保留了银行执行政府宏观调控的功能。目前,政策性银行与一般商业银行形成了很好的互补,政策性银行能够完成商业银行不愿接手但对国计民生有重大影响的项目,发挥政府的宏观调控功能。

二、金融创新的动因

金融创新是金融发展的动力之一,从金融业存在至今,金融创新一直在进行之中。对于金融创新的原因,可以从以下几个角度来进行分析。

1. 降低成本

金融的核心功能是资金融通，在改善金融资源配置的效率上，降低成本是一个重要的手段。降低成本是金融创新的内在动力之一，各种金融工具和金融制度的创新很大一部分是基于降低成本设计的，只有能够降低交易成本的金融创新才能够迅速适应金融环境并加以应用。金融市场本身就具有降低交易成本的作用，金融中介在处理信息不对称方面的便利性也能为降低交易成本起到重要作用，而金融工具的设计特别是标准化金融合约的设计同样有利于降低交易成本。

2. 规避监管

规避监管是促使金融创新的重要原因之一，由于相关金融主体的逐利性，为了回避某些法律法规的限制，会采取金融创新的手段绕过限制获取利润。从经济学的角度来说，政府的监管在自由经济中可以看做是一种变相的税收，通过金融创新可以促使企业获得利润。

3. 技术推动

信息技术的高速发展，为金融创新提供了良好的前提条件。在技术成熟的今天，各种金融创新能够便利的在现实中加以应用。这种应用体现在以下两个方面：一个是新型金融工具能够马上被计算机软件规范化后迅速在市场上进行推广，缩短了金融创新的周期；另一个是新型的金融市场能够在已有市场的基础上迅速发展，技术的进步大大缩短了新型金融市场的准备时间。

三、金融创新对经济影响机制

1. 提高资金的利用率

一般来说，利用金融创新能够增加市场的活跃度，提高资金的利用率。金融创新可以整合现有的金融工具，开发出新型的金融工具。在此基础上，更高级的金融创新能够改变整个金融市场的制度，通过新型金融工具的利用，一方面，可以加大市场的活跃度，利用新的交易方式来提高交易规模；另一方面，金融创新带来新的投融资工具，可以显著地提高资金的利用率，有效地解决实体经济受制于资金瓶颈的问题。

2. 增加资金进出实体经济渠道

金融创新对实体经济的一个重要影响就是拓宽了资金进出实体经济的渠

道。金融创新有效地丰富了实体经济,特别是企业部门的投融资渠道。通过各种金融工具的创新和金融市场的发展,资金进出实体经济已经有了一套比较完整的体系。金融创新大大提高了直接融资在总融资中的比重,能够使资金更有效率地进入实体经济。民间金融体系作为传统金融部门的补充,也能够比较顺利地参与实体经济的运行过程。

3. 对实体经济运行风险产生影响

金融创新对于实体经济运行的风险能够产生比较大的影响,这种影响具有两面性,它既可以丰富企业与个人规避风险的渠道,也可能由于风险管理不善对实体经济产生比较大的负面冲击。通过金融工具的创新,特别是衍生品市场的大力发展,企业与个人拥有了更多规避风险的途径。通过金融制度的创新,引入保险公司、担保公司等金融机构后,能够在一定程度上分散风险。虽然某些金融创新能够降低实体经济运行的风险,但是不适宜的金融创新反而会增加经济运行的风险,一个最典型的例子就是次贷危机中的次级债务,它既是金融创新的产物,也是全球性金融危机爆发的导火索。

第五节　金融对经济增长的影响

金融与经济的关系一直是学者们研究的核心问题之一,绝大多数学者认为金融与经济两者是相互促进的关系。金融的发展能够带动经济的发展,而一定的经济发展水平则是金融发展的前提条件。在两者相互作用的过程中,正、反两个方面的作用都存在可能性。

一、金融与经济增长的定性关系

经济增长对于金融的发展具有决定性的作用。一般来说,一个区域的经济发展水平越高,聚集资源的能力越强,金融越容易得到发展并且发展的水平越高。金融本质上是一种资金的融通,通常在经济增长较快的地区,资金的活跃程度越大,金融发展的动力也越强。金融是经济发展到一定阶段的产物,只有当经济发展到一定的程度,特定的金融需求才会在市场上出现,这是金融自身的发展规律。如果金融发展速度与经济发展水平不能很好地匹配,就有可能出现金融抑制经济发展或者金融发展过快造成实体经济空心化的现象。

金融对于经济增长具有反作用。虽然经济发展水平决定了金融发展水平，但是并不能将金融简单的看做是一般产业，金融在整个经济系统中具有相当大的独立性。它不仅具有自身的发展规律，同时在一定的时期内可能出现脱离实体经济自身过快扩张的不良发展过程。正是金融发展的这种独特性，造成了金融对经济增长带来的反作用具有相当大的不确定性，这种不确定性主要体现在两点：一个是金融对于经济发展的影响，它既可能是正面的也可能是负面的；另一个是这种作用力既可能是实体经济能够承受的，也可能是实体经济所不能承受的。这种不确定性给金融工作者提出了更高的要求，如果试图利用金融的手段来支持实体经济的发展，那么就需要考虑这两个不确定性的问题。简单地说，就是要在控制风险的前提下实现经济增长。

二、金融与经济增长的定量关系

在理论上，金融与经济增长的定量关系一般而言有多重阐述方式，既可以通过计量经济学上的相关关系来检验，也可以通过宏观经济学构建经济增长模型，再引入金融的因素来解释这个问题。以下我们将利用后一种方式来阐述金融与经济增长的定量关系，将用到的是最简单的内生经济增长模型，直观地在方程中反映出金融与经济增长的关系。

根据内生经济增长理论，在封闭环境中，假设产出函数是资本的线性函数，为：

$$Y_t = AK_t$$

A 为资本的边际生产率，而 K 为资本存量。如果经济中只有一种资本品用于投资，假设每期的折旧率为 δ，那么投资可以表示为：

$$I_t = K_{t+1} - (1-\delta)K_t$$

在经济达到均衡状态时，可以得到总投资与总储蓄相等。但在现实的经济环境中，投资与储蓄是不等的，通常的情况是储蓄向投资转化的过程中存在障碍，如果假设投资转化率为 θ，投资为 I，那么有：

$$I_t = \theta S_t$$

根据以上的经济运行过程，可以推导出经济的增长过程，及产出的增量为：

$$\Delta Y_{T+1} = Y_{T+1} - Y_T = AK_{T+1} - AK_T = AI_t - \delta Y_t$$

将以上公式带入，可以得到产出的增长率为：

$$g_{t+1}=\frac{\Delta Y_{t+1}}{Y_t}=\frac{AI_t-\delta Y_t}{Y_t}=\frac{A\delta S_t}{Y_t}-\delta=A\delta S_t$$

其中 S_t 为储蓄率。

从以上模型可以看出，在内生经济理论的假定下，金融对经济增长的作用点在于对投资的影响，由于投资与储蓄之间的关系，使构建起金融与经济增长的一条路径。在均衡的增长路径下，最终经济的增长率受到的是三方面的影响：资本的边际生产率、投资转化率和储蓄率。严格地说，这三个方面都与金融有关，但是金融对后两者具有较大的影响力。投资转化率体现的是储蓄转化为投资的程度，而储蓄率体现的则是整个社会资本积累的能力，如果将两者结合起来看，那么这两个指标整体上反映出的就是社会资本转化为实体经济投资的比率。金融的核心功能是资金的融通，反映到经济增长上就是引导资金有效、安全地进出实体经济，为经济发展提供更多的资本。虽然上述的模型较为简单并且存在一定的局限性，但是较为清晰地说明了金融对经济增长最主要的影响路径——投资。打通虚拟经济为实体经济输血的通道，引导更多的资金转化为生产中的资本，就能够体现金融对经济增长的作用。这种理论上的分析与现阶段金融支持实体经济发展的路线是一致的。只有将资金转化为生产的资本，才能引导金融作用于经济发展，而非金融本身的膨胀。

三、金融促进经济增长具体作用路径

从前文的分析中可知，金融发展可以分为金融深化、金融聚集与金融创新三个方面。从这三个方面出发，根据上述的模型，可以分析出金融发展是如何对经济增长起作用的。

从金融深化的角度来看，通过处理好政府与市场的关系，放松对金融机构以及金融市场的干预力度，依靠市场来决定各种金融资产的价格，可以更有效地配置资源。例如，在货币市场，利率是资金的价格，中央银行可以将存贷款利率控制在某一特定水平，如果对货币市场进行改革，加大金融深化力度，放松对货币市场的管制，将存贷款利率放开，那么存贷款利率会发生变化。一般来说，放开管制后，存款利率会上升而贷款利率会有所下降，此时，储蓄率会上升；同时由于贷款利率下降，会使企业更多地从银行进行贷款，投资转化率也会上升。通过这两方面的影响，都能够加快经济的增长速度。

从金融聚集的角度来看,通过各个金融部门在特定地域上的聚集,可以增强每个金融部门的融合程度,提高金融部门整体的运行效率,同时带动区域经济的快速发展。金融聚集除了能够提高资金的转化率,还可以提高资本的边际生产率。金融聚集最主要的意义在于能够很好地协调金融部门与非金融部门之间的关系,提高整体经济运行的效率。此时,随着经济中各部门运行更加顺畅,会改变原有的生产函数,提高资本的边际生产率。从这个角度来说,金融聚集能够提高经济增长速度。

金融创新最大的优势在于能够为实体经济提供更多的融资机会。从金融创新的角度来看,通过各种金融工具和金融制度的创新,为企业提供多种投融资方式,同时能够拓宽资金进出实体经济的渠道。随着金融的不断发展,直接融资与间接融资的渠道不断被丰富,特别是在直接融资方面,各种金融市场的出现,直接融资的利用程度不断增加。从前文所述的方程中来看,金融创新能够明显提高储蓄率与投资转化率,从而通过这两者来提高经济的增长速度。

金融深化、金融聚集与金融创新是金融发展的主要渠道,这三者均能够通过发展金融而对经济增长的重要参数产生影响。通过影响资本的边际生产率、投资转化率与储蓄率,从而深化对经济增长产生正向的反作用关系。

第四章　省域金融工程的一般模式

省域金融工程的基本思想是使用金融的手段推进省域经济的跨越式发展，并根据经济与金融自身的发展规律，总结出省域金融工程的一般模式。省域金融工程的一般模式是指将省域金融工程的方法合理应用到中国每一个省的共性方法。省域金融工程一般模式中最重要的是通过优化配置金融资源提高经济发展的速度，同时运用金融工程的方法控制金融风险，保证经济的长期稳定发展。

省域金融工程的一般模式总体上包括省域金融规划、省域金融市场建设、省域主导产业金融工程支持体系和省域经济发展战略管理体系。面对一个省的经济金融发展情况，可以从以上四个方面着手打造省域金融工程。这四个方面是省域金融工程中的主体部分，通过这四个方面的实践，可以起到优化配置金融资源，突破经济发展的瓶颈的作用，使省域经济得到跨越式发展。省域金融工程的一般模式并不是包含了省域金融工程的所有方法，而是可以根据不同省份的具体情况，设计出具有当地特色的金融工程支持体系。

第一节　省域金融规划

省域金融规划是指针对省域经济发展的目标以及路径，来制定金融发展的方针。从定义上来说，省域金融规划与一般所指的国家整体的金融规划类似，但是由于省一级政府的政策权力范围要小于国家，在诸如货币政策制定等方面没有自主规划权，所以省域金融规划具有自身的一些特点。

一、省域金融规划的内容

一般来说，省域金融规划是指导一个省份在一段时期内金融发展的纲领性规划,必须具有统领性和前瞻性。在进行省域金融规划前,要分析当前省内外经济金融发展状况,特别是对制约省内金融发展的瓶颈要进行针对性的原因分析,以便在金融规划中加以解决。省域金融规划要与省域经济发展路径紧密结合,能够给予经济最集中的支持。从一般性的规律来看,省域金融规划主要包含以下几个主要内容。

1. 金融机构及金融市场建设

金融机构与金融市场建设是省域金融规划的核心内容,它们共同构成了一个省的金融中介。从金融机构来看,银行、证券公司与保险公司是最主要的金融机构,小额贷款公司、担保公司和信托公司等其他金融机构目前也在迅速发展。省级区域要大力引进和培育各种金融机构,特别是组建新的金融机构,例如地方性商业银行。可以重点引进具有较强带动效应的分支机构,同时对于外资金融机构也可以在省域内设立代理处。随着我国金融业的改革,在金融机构的选择中,要重视非银行金融机构的发展。同时,各种类型的基金也是很好的配置金融资源的场所,目前我国产业基金、创投基金和股权投资基金已经被市场所接受。在这些金融机构中,对地方性的金融机构要给予重点支持,扩大规模并且迅速提高市场竞争力,打造出区域性的品牌。

从金融市场来看,由于省级政府权限限制,部分国家性的金融市场难以引入,可以考虑重点打造地方性的金融要素市场。资本市场是企业募集资金的重要通道,根据我国多层次资本市场的定位,省级部门可以建设地方性的股权市场,通过引导企业上市来发展实体经济。产权交易市场是另一类重要的金融市场,知识产权、物权和债券都可以进行交易,通过打造交易平台,起到配置金融资源的作用。大宗商品交易市场是发展地方性特色产业的重要工具,也是省域金融市场发展的重点之一,它能够为省域地区的主导产业提供市场并且起到价格发现的作用。

2. 省域金融布局

省域金融布局指的是如何在一个省的范围内实现金融产业的协调配合。由于在一个省的范围内,不同地区经济金融发展水平会存在比较大的差异,所以需要统筹整个省的经济金融运行情况来配置金融资源。从规划的范围来看,省域金融规划一般可以分为省级区域、地级区域和县级区域,把握好这三个层次金融规划的联系和区别是规划的重点。

首先要打造省域金融中心,凸显金融对于经济发展的支持作用。一般来说,省域金融中心能够反映出全省的经济金融整体发展水平,同时通过重点支持省域金融中心的发展,发挥其辐射带动作用。省域金融中心一般具备以下条件:经济发展水平较高、金融机构健全、金融市场发达、金融基础设施完善、金融人才聚集等。金融创新一般发生在金融中心,省域金融中心对于全省金融发展起着至关重要的作用。省域金融中心是金融与经济相互促进的最好场所,一方面较高的经济发展水平吸引着众多的金融资源,另一方面丰富的金融资源带动了省域经济的发展水平。在省域金融中心的规划布局中,要密切关注相邻省份金融中心的发展情况,与其他省份金融中心可以采取合作发展的方式,壮大区域内金融产业。

其次是发展地区性金融中心,地区性金融中心一般由一个或者几个地级市构成,可以按照地域、产业或者城市圈的方式来形成一个地区,再根据经济金融的实际运行情况形成地区性金融中心。由于金融发展水平与省域金融中心存在差距,地区性金融中心的竞争力来自当地的金融资源。政府在地区性金融中心的建设中要起到推动作用,特别是在区域内的组织与协调工作中,要处理好相邻区域内的合作与竞争关系。一般来说,省域内会存在多个地区性金融中心,一个金融中心的辐射范围通常是一个或几个地级市。从目前全国金融资源的分布情况看,地区性金融中心的发展重点不在于培育大型金融机构,而在于引进金融机构,特别是新型金融机构。特色产业也是地区性金融机构的重点服务对象,通常地级区域能够产生比较强烈的产融结合效应。

最后是升级县域金融,县域经济是我国经济的重要组成部分,在我国整体经济构成中有着重要地位。但是我国广大县域地区存在很大的金融发展不足的问题,特别是偏远地区的县域金融发展尚处于起步阶段,所以不同县域金融发展的重点会有所不同。对处于起步阶段的县域来说,当务之急是引入金融机构服务网点,发展金融业务的最基础渠道。对有一定金融基础的县域来说,金融机构的配备已经齐全,要做的就是改善金融机构的组成,促进金融机构间的竞争发展;同时要加强金融对于实体经济的服务力度,特别是对县域经济中的企业,在适当的时候可以采取金融创新的手段为企业提供金融服务。

省域金融布局的重点在于行政区域金融发展的层次性,这就要求金融规划应着眼于当地的金融发展水平,发挥好所在层次的金融功能。省域金融中心、地级金融中心与县域金融三者之间争取做到承接区域性金融服务的功能。

3. 金融生态环境建设

金融生态环境指的是影响金融活动的要素集合，对金融业的发展有着举足轻重的作用。一般理解的金融生态环境指的是金融运行所需要的外部条件。金融生态环境对于发挥金融的功能有着重大的意义，我国由于实行市场经济的时间不长，在金融生态环境建设上相比发达国家较为落后，这也是造成我国金融服务实体经济力量不足的原因之一。从目前的主流观点来看，金融生态环境一般包括诚信环境、法制环境和金融服务环境。

诚信是市场经济的立足之本，诚信环境是金融环境的重要内容，构建社会信用体系是发展的目标。由于我国还处于社会主义市场经济发展的初级阶段，经济法制的观念不强，社会信用水平整体来看仍然较低。从全国的范围来看，每年由于诚信缺失导致的经济损失高达数千亿元，可见诚信的经济环境至关重要。目前我国正在逐步建立社会信用征集系统，通过完善公民的诚信记录来促进诚信水平的提高。这个系统包含了我国企业和个人的信用信息，由银行及相关部门共同建设，借此营造良好的社会信用环境。除此以外，还可以成立信用中介服务机构来调查和采集信用信息，以解决交易中的信息不对称问题。目前信用中介服务机构的类型主要包括征信公司、资信调查公司、信用评级机构等。

法制环境对于金融的发展也有很大的影响。从现实的状况来看，有关我国金融发展的法律环境往往会遭遇两类问题，一类是现有的法律法规落后于金融与经济发展的需要，经济中新形势的出现使得一些新的金融创新处于不能合法生存的境地；另一类是经济发展过程中碰到的一些阻遏经济发展的新问题、新状况，没有针对性的法律来依照，使得这些具有负面效应的行为长期存在。对于以上两种问题，都需要通过加强法制建设来解决。首先，要加强出台法律法规的规范性，提高出台文件的质量，争取既不出现盲区也不出现法律法规相互矛盾的状况。其次，要维护好企业和个人的合法权益，特别是保障民营企业生产经营活动的正常进行。对于经济中的竞争关系，政府要起到调节的作用。最后，要加强有关经济与金融法律方面的宣传和教育力度，逐步提高公民的法律意识。

金融服务环境主要是指金融中介对非金融部门的服务环境。目前，我国金融服务整体环境在不断提升，但是部分经济落后地区的金融服务水平依然较低,严重抑制了当地的经济发展速度。我国金融服务存在的主要问题是分布不均衡,大部分金融机构的注意力集中在规模较大的企业上,对于中小型民营企业的支持力度不足,导致我国产生了中小企业融资难、融资贵的问题。所以我国金融服务环境的改进重点就是加强对经济落后地区和中小企业的支持力度。在此基础上,再着眼于提高服务质量,注重经济效益与社会效益的结合,提升金融对于实体经济的服务效率。

第二节　省域金融市场建设

狭义的金融市场主要指货币市场和资本市场,而广义的金融市场包括所有能够发挥资金融通功能的市场,如衍生品市场、大宗商品交易市场等。对于省域经济来说,由于受到设立权限的限制,并不能开设所有市场。在我国经济发展的过程中,因国家整体政策对部分地区的倾斜,一些具有国家战略性质的金融中心已经形成。但是金融市场是发挥金融作用的重要场所,也是金融促进经济发展必不可少的环节之一,所以省域金融市场建设必须在立足于国情的基础上有所开拓创新。从目前的理论研究和我国的实践来看,比较符合我国省域定位的是金融要素市场。

金融要素市场是一种专门从事资金融通的要素市场,通过配置金融资源达到促进实体经济发展的目标。金融要素市场多是以一个体系出现,通过要素市场体系优化资源配置,对虚拟经济与实体经济都能起到巨大的推动作用。金融要素市场的种类很多,包括货币市场、资本市场、产权市场、大宗商品市场、衍生品市场等。从我国省域经济的具体情况出发,较为适合省域经济的是产权交易市场、大宗商品交易市场和金融资产交易市场。

1. 产权交易市场

产权交易市场的交易对象是诸如股权、债权、林地使用权等产权,通过在交易市场公开价格和其他信息,有利于促进交易顺利进行。总的来看,交易市场可以起到降低成本、中介服务和价格发现的作用。通过在市场交易产权,可以明确买卖双方的理想价格,减少议价成本,而且在交易费用以及交易时间上也能节约。所以,产权交易市场与一般交易市场一样,都能够起到降低交易成本的作用。交易市场也有中介服务的功能,由于办理产权交易需要一些手续,通过交易市场制度化和规范化的运作,在明确这些流程的同时,交易市场在一定程度上帮助买卖双方减少了一些工作,避免了因为繁杂的手续而交易失败;同时,交易市场在买卖双方的监管、风险控制以及信息的披露上都能够起到良好的服务作用。产权交易市场还具有价格发现的功能,通过买卖双方在交易市场的供求状态可以形成价格,起到价格发现的功能。

在产权交易市场中,具有较大推动力的是区域性股权交易市场。2006 年,国务院首次将我国多层次的资本市场具体划分为四个层次,即主板和中小板市场、创业板市场、非上市公司股份代办转让市场以及产权交易市场。目前,主板的上市公司主要在上海证券交易所挂牌交易,部分主板上市公司和中小板上市公司在深圳证券交易所挂牌交易。设立区域性股权交易市场,满足了在我国设立多层次资本市场的要求。与主板和中小板市场不同,区域性股权交易市场针对的是高成长性的中小型企业。而我国中小型企业正面临融资难、融资贵的困境,中小企业的融资特点决定了我国需建立股权融资为主、债权融资为辅的融资体系。

中小企业股权交易市场的核心优势在于:它能为中小企业的股权流通提供交易平台,有效促进中小企业融资能力的提升。其作用主要体现在以下两个方面:一方面,股权交易市场虽然没有为中小企业提供直接融资的一级市场,但是二级市场的流动性会较大程度地吸引投资者进入;另一方面,在股权交易市场挂牌的过程中规范了公司的治理和内控制度,并对挂牌公司的信息披露提出了一定的要求,从而降低了公司股权投资者的投资风险和获取投资信息的成本。所以,股权交易市场当前的定位是:面向有成长性中小企业的区域性股权交易市场,为纳入统一监管下的全国性证券场外交易市场体系做准备。

2. 大宗商品交易市场

改革开放以来,我国商品市场迅速发展。现阶段商品市场可以分为现货市场、期货市场和大宗商品交易市场三层。传统商品交易方式已经远远不能适应当前市场经济条件下的需要,必须改革已有的贸易形式,发挥市场在商品资源配置中的基础性作用,完善价格形成机制,健全商品市场体系;同时建立符合社会主义市场经济要求和我国国情的商品市场交易机制,促进国民经济持续、快速、协调、健康地发展。

大宗商品交易市场既是现货市场与期货市场的桥梁,又是将上述两者优点结合起来的独立市场。完善的现代化商品市场体系,应是原生品与衍生品市场的有机结合。既以传统的现货市场为根基,也包括网上中远期电子交易市场、期货市场等多层次、多种类型的市场,以满足经济快速发展和企业发展的各种需求。可以说,大宗商品交易市场就是衍生品市场的 OTC 市场①。目前我国正处于多层次资本市场体系结构的形成过程中,我国的商品衍生品市场同样需要电子化 OTC 市场来满足不同参与者的各种交易需求。大宗商品电子交易市场多数采用中远期现货网上订货的交易形式,在一定程度上扮演了场外 OTC 市场的角色,既可以提升现货市场的交易效率与交易质量,又弥补了场内期货市场因法规框架制约而导致的创新不足。

大宗商品交易市场按照我国构建多层次商品交易市场的目标,成为除期货市场与传统现货批发市场外的另一种交易市场。与期货市场相比,大宗商品交易市场的交易方式更加灵活、交易品种更为多样,为企业提供广阔的市场以及风险控制的场所。与传统的现货批发市场相比,大宗商品交易市场采用方便、快捷的电子化交易方式,节约交易成本的同时也能有效规避风险,灵活的交易方式解决了传统现货交易方式的弊端,在提供杠杆机制的同时又能规避信用风险。

一般来说,建设区域性的大宗商品交易市场都希望能够获得某一个区域内此种商品的定价权,交易量就成为了衡量大宗商品交易市场发展状况的关键指标之一。所以,建设大宗商品交易市场的每个环节都要考虑到交易量的提升。商品、交易方式、合约设计等都是影响交易量的重要环节。在商品的选择上,可以按照各个省域的具体情况具体选择,既可以考虑当地产量丰富的产品作为交易商品,还可以选择当地需求较大的商品。在交易方式的选取上,可以根据交易需求大小的估算来提供合适的交易方式;在合约设计上,要充分考虑到虚拟交易和实物交割的特点,在最小交易数量和最小价格波动幅度上除了参照国际上的交易标准外,还可以借鉴已有的交易习惯。

---

① OTC 市场,即场外交易市场,又称柜台交易市场或店头市场。和交易所市场完全不同,OTC 没有固定的场所,没有规定的成员资格;没有严格可控的规则制度,没有规定的交易产品和限制主要是交易对手通过私下协商进行的一对一交易。

3. 金融资产交易市场

金融资产是与实物资产相对应的概念，指单位或个人所拥有的以价值形态存在的资产，代表一种索取实物资产的无形权利，是一切可以在有组织的金融市场上进行交易、具有现实价格和未来估价的金融工具的总称。根据交易属性和交易场所，金融资产可分为有交易属性且有公开平台支持、有交易属性但没有公开平台支持和没有交易属性三类，传统的股票、债券、公募基金和部分衍生品属于有交易属性且有公开平台支持的金融资产，但还是有大量的金融资产有较强的交易属性却没有足够的公开平台支持，造成交易效率低下、金融资产流动不足，这部分金融资产包括应收账款、应收票据、贷款、垫款、其他应收款、应收利息等。

无论是从市场规模还是市场容量来看，我国的资本市场结构均呈现出"倒三角"的形式，处于上层的沪深主板、中小板的发展明显大于创业板和场外市场，并没有像国外发达的资本市场那样，下级市场对上级市场起到明显的支持作用。作为金融资产交易的主要场所，场外市场在我国的发展依旧处于发展的初期，交易平台数量、交易品种和交易方式都不能适应金融资产的交易需求。

地方性金融资产交易市场的建立，对微观经济与宏观经济来说都有重大作用。从交易的层面来看，金融资产交易市场提供了一个具有公信力的交易平台，保证了金融资产交易安全进行。从金融服务实体经济的层面来看，金融资产交易市场能够有效的优化配置金融资源，对于宏观经济的快速发展起着重要的作用。首先，地方性金融资产交易所是一个具有公信力的平台，由于我国产权交易市场的分布比较分散，缺乏正规的交易场所，通过设立地方性金融资产交易所可以建立起一个具有公信力的交易平台；而且通过交易市场设立的交易规则，可以形成公开透明的交易机制，有效消除信息不对称的现象，规范金融资产的交易过程。其次，地方性金融资产交易市场可以起到降低金融风险的作用。金融资产的处置过程中面临诸多风险，如果能够按照市场交易手段进行，出现道德风险的可能性会有所降低。同时，在资产交易的过程中，通过不同机构对资产的组合，也可以起到有效降低风险的作用。因此，设立金融资产交易市场对地方经济的发展具有重要作用，通过交易所的交易可以提高金融资产的流动性，有利于优化配置金融资源，有效提升金融资产交易效率。对于企业来说，应收账款等金融资产变现能力是很差的，通过金融资产交易所可以为企业获得流动资金,帮助企业稳定的发展。总的来看,金融资产交易市场可以起到促进资产公平交易、建立具有公信力的交易平台、完善金融要素市场体系和服务区域经济发展的作用。

第三节　省域主导产业金融工程支持体系

主导产业金融工程是用金融工程的手段推动产业的发展,通过产业的发展来带动经济。具体来说,就是通过金融工具与金融手段的创新设计与重新组合、金融结构的调整和金融制度的设计来解决产业发展所面临的各种问题。在省域经济中,产业处于一个十分重要的位置,在传统的意义上,产业是指社会中的主要物质生产部门,主要是利用生产产品的不同来定义产业。所以说,产业几乎包含了社会经济中的绝大部分内容。

产业金融工程的具体内容就是将金融工程的基本理论与思想运用到产业发展的问题研究当中。具体而言,是指创造性地利用各种金融手段(包括金融工具、金融工序、金融制度建设等)解决产业发展过程当中面临的各种问题(如资金需求、风险管理等),其核心是在控制产业风险的前提下实现产业价值的增值,推动产业的跨越式发展。

发展产业金融工程是解决中国经济长期可持续发展的现实选择。产业发展是经济发展的核心。随着产业现代化进程的加快,金融与产业结合显得越来越重要。一方面,金融为产业发展提供资金支持,并在此基础上通过整合产业资源,控制产业发展风险,制定产业发展政策,实现产业的跨越式发展。它也是产业发展的内在驱动因素之一,产业如果脱离资金支持将无法发展壮大。另一方面,金融自身作为一种产业的良性发展离不开与实体经济的结合,如果金融业脱离产业自我发展,那么投机行为将产生巨大的资产泡沫,并有可能引发严重的金融危机。产业需要在金融的支持下创造出更大的生产力,以此带动内部需求,从而促进经济的跨越式发展。

省域产业金融工程支持体系包含了产业增值的四个过程,分别是价值创造过程、资金筹集过程、资金运作过程与利益分配过程。这四个过程中,价值创造过程是基础,产业发展的一个关键问题是产业是否存在盈利空间,如果产业本身并不存在盈利空间,即使能够筹集到资金,资金注入后不能产生回报,那么产业发展的困难会很大。如果利润空间高过资金的成本,那么根据资金的逐利性,资金会自然地进入到产业中。有了盈利空间与资金后,需要考虑的就是产业的日常运转问题,此时资金运作过程与利益分配过程就显得十分重要。通过产业风险管理工程与产业政策制度设计,使得产业能够按照设计的轨道正常的发展。

一、价值创造过程

产业价值的创造是基于整个产业链的价值增值过程。通过产业链的调整可以使产业价值发生改变,从而达到产业增值的目的。产业价值创造可以按照如下几个方法进行。

1. 降低成本

现代经济发展的标志之一是产业分工越来越细,生产日益专业化。通过产业链的延伸,可以使得整个产业具有规模效应。一般来说,一个企业不可能在整条产业链上都占有绝对的优势,它只能在产业链的某个环节上占有一定的相对优势。依托产业链的整合,能够有效地将不同类型企业具有优势的产业链环节衔接起来,这样不仅能够提升企业在整个产业上的竞争力,还能够将企业整体的生产成本降低,优化企业的产业链。通过对产业链的资源整合,采取标准化生产、企业内部成本管理等措施,可以有效在物流、库存、包装和销售等环节实现成本的降低。

2. 延伸产业链

延伸产业链也是产业价值工程的手段之一。同一产业的企业通常处于竞争状态,企业之间的相似程度很高,通常企业会加大技术创新和管理创新的力度,力求能在激烈的竞争中脱颖而出。延伸产业链也是企业应对激烈市场竞争的手段之一。在企业的发展过程中,经营业务也在不断地发展,好的企业依靠自身的优势,能够将企业的经营业务范围扩大,特别是在限制企业发展的产业链环节,优秀的企业会对这些环节加以突破,在同其他企业的竞争中占据成本优势。通过产业链的延伸,不仅可以获得全新领域的利润,也能有效地促进技术创新与管理创新,发挥企业的规模效应。在企业的发展过程中,由于创新通常比较容易被其他企业所模仿,所以当其他企业通过对技术的消化、吸收和模仿后,先行企业获得的利润降低,就必须再次加大创新力度寻求新的盈利空间。也可以说,这种竞争为企业创新提供了良好的环境,通过延伸产业链,企业收获的不仅仅是新的盈利空间,更是企业生产和运营成本的降低以及超越其他企业的比较优势。

3. 打造品牌

品牌是企业软实力的象征,在现代市场经济中,品牌的价值有时甚至能够决定产品的价格。在一定的区域内,通过产业链的发展,同一产业内涌现出众多的龙头企业,此时就会形成品牌效应。通常来说,单个企业的品牌效应是有限的,最好的办法是打造区域品牌。区域品牌与单个企业品牌相比,具有更长的生命力,且影响力更大。随着区域品牌知名度的提高,区域内单个企业会得到更好的发展,同时还能够带动整个区域内产业的发展,这种良性循环能够为产业未来的发展提供良好的机遇。

4. 发展区域经济

在现代经济的布局中,产业是区域经济的重要组成部分,一个经济发达的地区通常会有数个支柱产业,而且产业会发展成为较为高级的产业集群形式。产业集群是产业发展水平的体现,而产业链则是产业发展的基础,通过对产业链加以提升,就能有效地带动区域经济的发展。通常来说,产业价值体系是形成产业推动区域经济发展的关键因素。在区域经济发展的过程中,一个区域应该找准时机、抓牢当地的优势,迅速发展自己的优势产业,打造龙头企业,构建具有区域经济特色的产业链价值体系。

二、产业资金工程

省域产业资金工程的主要内容是为产业链上的每个价值增值环节筹集资金,为产业的发展提供完整的资金解决方案。在具体的实施过程中,主要包括产业资金平台建设和产业资金工程工具两方面。

1. 产业资金工程平台建设

产业资金平台是一个包含多个主体在内的资金平台,通过先建立平台,再通过平台来吸纳不同主体的资金。平台可以包括政府、企业内外部、银行、保险、各类金融机构、各类产业相关的中介机构、投资者,具体的流程如图 4－1。

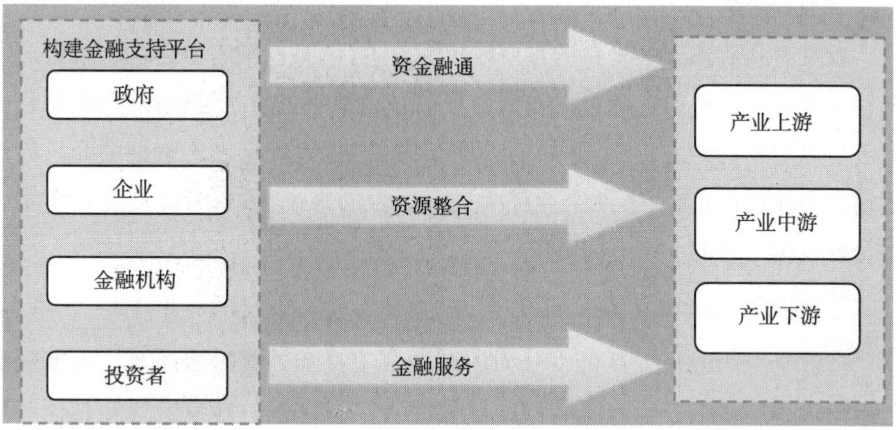

图4－1　产业资金工程平台建设

(1)政府

政府在产业资金平台上起引导作用。一般来说,政府可以委托下属的投资平台来承担产业资金平台的功能,例如城市建设投资公司(简称城投公司)、城建开发公司、城建资产经营公司等。由于这类公司的资金投入能力较强、公信力较高,一个产业如果能够吸纳政府这类投资平台进入,那么产业比较容易得到发展。政府在产业资金平台的建设上还有另外一个作用就是投入财政引导资金,财政资金的划拨可以为产业的某些项目作为启动资金加以使用。

(2)企业

企业通过自用资金或者在社会上吸纳资金,再投入产业中,这个过程就是企业参与产业资金平台的过程。通常来说,企业是产业升级的承载者,产业发展的每个步骤都要深入企业中实现。企业通过自身的资本积累或者在社会上募集的资金,再投入企业的发展中去,此时企业就完成了在产业资金平台上的运作过程。

(3)金融机构

金融机构在产业资金平台的建设中起着最主要的作用,而金融机构在产业资金平台中可以包含多个类型,如银行、证券公司和信托公司等。一般来说,如果产业中的企业能够完全符合银行的信贷条件,那么就可以从银行直接得到资金;如果企业不满足银行的信贷条件,但是有能够产生未来现金流的项目,那么可以依托证券公司采用资产证券化的方式获得资金,发挥融资的功能。如果说政府在产业资金平台中主要起引导作用,那么金融机构则起到主导作用。

(4)投资者

投资者是产业资金平台的重要组成部分,可以将投资者分为个人投资者和机构投资者。个人投资者可以根据自身偏好选择有关项目进行投资,而机构投资者以风险投资为主,在企业的初创期和成长初期,风险投资资金的介入能够迅速为企业提供资金,帮助企业扩大规模。总的来说,投资者是产业资金平台中金融机构之外的一个有力补充。

2. 产业资金工程工具

产业资金的融资工具可以分为内部融资工具和外部融资工具。外部融资工具可以进一步细分为:债券融资、股权融资、项目融资、政策融资和其他新型融资方式。

(1)内部融资

内部融资主要是指企业通过公司的自有资金作为企业发展的资金来源,与外部融资相比,企业进行内部融资具有风险小、自主性强、成本低的特点。一般来看,在企业的发展初期,内部融资是企业融资的重要渠道。内部融资可以细分为以下几个方面:

①留存盈余融资

企业在纳税后,会有形成一定的留存盈余,在股份制企业中,这部分利润会以未分配利润的形式留在企业中,事实上成为企业的追加投资。留存盈余的形成于企业的股利分配政策有着直接的关系。因为股利与留存盈余两者之间是此消彼长的关系,且公司在股利分配政策上具有相当的自主性,所以要在平衡股东利益与公司长远发展的利益后,提出一个合理的方案来解决这一问题。留存盈余融资能够以较小的成本方便地筹集到企业的发展资金,通常情况下会成为企业融资的首选方案。

②票据贴现融资

票据贴现融资是目前比较流行的企业短期融资方式之一,其方式是将票据转让给银行,银行根据相应的票据金额和贴现率给予资金给收款人。票据贴现融资的主要功能是为企业提供短期的流动性,票据贴现的金额与企业市场的销售额有很大的关系,不用担保并且方便快捷。通常来说,票据融资的成本相比其他融资方式较低,这也是票据融资受到广泛欢迎的重要原因。目前流行的票据贴现融资方式有三种:银行承兑汇票贴现、商业承兑汇票贴现和协议付息票据贴现。目前我国票据融资的主要对象是具有规模的大型企业，对中小企业来说，进行票据融资在现行制度下还比较困难。

③资产典当融资

资产典当融资与一般的典当类似，均是用实物作为抵押，通过实物所有权的转移来取得临时性的贷款。资产典当融资的最大特点是约束条件下，方便灵活。与其他融资渠道相比，典当融资对于客户的信用没有特别要求，只是对抵押物会有严格的审查；并且商业银行的贷款担保通常是土地、房产等不动产，而典当业务对于动产也能进行融资业务。典当业务还有一个特点就是对于典当抵押物的价值没有限制，并且能够比较方便快捷的获得资金，不像办理银行贷款的手续复杂、审批周期较长。

（2）债权融资

①银行贷款

银行贷款是目前我国规模最大、最重要的外部融资方式。银行贷款的优点是资金量大、还款周期较长，并且相对于从民间资本进行融资，银行融资的成本较低。目前我国的银行大体上分为政策性银行和商业银行，两者的设立目的和涉及的领域有所区别，但是都能够发挥融通资金的作用。政策性银行的目的是能够承担国家的政策性金融业务，按照国家的方针政策，进行金融资源的配置。商业银行贷款是最常用的贷款方式之一，具有可操作性强、手续简便、可发挥财务杠杆作用、节税等优点。银行贷款虽然在我国规模巨大，但是仍然有继续进步的空间，目前我国银行业的金融创新业务正在迅速发展，能够开辟出更多的金融业务，更好地起到配置金融资源的作用。

②民间金融

民间金融是相对于国家依法批准设立的金融机构融资而言的，泛指非金融机构的自然人、企业及其他经济主体（财政除外）之间以货币资金为标的的价值转移及本息支付。民间融资是游离于国家正规金融机构之外的、以资金筹措为主的融资活动，正常的企业间商业信用不在民间融资范畴之内。

民间金融具有正规金融机构不具备的特点。第一，民间金融方便快捷。与商业银行贷款相比，民间金融贷款简单灵活，如果民间借贷双方相识，那么只需通过形成相应协议就可以取得资金，免去了繁琐的审批环节。根据目前情况，我国的民间金融借贷有一半是私下达成的交易，所以当企业急需资金而在银行缺乏抵押物时,民间融资是企业家选择的主要方式之一,正是民间金融方便快捷的特点促使了这一现象的形成。第二,民间金融覆盖面大。正规金融机构由于受到营业网点和相关法规的限制,对于业务的经营范围和合作对象有着明确的限定,所以正规金融机构的覆盖面是有限的。而民间金融表现出来的特点是融资主体的多元化,各种类型的企业以及绝大部分个人都能够参与到民间金融当中,涉及面很广。在我国,不论是大型城市还是农村,都有存在着民间金融,特别是在正规金融机构触及不到的地区,民间金融有可能发挥出重要的作用。第三,民间金融效率很高。正规金融机构受到相关行业的监管,往往在经营业务范围上受到限制,有时候并没有发挥资源配置的作用,而民间金融的特点与金融市场有些类似,运行时能够发挥市场的机制进行资源配置,在办理相关业务时手续简单、方便快捷,能够有效运转,效率往往会高于一般的金融机构。

民间金融在拥有上述优点的同时,也具有借贷成本高、风险大和不受监管的弊病,这些弊端限制了民间金融的发展。但是我国目前正在大力发展民间金融并促进民间金融市场的规范化,在未来,这种融资方式很有可能比现在更容易为相关企业筹集到资金。

③信用担保

信用担保融资最大的特点是有担保公司的介入,对于抵押物不足的企业来说,这种融资方式具有一定的便利性。通常在银行是很难申请到信用贷款的,往往都需要有抵押物,所以中小企业在银行得到的贷款数量非常有限,但是通过担保公司可以解决这个问题。当担保公司为企业提供担保后,贷款的风险转移到担保公司,此时银行就可以为企业提供贷款,放大了企业在银行的贷款额度。目前担保公司在我国已经有了非常大的发展,担保机构也非常多,信用担保融资是解决中小企业抵押物不足的重要融资方式之一。

④融资租赁

融资租赁是将实物租赁与金融结合起来的现代融资方式,对于有大型设备使用要求的企业来说,融资租赁业务非常有效。对于中小企业来说,由于融资租赁的门槛较低,同时对企业的担保要求也不高,所以可以方便办理融资租赁业务。融资租赁的主要功能是为企业更新设备提供融资手段,其特点是融资期限长、还款方式较为灵活。目前我国已经广泛开展了融资租赁业务,但是尚未完全发挥融资租赁业务的潜力。

⑤债券融资

债券融资与银行贷款融资相比是一项直接融资业务，其发行规模和发行利率都是可控的，具有自身的优势。在我国，企业债的发行不及银行贷款和证券市场融资应用广泛，但是对于企业的中长期资金需求，债券融资是一个非常合适的融资手段，目前债券融资主要受限于我国相关法律法规的约束，所以业务量并不算很大。但是已经有不少企业尝试在银行间市场发行债务融资工具。对于企业特别是民营企业来说，债券融资能够降低企业的财务成本，能够顺利发行债券有效地解决企业的中长期资金需求问题。

(3)股权融资

股权融资是另外一种重要的直接融资方式，主要手段是利用出让公司的股份来获得资金。这种融资方式的优点是融资者不用还本付息就可以得到一笔资金，只是自己未来获得收益份额会减小。股权融资具有长期性和不可逆转性等特点，对于股权融资的发起者来说，采用股权融资的成本会远远低于其他多数融资手段。目前股权融资是在我国非常受欢迎的融资方式之一，通常来说，可以将股权融资粗略的划分为公开发售和私募发售两种。

①公开发售

通过公开市场发售的形式进行股权融资就是一般人说的“上市”，企业通过出售自己的股份，股东可以在短时间内得到一大笔财富，同时企业募集到大笔的资金。上市的好处不仅存在于资金层面，上市企业特别是在我国主板市场上市的企业，其知名度和认知度要远远高于一般的非上市企业，对企业来说这也是一笔重要的无形资产。同时，企业上市必须要完成现代的公司法人治理结构，能够形成一套完善的管理体系和约束机制，这对于企业未来的发展具有重大意义。上市企业的信息透明化也能够促进企业降低经营风险，虽然限制了企业获得不正当利润的机会，但是对于企业的长期发展来说，接受市场的监督利大于弊。

在资本市场上公开发售股权融资是我国目前企业所青睐的融资方式之一，但是就我国现行的资本市场状况来说，能够在主板、中小板以及创业板上市的企业数量很少，绝大部分企业很难利用公开发售的股权融资方式募集资金，这也是股权融资在我国发展面临的困境之一。主要的解决方法就是大力发展我国的多层次资本市场，除了发展现有成熟市场外，也要注重发展三板、四板等地方性股权交易市场,为更多的企业提供公开股权融资的机会,缓解我国中小企业融资贵、融资难的现状。

②私募发售

私募发售股权融资是多数企业,特别是有发展前景的民营企业能够真正利用的融资方式之一,虽然吸引力不及公开发售,但是难度以及成本会低于在公开市场发售。与公开发售相比,私募发售不受众多部门监管和审批,能够降低交易成本。目前,私募发售股票融资在我国进行得十分活跃,不少民营企业都通过这种手段募集到了资金。

通常的投资者包括个人投资者和投资机构两大类。个人投资者在企业发展初期可以起到关键性的作用,能够使企业获得重要的启动资金。这类投资者既可以参与企业的经营管理,也可以只作为股东分享企业成长所带来的收益。通常来说,个人投资者与企业的所有者有着密切联系,这种联系降低了投资者对企业未来面临风险是发生损失的担心。机构投资者主要是风险投资机构和各种类型的投资者。风险投资机构由于在高科技投资中的出色表现引起了全世界的关注,他们在为企业提供大量的资金同时获得企业的股权,一般来说,风险投资机构不会参与企业的经营管理,他们追求的是企业快速发展而带来的利润。实现利润的手段一般来说是上市、转让和并购,所以风险投资机构十分重视企业未来的发展前景和发展机遇,在进行投资前会对企业进行一个完整的调查和评估。

私募发售股权融资对于我国企业的发展给予了资金支持,特别是对于我国的民营企业来说,走公开发售之路非常艰难,而对资金的需求又相当迫切,私募股权融资有可能起到关键性的作用。

(4)项目融资

项目融资是指贷款人根据特定的项目给借款人提供资金的融资方式。其中项目的资产和未来现金流是项目融资能否成功的关键因素,在现阶段,我国许多地方的大型项目多采用项目融资进行,有许多成功的案例。目前来说,项目融资的主要方式有信贷融资和债权融资。

①项目信贷融资

项目信贷融资是指资金需求方依托项目本身,从银行或其他金融机构采用贷款的方式来获得资金。这种信贷融资的方式与一般的信贷融资不同,采取的不是抵押物的形式,而是通过项目的资产和未来的现金流作为偿付能力的保证。一般来说,项目信贷融资的资金来源是商业银行、政策性银行和国外金融机构贷款。有的项目还可以争取到产业基金、投资基金和银团贷款提供的资金。对于项目信贷而言,除政府的基础设施项目外,提供资金的机构认为项目未来产生的现金流是可靠的,那么就会有动机来提供资金承担相应的风险。项目融资和其他融资相比具有一定的灵活性,对于企业包装项目有一定的要求。在我国经济发展过程中,项目信贷融资曾是大型项目建设最重要的资金来源,但在发展过程中逐渐暴露出风险问题。根据目前的发展趋势,未来对于项目信贷融资的管理会逐渐严格,那么项目本身的收益性则是项目信贷融资能否达成的关键。

②项目债券融资

项目债券融资与项目信贷融资相对应,指的是资金需求方以项目为依托,通过发行债务的方式来募集资金用于项目的建设。发行的债券主要包括企业债和可转换债。与一般的债券融资相比,项目债券融资只不过是依托于项目的未来现金流而非企业的信用。企业债券融资依照既定的程序发行并且按期还本付息,而可转换债券融资除了可以起到普通债券的作用外,还能够起到期权的作用。按照事先的规定,债券的持有人可以将债券转为公司的普通股。这种可转换债券融资能够以比债券更低的成本来获得资金。

项目融资中非常重要的一部分是基础建设的项目融资,也是我国目前项目融资进行最为频繁的领域。基础设施项目融资的方法有 BOT、TOT、PPP 和 ABS 等,针对不同基础设施项目的特点,可以采用不同的方法有针对性地设计融资方案。

(5)新型融资方式

①信托融资

信托融资即依托信托公司进行融资,是一种间接融资的方式。信托公司通过出售信托产品来向社会募集资金,然后将募集到的资金贷给企业。这种融资方式与项目信贷融资类似。这种融资方式的核心是企业的偿还机制问题,即企业如何设计一套可靠的方案来保证在未来有充足的现金流来偿还投资者的借款。信托产品的设计是另外一个重要的方面,由于投资者是根据信托产品来决定是否进行投资,所以信托产品的设计需要有专业背景的机构来进行。对于信托产品的风险评估也是借贷双方关心的内容，风险问题是信托融资是否能达成的关键问题之一。

②产业基金

产业基金又被称作产业投资基金和产业发展基金，与风险投资基金类似。这类基金一般而言是对产业中存在发展潜力企业进行投资，而投资的主要手段是股权投资。根据企业发展的一般规律，在企业发展初期进行投资，在企业成熟期后通过股权转让的方式实现收益，这种投资方式是可行的，其中的关键问题是产业基金管理者对于企业未来发展空间的判断。产业基金的运行需要多个参与者，包括投资者、基金股东、基金管理人、会计、律师等中介服务机构。其中基金管理人是负责整个基金的投资运行和日常管理的部门，与基金的效益有最直接的关系。

③政策性融资

政策性融资是指依托国家的政策进行融资，这种融资方式最大的特点是为了落实政策，不以盈利性为目的，成本较低。一般来说，政策性融资的渠道包括政策性银行、政策控股的投资平台、政策性担保、财政贴息等。政策性融资由于含有国家政府的帮扶成分成本较低，一般而言，企业有机会都会尽力争取政策性融资。目前我国政策性融资已经广泛开展，许多企业都从政策性融资中收益，未来的发展过程中，政策性融资会注重提高效率，保证政府投资渠道的畅通。

三、产业政策制度设计

在完成产业战略设计后，接下来要进行的是产业政策制度设计。产业政策制度设计是根据产业战略设计的要求，按照产业的现实状况给出具体政策。产业政策制度设计包括产业价值工程、资金工程和风险控制的政策支持。

1. 产业价值工程政策支持

产业价值工程以产业链为基础，通过延伸和拓宽产业链来扩大产业的利润空间。产业价值工程的政策支持重点是打造产业的优势产业链，完成产业价值空间的提升。目前有关产业价值工程的政策支持体系主要集中在产业的整合和升级上。

产业整合是将产业有关生产要素重新配置，以企业为核心，改变产业中企业原有的布局，在省域经济中，产业整合的主要效果是形成大型龙头企业主导的产业布局，改变原有省域企业多数不成规模的局面。根据市场经济的规律，大型企业在竞争中有小型企业所不具备的优势，所以省域产业需要一定数量的大型龙头企业作为支撑。省域经济中的中小企业要扩大规模，可以在政策上对大型企业给予上市、银行贷款的优惠以及审批上的便利；同时要对产业化的发展模式要加以控制，特别是能耗较高的产业，以促进企业规模效应的形成。产业升级在这里主要指的是产业链的拓展。政府可以出台政策对主导产业的上下游产业给予支持，打造出完整的优势产业链。产业升级的重点还是在优势产业上，要形成主导产业在产业链多个环节上的优势。

2. 产业资金工程的政策支持

产业资金工程的主要作用是为产业的发展提供资金。产业资金工程的政策支持主要着眼于帮助企业筹集资金，拓宽企业的融资渠道。政策支持体系可以分为两个层次，一个是打造省域金融环境，另一个是具体的融资政策。打造省域金融环境包括金融机构的引入和金融市场的建设。省域金融机构除了银行、证券和保险公司外，还可以引入小额贷款公司、担保公司和各种民间资本运营的金融机构。在金融市场上，对省域经济有较大影响力的是地方性的金融市场，包括地方性的股权市场、资产交易市场和大宗商品交易市场在具体的融资政策上，政府可以出台有关政策加大银企合作力度，发挥这些市场的功能，同时引导财政资金进入主导产业。

3. 产业风险控制的政策支持

产业风险控制的政策主要集中在产业整体风险监控和特定产业风险风险控制措施两方面。省域政府可以成立由企业组成的产业协会，并由产业协会来完成产业整体风险的监控，监控方法上可以采取宏观金融工程的办法来进行。在特定产业风险控制措施上，除了可以引入相关金融机构外，还可以积极拓展新业务，特别是产业保险的推广。此外；产业风险控制的政策也要注意对企业风险意识的培养。

第四节　省域金融风险控制体系

广义上，风险强调损失的不确定性，即结果可能带来损失、收益或无损失无收益，以此将风险划分为预期损失、非预期损失和异常损失三个层次。但宏观风险引致的损失不以预期、非预期或异常进行区分，其表现为省域内宏观资产价值的波动，因此宏观金融风险的识别主要是对宏观资产价值在一定时期内不确定的判定。风险识别是进行风险管理的前提和基础，通常遵循系统化、经常化和制度化原则，即在对风险进行初步判别后，综合风险的类别、性质及可能引发的后果进行全面分析，并形成一个连续的、制度化的控制和处置过程。

金融风险可以划分为市场风险、利率风险等。省域内经济发展的各种矛盾都会集中体现在金融领域，金融部门对经济有较大的反作用，金融部门产生的风险很容易传导到省域内的实体经济部门，对省域经济的正常运行造成较大影响。只有在正确识别金融风险的基础上才能选择适当有效的方法对风险进行管理，因此对省域内金融风险的识别尤为重要。通过衡量省域内不同区域的金融、公共、企业、家户部门的结构风险以及不同产业的结构风险，分析风险在其中的相互传导，并在部门和产业整体研究的基础上，进行省域内不同区域的分析比较。

省域金融工程的核心是在控制风险的前提下，用金融来推动省域经济的发展。所以风险管理是省域金融工程的关键问题，只有控制住了风险，经济才能够稳步推进。金融风险管理的手段有很多，但从目前来看金融风险管理的主要研究集中在微观，而省域金融工程的风险管理采用的是宏观风险管理方法，其中最主要的是或有权益资产负债表方法。

一、省域金融风险概述

按照金融风险的层次划分，省域金融风险属于宏观金融风险，更具体地说，省域金融风险应该算作一个中观层面的金融风险。在研究省域金融风险管理的具体方法之前，需要对省域金融风险进行相关界定。

1. 省域金融风险的定义

根据传统的风险定义，金融风险是指在金融活动中由于不确定性而产生的随机可能性。如果将分析问题的角度分为宏观和微观,那么相应的就产生了宏观金融风险和微观金融风险。宏观金融风险的定义可以参照 Crockett(1997),他认为金融系统性风险是“由于金融资产价格的异常、剧烈波动,或许多经济主体和金融机构负担巨额债务及资产负债结构趋于恶化,使其在经济冲击下极为脆弱,并可能严重影响国民经济的健康运行”。

省域金融风险是在省级层面上讨论的宏观金融风险,与国家层面的金融风险既有联系也有区别。国家层面的风险管理主要考虑的是如何避免发生系统性金融风险,省域金融风险管理的重点是避免发生区域性的金融风险,在这一点上两者具有相似性,但是在风险点上两者又存在区别。

2. 省域金融风险的成因

省域金融风险的形成原因有很多,有可能在省域层面发生的宏观金融风险都可以算作省域金融风险。根据我们国家省域金融运行的特点以及现阶段我国金融整体的运行态势,可以按照风险诱因的来源分成宏观层面和微观层面。

(1)宏观层面的风险来源

一个国家宏观经济政策以及宏观金融政策对于省域金融风险的具有深刻的影响。由于我国区域经济发展水平及区域金融政策上存在明显差异,并且相同的金融政策对于不同省份的影响程度又有所不同。例如,在 2008 年国际金融危机后,我国宏观经济由出口导向型逐步向内需导向性过渡,对于部分出口依存度比较大的省份会产生较大的不利影响,容易诱发当地企业破产、金融机构坏账增多的风险。

(2)微观层面的风险来源

微观层面的风险主要来自金融机构、金融市场和企业的风险,也是最主要的风险来源。金融机构的主要风险是银行的信用风险和短期流动性风险,证券公司也可能出现操作风险。金融市场的风险主要是来自省域内金融市场的信用风险、操作风险以及价格剧烈波动带来的市场性风险。企业风险主要来自经营不善或者市场不景气带来的企业破产以及短期流动性风险问题。

二、省域金融风险控制体系

省域金融风险控制体系与宏观金融工程相一致,主要采用的也是资产负债表方法。资产负债表方法是宏观金融工程的核心方法，也是省域金融工程风险管理的最主要方法。与微观金融风险管理不同，宏观金融工程面对的是宏观金融风险。从方法上来看，资产负债表方法按照表的类型可以分为账面价值资产负债表和或有权益资产负债表；按照部门划分，可以分为公共部门、金融部门、企业部门和家户部门资产负债表。

1. 账面价值资产负债表

账面价值资产负债表来源于企业的资产负债表，即将一个时期、一个范围内研究对象的资产和负债情况加以分析，主要用来分析主体的错配风险。一般来说，通过研究账面价值资产负债表的脆弱性，可以衡量以下几种风险。

(1)期限错配风险

期限错配风险是资产与负债的期限不匹配造成的风险。一般来说，不论是银行、企业还是个人，资产与负债的都是不可能完全匹配的，但是在资金链断裂和利率调整时，期限错配风险就会导致主体发生损失。资金链的断裂会引起主体通过债务展期来偿还债务时发生失败，使得出现短期的流动性风险而发生损失。利率调整可能会引起融资成本提高，如果此时资产收益率并没有显著提高，那么主体就会发生短期的资金问题。期限错配风险在现实的金融运行中经常发生，通过资产负债表对资产和负债的结构性分析，可以对期限错配风险进行监控。

(2)资本结构错配风险

资本结构错配风险是指资本的结构性问题导致的风险。这种风险主要发生在金融部门和企业部门，企业的融资来源主要包括债务融资以及股权融资两类，一般来说，由于债务融资存在还本付息的问题，而股利的支付可以根据企业的经营状况进行调整，所以在企业市场不景气时，容易出现债务融资风险。金融部门也有可能出现资本结构风险，例如由于资本结构错配可能导致银行的资本充足率不足，引起银行破产。

(3)清偿力风险

清偿力风险是指资产不足以偿还负债时产生的风险，其他类型的风险很容易诱发企业产生清偿力风险。资产负债表中的资产负债率可以有效地反映企业的资产与负债情况，体现出企业资不抵债的风险。同时，通过资产负债表对其他风险类型进行衡量，也有助于研究主体的清偿力风险。

资产负债表整体上衡量的是主体的存量，通过两张不同时期同一主体资产负债表的差额，可以找出主体的流量变化，所以资产负债表可以衡量短期和长期风险。这种动态化的分析方法对于风险的监测十分有效。

2. 或有权益资产负债表

或有权以资产负债表是在账面价值资产负债表基础上的发展，它的主要思想是将或有权益方法与资产负债表方法相结合。通过这种方法，能够很好衡量主体的市场风险，并且在风险传导的分析上会有较大的作用。

（1）或有权益方法

或有权益方法源于期权定价理论。在公司金融领域，期权定价理论认为股票、债券以及认股权证都可以看成是一种期权，公司的资产与负债可以看成是期权的组合。所以公司资产和负债的价值可以采用期权定价方法来度量，并且此时度量出的是市场价值。

根据或有权益方法，将风险性债务的价值分为两部分：一部分是债务的无违约价值，另一部分是债务的预期损失。其中前者可以看做是债务账面上的风险，而后者反映出的是债务的市场风险。预期损失实际上是一种隐含的看跌期权，受到资产价值、资产价值的波动率、债务的无违约价值和时间的影响。通过或有权益方法的分析，可以明确企业的资产和负债的市场价值，使得衡量的风险是市场风险。

（2）或有权益资产负债表方法

或有权益资产负债表方法是将或有权益方法应用到资产负债表中，它结合了资产负债表方法的优点。资产负债表本身能够衡量主体的错配风险以及清偿力风险，是一种流量与存量相结合的方法。而或有权益方法是一种衡量市场风险的方法，两者的结合既保留了资产负债表方法的优点也克服了其缺点。

或有权益资产负债表方法的核心是计算金融脆弱性指标，一般指的是违约概率。通过计算违约概率，可以很好地度量信用风险，将未来的不确定性直接转化为研究对象在某一时刻违约的可能性。这个过程利用的是市场对于资产和负债价值的判断，如果价格反映出了市场上的各种因素，那么通过资产与负债的市场价值就可以衡量出各种风险因素对于研究主体的影响水平。同时，利用或有权益资产负债表可以进行压力测试以及蒙特卡洛模拟，有助于掌握经济受到冲击时的状况，对风险管理提供帮助。

3. 省域部门金融风险分析

在省域金融风险研究中，我们采用的是分部门的资产负债表方法，包括账面价值资产负债表与或有权益资产负债表。将省域经济系统分为公共部门、金融部门、企业部门与家户部门，然后分别编制相应部门的资产负债表。

(1)四部门资产负债表编制

由于每一个经济部门都可以看做是一套内部之间存在关联的"资产—负债—担保"的投资组合，所以可以把省域经济系统分成四个部门，用分析单独一个企业的方法来分析一个部门在进行省域金融风险分析时，首先要编制四部门的资产负债表。

省域公共部门资产负债表与国家总体有所不同，仅包括地方政府的资产负债表而不包括中央银行。具体来说，公共部门的资产项目包括国有资产、非经营性资产以及土地储备，负债项目包括地方政府债券、地方政府银行贷款、地方政府向上级财政借款、地方政府向其他单位和个人借款（来源于国家审计署的划分），其中地方政府债券主要包括城投债、地方政府债，地方政府贷款大部分是土地抵押贷款。

省域金融部门资产负债表主要反映的是金融机构的资产与负债情况，在银行、证券与保险三大金融机构中，银行的资产负债规模最大。将三类金融机构的总资产和总负债加总就可以得到省域金融部门的总资产和总负债。

省域企业部门资产负债表的编制过程中，主要的研究对象是省域范围的上市企业。通过加总上市企业的资产与负债项目得到账面价值资产负债表，通过上市企业的市值作为或有资产负债表的权益项，进而可以计算出资产市值与负债市值，从而编制出企业部门的或有权益资产负债表。

省域家户部门的账面价值资产负债表编制可以将所有个人的资产与负债加总得到。个人的资产项目主要包括固定资产和金融资产两类，个人的负债项目主要包括各种类型的贷款，如住房贷款、消费贷款以及汽车贷款等。家户部门的或有权益资产负债表编制难度较大，很难利用个人加总的办法得到。

(2)四部门之间的风险传导

采用部门分析法的好处是能够比较系统地分析四大部门之间的风险传导，由于四大部门之间是通过资产与负债的相互持有而联系起来。所以通过四大部门之间的资产负债关系，可以来分析四大部门之间的金融风险传导。

①公共部门与金融部门。公共部门中的地方政府在进行项目运作时，经常会向金融部门借款，所以金融部门的资产有相当大的一部分来自公共部门的负债。同时，金融部门中的资产有一部分来自公共部门的隐含担保。当公共部门发生风险时，会随着在金融部门的负债波及金融部门。

②企业部门与金融部门。企业部门与金融部门最直接的联系就是银行提供给企业的贷款，由于企业部门的经营存在风险，有可能使银行产生坏账。同时在利率波动时，银行贷款的成本会随之波动，对于金融部门的资产项目也会产生影响。

③家户部门与金融部门。家户部门的存款形成了银行的负债，所以金融部门的负债中有很大一部分属于家户部门的资产，同时家户部门的各种贷款也属于金融部门的资产项目。由于资产与负债的流动性存在差别，所以在短期会出现一定程度的错配现象从而引发风险传导。

第五节　省域经济发展战略管理体系

省域经济发展战略管理体系是对前文四个体系的有力补充，主要作用是协调各部门间的资源配置，权衡经济发展速度与金融风险，实现省域经济发展的可持续化。总的来看，省域经济发展战略管理体系的核心是宏观经济资本，通过运用宏观经济资本来达到降低金融风险、优化资产结构、促进战略管理和优化考核体系的目的。宏观经济资本的概念是从企业经济资本的概念中发展而来的，其核心做法就是通过对风险的资本化，从而实现对风险的全面度量和管理。宏观经济资本主要运用于度量风险、配置资源与绩效评价。

一、宏观经济资本度量

宏观经济资本度量的依据是部门风险值的大小，具体来说就是运用宏观在险值度量各部门的风险。一般情况下，宏观经济资本的度量与微观经济资本的计算方法类似，基本方法是：先由风险因子的波动状况描绘资产的价值分布，再根据置信水平，通过统计技术计量尾部对应的资本数量。目前主要运用的是 *VaR* 方法，它描述了在该目标时间段和置信水平下，损失分布末端对应的分位数。

1. 在险值的参数选择

在险值的参数选择主要集中在两个方面,一个是时间段的选择,另一个是置信区间的选择。时间段的选择通常根据研究者的经验来完成,一般来说,如果市场的波动比较剧烈,那么选择的时间可以较短。置信区间的选择与有效性的验证、经济资本的需求和模型的应用有关。随着置信度的提高,需要的数据就越多,所以置信度的选择需要考虑数据约束。由于不同部门、不同行业对于风险管理的要求不同,置信度的选择也与需求有关。此外,置信度的选择还取决于模型的用途,如果用来决定与风险对应的资本,则置信水平应该较高。

2. 在险值的计算方法

在计算在险值的过程中,我们假设资产价值服从一个分布,通常是正态分布。在这样的假设条件下,我们有三种方法来计算在险值:分析法、历史模拟法与蒙特卡洛模拟法。分析法主要是通过历史波动性与相关性来估计资产组合风险。分析法过程比较简单,对数据要求不高,不需要定价模型。历史模拟法的主要思路是通过研究市场因子的历史波动规律,估计资产组合的未来损失分布,然后利用分位数给出一定置信水平下的在险值估计。历史模拟法在应用过程中需要搜集大量的历史数据,通过市场因子的历史变化作为市场因子未来变化的依据。虽然历史分布不依赖于风险因子分布的假设,但是研究的跨度容易导致因子分布不满足独立同分布假设。蒙特卡洛模拟方法是通过计算机大量重复模拟资产价格的变化过程,来得到资产组合价值的模拟分布。如果得出的情景足够多,那么这个模拟分布就可以近似于真实分布。这个方法的缺点是要选择的市场因子是随机的,包括其中的参数,容易发生错误。

二、宏观经济资本的配置

宏观经济资本的配置主要指宏观经济中的收益与风险之间的权衡。从宏观经济的角度来说,配置资源的基本原则是平衡金融风险与收益,避免一个地区的经济出现增长速度与风险不匹配的现象。通常一个地区容易出现高增长、高风险或者是低增长、低风险现象。前者是因为过分追求经济增长的速度而忽视了金融风险;后者是因为过于担心金融风险的增加,对于经济资本限制过于严格,导致了经济发展速度较低。

宏观经济资本的配置与微观经济资本的配置思想是类似的,都是为了权衡金融风险与收益。但是宏观经济资本的配置也有自身的特点，那就是在发展速度与风险的权衡中，一般会稍微偏重风险一些，这是因为对一个区域的宏观经济发展来说，过快的经济增长速度往往会导致风险的积累。当风险积累到一定程度时，有可能出现系统性、区域性的金融风险，严重的还会出现金融危机。此时金融风险对于经济的破坏性是巨大的，会导致一个区域的经济很长时间处在低谷，对社会的稳定产生不利影响。在宏观经济资本的配置中，必须反映出宏观经济与微观经济不同的特点。在四部门的宏观经济资本的配置中，对于风险和收益的侧重也会有区别。公共部门是四部门中对于风险管理最为偏重的部门，家户部门与金融部门其次，企业部门更注重对于利润的追求。所以企业部门是通过经济资本的风险调整回报水平与社会平均收益率比较来确定资本配置水平。企业部门的社会平均收益率由部门的平均收益率来确定。在公共部门比较偏重于金融风险的管理，通过选取较小的社会平均收益率来达到调节的目的。较小的社会平均收益率对宏观经济资本的配置不会出现较大的影响，因为公共部门要保证不发生区域性、系统性的金融风险。

宏观经济资本的配置中，最直接的是通过公共部门向其他部门转移来达到配置风险的目的，其他部门之间宏观经济资本的配置要间接完成。通常来说，直接配置相较于间接配置来说时滞较短。在配置过程中，比较风险调整收益率与基准收益率，经济资本将更多的配置给能够创造更大的风险调整收益的部门。所以对一个部门来说，风险调整收益值越大，该业务单元所能够配置的经济资本就越多。对经济来说，整体的经济资本规模是一定的，即四个部门经济资本之和。

三、宏观经济资本的绩效评价

宏观经济资本的绩效评价是经济战略管理的重要环节，能够对省域经济的发展质量做出客观的评价。宏观经济资本是在宏观层面进行全面风险管理的重要工具，宏观经济资本的绩效评价也分部门进行，通常的做法是在运用宏观经济资本作为风险管理工具的基础上对部门的利润率进行评价。

1. 宏观 ROE[①]

宏观 ROE 是宏观经济资本绩效评价的基本方法，其思想是将微观 ROE 推

---

① ROE(Rate of Return on Common Stockholders' Equity)即净资产收益率，是净利润与平均股东权益的百分比，指标值越高，说明投资带来的收益越高。

广到宏观领域中。微观经济中 ROE 指的是净资产收益率,通常是针对一个企业而言,而宏观 ROE 的评价对象是一个部门或者一个行业。在进行部门 ROE 的计算过程中,要扣除各项费用以及成本。金融部门与企业部门通常比较容易获得利润的数据,而公共部门与家户部门难以获得相关的利润数据。对于前者而言,可以直接利用 ROE 指标进行经济资本的绩效评价,同时根据部门对于总体宏观经济风险的边际风险贡献率进行宏观经济资本的分配;对后者来说,通过对 ROE 指标的调整和修正,来实现资本分配过程。

2. 宏观 RAROC[①]

宏观 RAROC 的绩效评价方法是在经济资本的方法中加入了预期因素。与宏观 ROE 方法相比而言,宏观 RAROC 也在计算过程中使用了部门的整体收入这个指标,但是宏观 RAROC 中考虑了可能发生的损失,能够比较全面地反映部门的风险状况。对不同的区域和部门来说,计算宏观层面的预期损失规模有所不同。在计算出宏观 RAROC 后,可以按照与宏观 ROE 类似的方法进行绩效评价。

3. 宏观 EVA[②]

宏观 EVA 指标将经营效率与宏观经济整体规模现结合,通过衡量经济体系中的价值创造能力来进行绩效评价。运用宏观 EVA 指标进行绩效评价的公式如下:

$$\text{宏观经济增加值} = \text{经济附加值总值} + \text{总税负}$$

通过公式就能看出宏观 EVA 与前两种方法的不同就在于考虑了税收的贡献,由于从宏观经济来说,税收也是经济增长的一部分,所以这种度量方法会更全面。由于宏观 EVA 中的关键变量是宏观经济增加值,所以这种绩效评价方法能够很好地说明经济增长与金融风险之间的关系。以宏观经济资本回报率作为绩效考核的核心指标,是比较科学的业绩考核方法,可以比较好地解决追求利润与控制风险之间的矛盾。

---

① RAROC(Risk Adjusted Return on Capital)即风险调整资本收益,它最初目的是为度量银行信贷资产组合的风险。

② EVA(Economic Value Added)即经济增加值,指从税后净营业利润中扣除包括股权和债务的全部投入资本成本后的所得。

第五章　省域金融规划

省域金融规划是指导金融发展的纲领,代表着对一个省域金融发展的顶层设计。金融规划的内容主要包括金融机构及金融市场建设、金融生态环境建设以及金融风险控制。省域金融工程的核心是利用金融的手段推动经济的发展,所以制定完善的金融规划是实施省域金融工程的必要条件。本章在阐述相关理论的基础上,以湖北省为例详细讨论了如何制定一个省的金融规划。

第一节　文献综述

本节将以传统的金融发展理论与区域经济学理论这两大区域金融学研究的理论支撑作为切入点,并从六大不同研究视角来阐述区域金融学理论。

一、区域金融研究的理论支撑

区域金融学理论源于传统的金融发展理论和区域经济学理论。

1. 传统的金融发展理论

区域金融发展理论从属于传统的金融发展理论。虽然区域金融发展受到区域的限定,但与一般的金融发展相似,区域金融发展也遵循着一套运作、传导和发展的路径。因此,区域金融学理论可以追溯到传统的金融发展理论,对区域金融学的研究需要以一般的金融发展理论为基础,并在一定程度上遵循其分析范式。

1966 年 Patrick 首次提出需求追随型和供给引导型的金融发展模式,讨论了经济与金融两者之间的关系,这一理论的提出成为了金融发展理论的开端。1969 年 Goldsmith 通过分析不同区域的历史数据,得出了金融发展的实质是金融结构的变化这一结论。二者的理论为区域金融学的发展奠定了理论基础。

国内学者关于区域金融理论的研究由张军洲(1955)拉开序幕,书中明确界定了区域金融学理论和基本构成要素。在后续国内学者有关区域金融研究的著作中,无论是研究区域金融与经济社会体制二者间的关系,或是进行国内各区域间金融发展的比较,抑或是有关区域金融问题的实证研究,无一例外都将金融发展理论作为区域金融理论的理论基础,并作为文献综述中的重要组成部分。谈儒勇(2003)延续了 Patrick 的思想,并进一步指出供给领先型的金融发展模式受到范围经济的影响。

2. 区域经济学理论

20 世纪 50 年代,西方学者对某一区域内的经济发展研究逐渐形成体系,较为成熟的流派包括新经济地理学派、制度学派以及管理学派。区域内自然环境、人口结构与社会发展水平等既定因素在一定程度上决定并影响了经济发展,而金融作为经济发展的产物和更高形态,同样受制于区域。因此,区域金融学理论将金融发展与区域范畴挂钩,沿用区域经济学中有关资源禀赋、增长极等理论来分析区域金融的相关问题。

支大林(2002)在《中国区域金融研究》一文中指出区域金融虽然以金融发展学为理论基础,但两者联系之间存在显著区别。其一表现在区域金融的层次性、吸引性与辐射性等特有属性上;其二表现为区域金融发展以区域间货币流动作为载体,同时也将其作为区域金融发展的重要表现形式。

二、区域金融发展理论综述

1. 区域经济发展视角

King 和 Levine(1993)采用 1960—1989 年间囊括 80 多个国家的大量经济金融数据,完成了跨国家的比较分析研究。研究证明了早期熊彼特提出的观点:金融系统可以促进经济发展。国家之间金融发展水平差异导致经济发展程度不同,因此,陆续有学者开始就同一国家内部不同区域间是否存在该情况进行了实证分析。得到的结论主要有三个方面:第一,金融发展程度是经济增长的决定性因素;第二,经济增长是推动金融发展的前提;第三,金融发展程度与经济增长两者互为正相关关系。王景武(2005)用实证方法证明了区域金融发展与经济增长之间的正相关关系。

2. 区域金融结构视角

Goldsmith(1969)明确地将金融结构定义为"一国经济运行中金融工具、金融市场和金融机构的综合",从而开创了金融结构与经济发展二者关系研究的先河。Demirg - Kunt 和 Levine(1999)提出了区分金融结构的具体指标,通过金融机构规模、金融效率、流动性等指标界定微观层面的金融结构。在此基础上,在宏观层面将国家区分为金融机构主导和金融市场主导两类金融发展结构,并且指出两种模式在发达国家与欠发达国家中的区别。

国内学者从研究方法将金融结构与区域金融发展的角度分为定性分析和定量分析,从研究内容的角度将其分为对金融结构差异成因的分析和对金融机构差异的度量及结构变动的趋势预测。

3. 区域金融环境视角

金融生态环境是指金融业发展外部环境(宏观环境和微观环境),即金融发展的基础条件。金融生态理论起源于20 世纪60 年代到80 年代,其理论基础是生物学领域的生态学和仿生学。经济学家白钦先为金融生态理论在我国的发展破了题,后又有一批优秀的学者对金融生态环境理论作出了贡献。通过深入的研究,学者们挖掘到金融系统也具生命特征和环境特征,因此,金融生态环境、金融生态系统等概念应运而生。

在对于区域金融的研究问题上,李杨(2005)、王秀芳(2006)等学者先后提出用指标对区域金融生态环境进行评定。评定指标分类较为多样,既包含定性指标也包含定量指标,能较全面地对区域金融生态环境进行评估。

4. 区域金融合作视角

区域金融合作理论是区域金融危机与全球金融危机背景下催生的产物。1997 年,日本提出亚洲成员国共同筹资解决国际收支平衡问题的提议;2000 年,在东亚地区财政金融合作会议上提出建立区域金融监管体系,增强东盟十国与中、日、韩三国集体抵御金融风险的能力,这两例都是区域经济金融合作的实例。世界经济一体化进程的加快推进了区域金融合作理论的发展,中国人民银行南昌中心支行课题组在基于区域金融合作原因分析、区域金融合作要求分析的基础上,完成了对当前我国区域金融合作现状的分析及典型案例的综述。

5. 区域金融中心视角

区域金融中心具有完善的金融机构体系、成熟的金融市场体系,具有金融带动作用和金融辐射作用。区域金融中心研究的理论基础是区域经济学中的增长极理论、中心外围理论以及金融地理学等理论,然后在此基础上研究金融中心的可行性、选址、构建路径等。徐立世(2009)明确了区域金融中心形成所需经历的三个阶段,即趋向集中阶段、主动聚集阶段和协同发展阶段,同时提出区域金融躯体间的协同作用产生的竞争优势是推动区域金融中心建设的动力所在。

6. 区域金融政策视角

我国的国情决定了区域金融政策是决定区域金融发展的重要因素之一。自区域金融理论兴起后,学者们就开始考虑区域金融政策与区域金融发展的关系。陆文喜、李国平(2004)用实证方法给出了中国各地金融发展存在着阶段性和区域性的收敛特征,并且该特征与金融发展政策有紧密关系。王维强(2005)提出了区域金融政策的重要性,同时提出了四种区域金融发展模式,包括市场竞争型、政府适度主导型、政府扶植型以及城乡差异型。

第二节 理论框架

一、城乡二元经济关系理论

城乡二元发展结构产生于一国从传统农业模式向现代化工业模式的过渡中,常显现于发展中国家。中国作为人口众多的农业大国,农村人口占比极大,加上历史遗留问题造成的国内城乡地理上、经济上的割据,从而导致中国现阶段城乡二元结构,且相较其他发展中国家存在中国特色。

省域金融的发展不仅要考虑到省内核心城市的发展,也要兼顾省内农村地区的金融发展,城乡金融发展应齐头并进、相辅相成。因此,在着手制定省域金融规划前,应对城乡二元结构进行较为深入的研究。

1. 二元经济结构理论

(1)刘易斯模型

刘易斯(1954)首次提出了适用于发展中国家的二元结构转换模型。文中指出一个国家的发展由两部门共同推动,包括以工业为代表的现代部门和以农业为代表的传统部门。工业与农业为代表的两部门经济发展是一个国家经济发展的必经之路,体现了所有发展中国家经济发展的普遍共性。

传统部门与现代部门的区别体现在生产要素的可再生性、市场程度发展阶段、工资与边际生产率的关系、生产率决定的劳动供给四个方面,这四个方面的差异决定了城乡二元结构的存在。但现代部门由于剩余价值的产生并通过扩大下期生产规模的途径,将传统部门剩余的劳动力转移至现代部门,这一过程循环往复,工资将逐渐提高,直到均衡的状态出现,二元结构将逐渐得到统一。

(2)拉尼斯—费景汉模型

发展经济学家拉尼斯(Gustav Ranis)和美籍华人经济学家费景汉(John Fei)(1969)沿袭了刘易斯的模型,并对其进行了进一步扩展。模型前提是经济体发展初期专注于传统部门的经济发展(全部人口从事农业生产),且获得同等水平的产品,即工资水平相同。随后出现的现代部门(工业部门)工资水平不低于劳动力从事农业活动所获得的工资水平,即可将劳动管理引入现代部门。在此两个前提之下,拉尼斯—费景汉模型可根据农业劳动生产力与实际收入的关系划分为三个阶段。

第一阶段,传统部门的边际产品为零。第一阶段可以看作刘易斯模型的沿袭,当劳动力从传统部门转移至现代部门时,传统部门总产量不发生变化,但与现阶段传统部门劳动力对其总产品的消费间存在差值,即农业剩余。当此部分劳动力转移至现代部门,经济发展将进入下一阶段。

第二阶段,传统部门的边际产品大于零,同时小于劳动力在传统部门所获得的工资水平。在此前提下,劳动力从传统部门转移到现代部门的过程中,劳动力的边际产品将有所增加。换言之,农业产品总量较之前水平降低,这导致农业部门在消费不变的情况下,对工业部门的供给将减少,不足以确保工业部门劳动力平均所得维持原有水平。这种情形下,传统部门与现代部门的贸易条件更有利于前者,现代部门的工资水平上升。

第三阶段,劳动力的边际产品大于零,且大于模型前提中提到的农业部门平均工资水平决定的实际工资水平。在此阶段内,传统部门的劳动力向现代部门转移,此部门劳动力所获得的工资将摆脱传统部门的制度因素,实现工资市场化。这同时也是传统部门实现商业化、市场化的途径,以此完成二元经济向一元经济的转变。

(3)舒尔茨理论

美国经济学家西奥多·W.舒尔茨强调了现代农业对经济增长的作用,并通过阐述传统农业的基本特征、传统农业为何不是推动经济增长的源泉以及如何改造传统农业三个问题对传统农业进行了深入分析。

经过详细分析,舒尔茨认为要想调动农民生产的积极性,需要转变经济发展方式,采用市场方式为农业经济创造活力。与此同时,配以技术革新、要素升级、教育培训等,共同助推农业经济发展。舒尔茨的二元经济转变理论认为对传统农业的改造是缩小二元经济差距与推动经济增长的主要动力。

(4)钱纳里理论

美国经济学家钱纳里(1995)将经济结构转变依次分为初级产品阶段、工业化阶段以及发达经济阶段共三阶段。这三个阶段的划分表明了劳动力从生产效率较低的传统部门向生产力较高的现代部门转变,即经济发展趋于一元结构的过程。

2.金融二元结构

对金融二元结构的定义要分为一般意义上的金融二元结构与城乡金融二元结构。一般意义上的金融二元结构是指一个金融系统中存在着正规金融与民间金融这两者相对独立、联系较少的子系统现象。城乡金融二元结构则理解为城乡经济与金融发展的特征不同导致城市金融与农村金融结构存在差异。

(1)城乡金融二元结构

Shaw和Mckinnon的金融抑制理论所描述的自然经济占比较大、经济货币化、商业化程度低,金融工具单一、金融市场不完善且存在割裂现象等发展中国家的金融现状,可以归结于金融二元结构。这种现象在我国主要表现为城市正规金融系统较为发达、金融机构规模较大;乡镇金融发展较为落后、水平较低,金融主体多为民间金融、金融中介数量少且落后。

(2)中国特色的城乡金融二元结构

我国城乡金融发展中涉及的具有特殊性的相关制度、城乡经济发展水平差异、乡镇金融发展遭遇的问题、地理及人文因素等共同导致了极具中国特色的城乡二元金融结构的产生。

制度因素包括新中国成立初期优先发展重工业的战略、颁布户籍制度区分农业与非农业户口等城乡分割的经济、政治发展体制；城乡经济发展水平因素包括城乡产业结构差异、生产组织方式的差异；乡镇金融发展遭遇的问题包括农村资金通过正规金融机构外流入城市的现象严重，农村金融主要依靠民间金融机构、存在金融脱媒趋势；地理及人文因素主要体现在城市与农村的人口密度差异、地理区位差异、历史文化差异、教育水平差异等。

二、正规金融与民间金融

1. 民间金融的定义

国外多将民间金融定义为“非正规金融”，而就中国国情而言，民间金融是与官方金融相对应的概念。在中国，官方金融属于正规金融体制，即纳入金融监管范围的金融机构，而目前的民间金融鲜受法律约束、监管体制不健全。民间金融的形式主要有民间借贷、民间集资、合会等，以“血缘”、“地缘”、“业缘”为发展基础。

2. 民间金融与中小企业

第一，中小企业对资金的需求推动民间金融发展。随着中小微民营企业的不断发展、民间资本的不断积累，我国民间金融呈现业态多样化、数量扩大化、品质提升化的特点。民间金融与正规金融相比，是规模较小、基础较差、数量较小的相对弱势金融机构群体，民间金融体系也不完善。与此同时，政策向正规金融的倾斜等相关原因也是导致民间金融发展较为缓慢的原因。但随着国家提倡发展民间金融为民营企业解决融资难题，近几年我国民间金融的发展又呈现一片欣欣向荣的景象。

第二，民间金融反作用于中小企业。李扬（2001）通过调查北京、成都和温州等地的600多家民营企业，得出民间金融是民营企业最大外源融资来源的结论。何田（2002）表明绝大多数中小微民营企业在创立阶段均通过民间借贷渠道解决融资难问题。因此，发展壮大以中小微民营企业为主要服务对象的民间金融，可以为中小微民营企业融资难的问题提供一条有效的解决途径。

3. 民间金融的局限

第一，民间金融受地域限制。民间金融一般发生在熟人或一条关系链之间，这决定了民间金融发展的空间较小，很难突破地域限制。

第二，民间金融易受冲击。民间金融的资金来源不稳定，容易受季节变化影响，且资金规模较小。当遭遇金融危机和挤兑现象时，规模较小的民间金融机构将难以为继。

第三，民间金融存在较高风险。民间金融现阶段仍然缺乏法律约束，同时也缺乏法律保护，民间金融交易过程中容易出现欺诈、违约、社会暴力等违法行为和大量民事纠纷。

4. 民间金融与正规金融的比较

民间金融与正规金融的比较如下表所示：

表 5－1　民间金融与正规金融的比较

民间金融部门	正规金融部门
无专门的监管机构，监管力度较弱	受国家金融法律法规约束、并受金融监管当局监管
主要服务于中小企业和农村经济部门	主要服务于规模较大的企业
贷款手续简单、流程短	贷款申请复杂，审批时间长
工作时间灵活，可根据客户需求办理贷款发放业务	营业时间固定，不具有灵活性
存款利率高，贷款利率高	存款利率适中、贷款利率适中
抵押物较为灵活，条件宽松	抵押物条件较为苛刻，办理手续严谨
交易存在意义时，通常会双方协商解决	交易出现问题时，用法律手段解决问题
资金来源存在与季节相关的不确定性	资金来源稳定
出现经营问题时，一般不能获得政府补贴	出现经营问题时，一般可获得政府支持
交易合同通常存在漏洞，交易风险较大	交易流程与合同均成熟，风险较小

5. 民间金融与正规金融的关系

民间金融与正规金融并非是绝对相互对立、此消彼长的关系，而是一种不完全替代、竞争互补的关系。因此，在制定省域金融规划时需要充分考虑民间金融与正规金融的优势与劣势，根据实际情况制定民间金融与正规金融合作方案。根据城乡经济发展水平的差异、金融需求的差异、所面临的问题以及现有金融机构类型、金融工具等实际金融发展状况进行判断，使正规金融与民间金融均发挥其最大优势。

三、增长极理论

1. 增长极理论

（1）佩鲁的增长极理论

Perroux（1950）提出了一种经济增长与发展理论。他认为一定经济环境或空间中存在一种推进型单位，可以与周围经济环境相结合，并对其产生一种支配效应。佩鲁所提出的增长极理论实质是企业、行业的增长极理论，虽然范围较为狭窄，但其理论反应的非平衡下的发展规律为增长极理论今后的研究与拓展奠定了良好的基础。

（2）布代维尔的区域扩展理论

法国经济学家 Bound – erville 在 20 世纪 60 年代将佩鲁的增长极理论的适用范围从抽象的经济空间实体化到更加具象、范围更广的地理空间中来，区域发展及概念应运而生。他认为增长极是包括一系列推进型产业在内的城镇或区域，这种复合形态的增长极对周边地区具有乘数效应和极化与扩展效应。

（3）赫希曼的增长传递理论

德裔美国经济学家 Hirschman（1958）在《经济发展战略》一书中强调了增长极间相互传递的作用以及增长极对周边地区的带动作用。他认为增长极发挥极化作用是以极化效应为主到以扩散效应为主的一个过程，因此在谋求经济发展时应先将资源与政策集中在推动型单元上，该部分经济的增长将变成促进其他区域经济增长的动力，扩散效应显现。

（4）弗里德曼的核心—边缘理论

20 世纪 60 年代美国经济学家 Friedman 用核心—边缘理论解释了增长极与其周边地区的相互关系。任何区域都可被划分为核心区和边缘区，两者之间的经济能量处于不断传递的过程。Friedman 认为核心区和边缘区同处于一个区域系统，一方面，核心区从边缘区吸收劳动力、资本、技术等生产要素和经济资源；另一方面，核心区又向边缘区传递和扩散经济势能与动能，引导边缘低于的经济活动发展。

2. 金融增长极形成模式

学术界普遍对增长极的形成模式持有两种相悖的观点：一种观点认为随着市场的不断发展，经济主体对金融需求的不断增长与变化，使得金融增长极自发形成，这种自下而上的模式即为需求推动型；另一种观点则认为金融增长极的建设需要借助外力的推动，这种自上而下的模式即为政府主导型。

（1）需求推动型

Krugman（1911）在《收益递增与经济地理》一文中将“蝴蝶效应”应用于国家生产区位研究中，认为历史的、偶然的微小事件的积累对该地区生产将产生长远的、不可预计的影响，这些偶然的微小事件包括需求关联、运输成本、价格、中间产品投入、劳动力共享和知识外溢等一切与经济金融发展相关的因素。“自下而上”的需求推动型理论认为市场自发选择是增长极形成的关键。

（2）政府主导型

瑞典经济学家 G. Myrdal 是“自上而下”的政府主导型理论的拥护者，他认为政府从外部的推动可以促使差异化自发形成，劳动力、资本、资源等要素受到差异引导从落后地区向发达地区流动，即借由政府外力认为促成一种“回波效应”。当这种理论的落脚点与需求推动型理论相同，回波效应促使增长极形成后将产生扩散效应，经济从不均衡逐步趋于均衡。

在此种增长极建立过程中，政府需谨慎选择一个最具有发展潜力的地区作为增长极，使得增长极建成后能发挥最大的聚集和扩散效应。选定区位后，政府应通过给予该地相关的政策优惠以及力所能及的大力支持，倾其力量支持该地域快速转变为政府主导型的增长极。

3. 多层级金融增长极

以“支配学说”或“不平等动力学”为基础的增长极理论是法国经济学家 F. Perroux 在 20 世纪 50 年代提出，后由法国经济学家布代维尔将其概念拓展。布代维尔对于增长极的概念从经济空间转化到地理空间，并从单一经济单位或产业转化为空间单位或城市。他认为推进型单位，即增长极，可以建立周边地区金融系统与产业的联系，存在一种后向或前向的联系效应，以点带面扩展整个经济金融系统并推动其发展。

在省域金融发展过程中，增长极带动金融发展是不可或缺的，但受制于不同区域的经济金融发展水平、城市与农村的经济体制等因素，增长极扩散与极化的双重机制受到空间范围、强度、时效的限制。因此，在发展省域金融业时，选定的增长极不能仅局限于省域单一的金融增长极，而是需要设置多层次的金融增长极。通过设置不同规模、不同层次的金融增长极，分布于全省重要的市或县,实现多层级金融增长极联动网络效应,带动全省经济金融高速、有效发展。

多层次金融增长极通过不同规模、不同层次的设置,起到满足不同地域金融需求的作用。通过提高金融效率、调整并创新金融产品与服务、降低金融风险,最终优化地域金融结构,实现优化金融资源配置、完善地域金融体系的最终目标。

四、金融核心区相关研究

1. 金融核心区的定义

在经济发展水平差异显著,制度、地理以及人文等因素制约的客观条件下,金融发展不可能在短期内达到无差异发展的状态。金融核心区的提出与构建可以通过"核心—外围"的扩展路径产生协同效应和带动作用。

所谓金融核心区,也常被称作中央金融区和金融聚集区,是金融市场与金融机构相对完善的金融增长中心。金融核心区并不是一个点的概念,而是指某一范围内的地域。这一地域经济发展水平较高、对金融的需求大、金融发展基础好、存在产业集群,且具有交通便利、拥有高级办公楼宇等金融业发展的有利条件或配套设施。基于这样的定义,金融核心区(金融增长中心)除了具备促进自身发展的条件外,还具备组织协调、领导指挥、推动金融发展相对迟缓的周边地区的作用。因此,金融核心区的存在是破解金融发展时空不平衡的有效途径。金融核心区对周边地区的带动作用以"扩散理论"为依据,通过信息扩散与传播、技术与管理创新、人才培养与交流等途径发挥金融核心区的经济势能和金融扩散作用。

2. 培育核心区的必要性

(1)降低交易成本

金融业具有明显的信息不对称和外部效应的特点,因此金融业发展不仅依赖于自身的营运管理、先进的技术、完备的基础设施等内部因素,还需获取公众的广泛认知和信任。金融机构在空间布局上的集中有利于其在竞争中相互促进,通过人才和技术的相互交流、金融优惠政策和基础设施的共享,达到扩大机构规模、提升经济效益、加强信息流动、降低交易成本的目标。

(2)满足多样化需求

随着经济发展的步伐加快,无论是企业还是个人都对金融的需求变得多样化。金融核心区将不同类型的金融机构聚集起来,可以集中提供存贷服务、结算服务、投资理财服务、中介担保服务、咨询顾问服务等多项全方位金融服务。金融核心区提供的“一站式”服务已成为全球范围内的主流趋势,这一服务既以客户业务范围又按照经济区域划分,工作效率提高的同时也降低了交易成本。

(3)符合统筹城乡建设的要求

城乡统筹发展是省域金融建设中必须直面和亟待解决的问题,在城乡二元结构转换过程中,金融核心区与周边地区的功能定位、资源的优化配置和风险规避都是解决的途径。核心金融区的构建是金融业错位竞争的表现,通过对金融核心区构建的大力支持提升其整体水平,进而通过扩散效应起到联动发展的效果。金融核心区的构建也可以推动区域内产业布局的合理化,有助于产业结构升级。

3. 核心区的评价指标

第一,经济规模。经济规模是产生金融需求的强大动能,区域经济总量越大,则相应的金融需求越强烈,对金融服务的需求将促进该区域金融产业规模的扩张。

第二,金融聚集程度。不同种类的金融机构大量聚集,可发挥出不可小觑的规模优势和外部效应。金融机构聚集程度可通过金融机构总量与金融机构从业人员的数量来衡量,金融规模则可通过存贷总量与余额、银行现金收支等指标进行衡量。

第三,区位条件。区位条件包括自然区位条件、政治区位条件两大部分,前者包括便利的交通、丰富的自然资源等,后者主要指区域内针对金融业发展而制定的优惠政策。

第四,人才与技术。金融核心区的建设一定程度上依赖金融人才与金融技术,因此区域内金融高级人才的数量和其掌握金融技术的程度成为衡量区域金融实力的考核指标之一。

第五,配套设施。金融业发展的特殊性要求时间成本最低,因此需要保证拥有便捷的交通、高速的网络和处理迅速的计算机。金融业发展的其他配套设施包括高级写字楼、住宅中心、休闲场所等。

第三节　湖北省金融规划

一、湖北省经济金融发展概况

1. 湖北省经济金融发展现状①

2014 年以来，世界经济形势严峻复杂，我国处于经济增长速度转换期。湖北省 2014 年上半年经济运行总体平稳，经济发展质量和结构稳步改善，在全国发展大局中位于前列。2014 年上半年实现 GDP 总额 12061.99 亿元，同比增长 9.5%，高于全国平均水平 2.1 个百分点，增速在全国排名第九。多项主要经济指标增速在全国的位次大幅前移，如湖北省规模以上工业增加值增速居全国第六位，较上年同期前移 17 位。在金融方面，2013 年湖北省社会融资规模达 6114 亿元，排名全国第十，中部第一，其中银行贷款 2866 亿元，表外融资 2406 亿元，直接融资 618 亿元。2014 年上半年实现社会融资规模 4149 亿元，排名全国第九，仍是中部第一，增幅居全国第六位；2013 年湖北省金融业实现增加值 1004 亿元，已成全省千亿元产业，占 GDP 的 4.07 个百分点。2013 年湖北省保费收入 656 亿元，排名全国第十。全省有 86 家 A 股上市公司，15 家海外上市公司，新三板挂牌公司 71 家，武汉股权托管交易中心挂牌企业 281 家。

总的来说，在全国经济普遍下行的情况下，湖北省主要经济指标仍处于合理增长区间内，基本符合预期，但下行压力不断加大，投资、消费等主要经济指标增幅较上年同期不同程度放缓。

2. 湖北省金融发展瓶颈

第一，直接融资规模小，占比少。2013 年，湖北省社会融资规模为 6114 亿元，直接融资总量为 618 亿元。其中企业债券融资量 517 亿元，非金融企业境内股票融资 101 亿元，与发达地区相比差距明显。在社会融资规模中，银行贷款、表外融资和直接融资的比例大致是 5∶4∶1，直接融资占比仅为十分之一，资本市场的潜力远没有发挥出来。

---

① 湖北省经济金融发展状况中的观点引自《以金融工程驱动湖北经济跨越发展》。

第二,贷存比持续走低。从 2003 年到 2013 年,湖北省金融机构贷存比分别为 83.54%、78.01%、70.38%、69.03%、69.47%、64.47%、68.20%、67.29%、67.89%、67.35%、66.57%,大体上呈现逐年递减趋势。2013 年全国金融机构贷存比为 71.5%,高出湖北省 5 个百分点。除全国共性的因素外,国有大型商业银行贷存比较低、县域金融机构贷存比较低、银行类金融机构发展不足与经济结构调整是影响湖北省贷存比的重要因素。

第三,城乡二元经济突出。湖北省金融业发展状况也存在两个板块统筹的问题,武汉城市圈与周边县域联系紧密程度欠缺。武汉市周边广阔的县域经济发展程度较低,无法给武汉市提供像“珠三角”、“长三角”一样的经济依托,湖北省县域经济与金融核心区武汉市的金融发展不协调严重阻碍了湖北省金融业的发展。

二、湖北省金融规划框架

1. 湖北省金融规划总体思路

湖北省金融发展规划将分为三条路径:其一,着力建设及完善武汉市金融体系和机构,将武汉打造成湖北省金融中心;其二,发展武汉市周边城市的金融产业,并形成城市金融与农村金融相互促进的局面;其三,加强湖北省与周边省市的竞争与合作,将湖北省建成中部金融强省。

武汉市作为湖北省省会城市,拥有金融机构总部集聚、各类金融机构完善、金融体系健全以及金融监管得当等系列优势。湖北省的金融发展需依靠核心金融区的带动,而拥有诸多先决条件的武汉市正是当之无愧的金融核心区域,所以武汉市的金融发展程度决定了湖北省的金融发展。正因如此,进一步发展武汉市金融产业、提升金融机构数量及质量、完善金融市场及监管成为发展湖北省金融的重中之重。在五年到十年内从做大金融市场、丰富金融产品、改善金融发展环境着手,将武汉市建设成为金融机构种类多样化、数量密集化,金融市场完善、功能齐全,金融创新活跃、服务高效率,具有强大吸纳功能和辐射能力的金融核心区域。

目前,湖北省各县市的金融发展现状参差不齐,应根据发展现状和各自的区位优势区别对待、实行差异化发展。可按照行政区域的划分,形成隶属于金融核心区的市级金融市场及县级金融市场。本着为县市融资、产业发展及三农问题服务的宗旨，形成有针对性的区域金融市场，最终形成覆盖全省、完善健全的以武汉市为金融核心区的网状三级金融市场。

在省内金融产业建设的同时，需要注重与周边省市的金融竞争与合作。着眼于将武汉市建成比肩北京、上海的全国金融中心城市，将湖北省建成金融强省，使武汉市及湖北省成为中部乃至全国金融市场的重要组成部分，在带动湖北省发展的同时，辐射周边省市乃至全国各地。

2. 湖北省金融规划基本原则

(1)服务实体经济

省域金融规划的初期目的是推动省域金融机构与体系的健全与发展，但发展金融的本意在于为实体经济服务。因此省域金融规划不能一味追求金融机构数量上的扩充、交易品种的复杂、交易量的上涨。而要本着金融服务实体经济的基本原则，切实解决投融资难题，将推动金融业发展作为服务企业、产业的手段，使虚拟的金融起到服务实体经济的作用。

(2)统筹城乡发展

省域金融规划中要解决的一个重要问题是统筹城乡发展，促进城乡二元经济金融向一元的转变。根据湖北省现阶段城乡二元经济金融发展状况制定相应的对策，通过机构网点的增设、市场范围的拓宽、优惠政策的倾斜、服务内容的升级起到金融增长极对周边地区的带动作用，将扩散效应发挥到极致。县域金融的发展将成为武汉市的坚强后盾和经济依托，武汉城市圈与县域金融齐头并进是湖北省金融规划中必须要坚持的原则。

(3)分层满足需求

省域范围是一个地理区域较大，自然情况、人文情况和经济情况都存在较大差异的空间概念。因此，在制定省域金融规划时要考虑不同经济主体对金融服务不同层次的需求，本着分层满足需求的原则制定省域金融规划。省域金融需求的不同层次包括推进型龙头企业的需求，同时也包括规模较小、实力较弱的中小微民营企业的需求；包括企业财团等大客户的需求，同时也包括个人较小的需求；包括高精尖技术产业的需求，同时也包括传统工农业的需求。因此，需要不同种类的金融机构和多样化的金融服务来满足不同层次的需求。从金融机构角度而言，不仅需要发展规模较大、发展较成熟的正规金融，还应该发展规模较小、但具有相对灵活性的民间金融；在城市增设机构网点的同时，应根据县域金融需求在欠发达地区设置能够满足“三农”需求的新型农村金融机构。从金融服务角度而言，这些多样的需求需要金融机构提供不同层次、不同类型的金融服务，结合各种需求的特点，推出能够满足其不同需求的多样化、创新型金融的产品和工具。

(4)有效控制风险

受国外经济金融环境变动和国内经济发展变动、金融机构自身管理存在问题的影响，金融业的发展总是伴随着较高的风险。在发展金融业的进程中，可能面临多种多样的风险，例如来自国际经济时局变动引起的利率、汇率异动风险；金融机构内部风险控制体系缺失或不完善带来的管理风险；金融信用观念淡薄而导致的信用风险；产品设计缺陷导致的交易相关风险；此外还有人事变动风险、政策法规风险、流动性风险等。因此，制定省域金融规划时，需要本着有效控制风险的原则，设计适用于省域金融发展的金融监管体系及制度，以达到有效控制金融风险的目的。

3. 湖北省金融规划阶段目标

(1)初级目标

省域金融规划预期完成的初级目标是建立健全金融机构及金融市场。具体目标如下：扩充金融机构县域分支的设置，鼓励民间金融机构发展；改变金融产品单一的现状，提高金融机构抗风险能力；建立健全省域要素市场，补全金融市场缺位；提升信用观念，改善金融生态环境。

(2)终极目标

省域金融规划预期完成的终极目标是实现金融服务实体经济。在金融机构体系与市场体系的构建和完善的基础上，应不同层次的需求推出多样化的金融投融资产品，提供各类金融信息服务平台，以此为途径达到金融与实体经济对接的目的。通过增加金融服务种类，提高金融服务品质，控制金融服务风险，达到金融发展结合实体经济发展的终极目标。

(3)量化目标

省域金融规划的初级目标和终极目标的实现，可以通过量化来检验，因此提出量化目标，以此作为省域金融规划目标实现的参考。

由于各省金融经济发展规模以及金融基础有较大差异，因此无法在此给出准确的数字度量标准，仅在此给出量化目标的类目；包括经济增长的量化指标、金融业发展的量化指标、省内企业发展的量化指标、省内产业发展的量化指标、省内社会发展目标。

三、湖北省金融规划方案

1. 金融体系构建

(1)省—市—县三层次网络金融体系的构建

在以省会武汉市金融核心区为中心点,以市、县两级行政区划为发散半径,构建湖北省一元多层次的网络金融体系。通过对金融核心区的建设和完善,扩大辐射半径、加强辐射能力,发挥核心极点对周边地区的带动作用。同时,引导金融核心区的金融机构总部在相应条件适宜的辐射范围内设立分支机构,通过机构的有形网络支撑金融体系的层级网络,以机构作为媒介将湖北省串联成有机整体的多层次网络金融体系。

(2)三层次网络金融体系内部协调机制

①农村金融与城市金融多方联系与促进

第一,加强机构间合作与交流。其一,以资金为联系渠道。传统农村金融机构发展举步维艰,国有商业银行在农村下设的营业网点由于财务的不可持续而纷纷脱离农村金融市场,农村信用社等有名无实的合作性金融机构的服务对象也逐渐偏离农村、资金使用效率低下。因此将资金通过现代商业金融引入农村是行不通的,可以通过运用金融控股、参股、同业拆借等形式将城市金融机构资金注入村镇银行、农村资金互助社、农业担保公司、小额贷款公司等新型农村金融机构。其二,加强合作交流。通过提供培训、人才交流、加大宣传、信息服务等方式加强城乡金融机构的联系,从而发挥支农作用。

第二,联通各金融市场。农业自身具有难以改变的弱质性特点,加上经济中市场规律作用的不可抗拒性,从客观上造成了农村资金严重外流的现状。因此亟须加强城乡金融市场的联系,从而有效引导资金回流农村。其一,以发展银行间同业拆借为核心,逐步扩展到票据交换、联行清算等业务,发展集交换、清算与融资三位一体的农村金融市场,为农村经济主体提供融资便利。其二,通过引导和政策倾斜,提高县、乡龙头企业在资本市场的融资能力;积极鼓励县、乡龙头企业在门槛较低的四板、新三板上市,扩展其融资渠道和再融资能力。

第三,风险补偿机制的建设。农业生产受制于自然风险,面临不确定性;同时农产品面临激烈的价格竞争与市场竞争,这导致农业对风险补偿的需求较大。但农业资产多为动产,不符合金融部门规定的抵押物标准,土地又属于租赁性质,这导致了农业对外部资金的吸引不足。因此,大力发展农业保险、农业贷款担保、农产品期货市场是在建立有效的风险补偿与分担机制中必须考虑的问题。在土地流转方面,政府采取建立农村产权流转担保股份公司的形式,从而将集体土地流转方式向自由流转过渡。在专门针对农产品交易的期货市场建设方面,可积极联系国内其他有影响力的农产品期货交易市场,争取交割权限,扩大本地农产品期货市场辐射范围、拓展交易种类。

②正规金融与民间金融的协调

第一,水平链接,即促进正规金融与民间金融在资金提供上展开直接的竞争。其一,部分民间资金合法化。制定相关法律,使民间金融尽快处于合法地位;适当放松对民间金融的监管,引导其成为金融多元化策略中的重要一极。通过民间金融合法化,以法律手段保护民间金融交易、降低经营风险、减少给社会带来的不安定因素。其二,将城乡信用社改造为民营中小金融机构,推行村级农村合作基金会。其三,发展和完善现有正规金融机构和服务。鼓励正规金融机构的金融服务创新,正规金融资金来源广、规模大,适合解决农村种植大户、专业户和乡镇企业相对较大的资金需求。并且,农村政策性金融机构要在简单提供流动资金的同时,真正办理政策性业务,以提高对农业和农村经济的支持力度。

第二,垂直链接,即民间金融机构从正规金融机构取得贷款,然后将获取资金再贷出。正规金融机构将信贷资金提供给专职放贷者,可规避直面中小微企业和农户的信息不对称程度,并且还可降低专职放贷者间的竞争,从而拉低融资成本。除了通过专职放贷者进行垂直链接,还可以采取捆绑信贷的模式,即信贷与商品交易的互联,通过这种互联增加借款人获得贷款的数量并降低交易成本。总的来说,就是产业链上有的厂商从正规金融获得信贷资金,并向产业链下游的供应者发放贷款,在上游厂商收货时下游厂商同时还贷。

③核心金融区与金融腹地的协调

第一,信息、技术及人才交流。通过建立信息网络加强核心金融区与省内金融腹地的信息联系与交换,做到信息上互通共享,降低信息不对称程度。通过总部机构与分支机构的关联，或者核心金融区内机构与省内金融腹地内相关机构的关联关系，开展技术培训、扩大宣传、提高从业人员业务素养和金融创新能力。采取人才培养机制，开展总、分机构间的人才交流，选派核心金融区内优秀的金融人才，传播金融技术；同时，从金融腹地选派优秀金融从业人员到核心金融区工作，从而学习先进的金融业务、提升专业素养及金融创新能力。

第二，加强产品与交易的联系。扩大核心金融区交易的服务范围，扩宽金融腹地覆盖面积。通过金融产品的不断创新提升产品质量、拓宽交易面。同时，将已经成熟的交易品种派发到金融腹地的分市场进行交易；利用网络，开展网上交割业务，使腹地内金融交易更加便利。

2. 金融核心区功能设置

湖北省的金融增长极无疑是经济金融发展领先的武汉市，武汉市内各区在发挥原有优势的基础上，加强金融业建设，担负起金融核心区责任与功能。武昌区发展金融市场，特别是资本市场；江汉区主要依靠众多金融机构的聚集发展货币市场和民间金融；东湖高新开发区主打金融后台服务，它们均为湖北省金融增长极——武汉提供金融业发展的良好基础与坚强后盾。

(1)武昌区——资本市场

武昌区被定位为湖北省的核心资本市场功能区，以大力发展资本市场为主，衍生金融市场、新型金融市场为辅，全面推进湖北省金融市场建设，打造包括未上市股权交易市场、金融资产交易市场、大宗商品交易市场、碳交易市场等在内的多层次资本市场。

各核心金融市场能够分别带动湖北省各产业的发展。未上市股权市场能够帮助中小企业融资，为其提供资金，促进其发展；金融资产交易市场服务了大多数的金融机构和部分有金融资产交易需求的企业，为银行提供了一个处理不良资产的途径，能大大提高银行的运营效率和收益率；大宗商品交易市场能够带动湖北省多个产业的发展，包括钢材制造业、物流业、药业、种植业、都市工业等产业；碳交易市场作为新型金融交易市场，为有碳交易需求的企业提供服务。

(2)江汉区——货币市场

江汉区被定位为湖北省的核心货币市场功能区，聚集了数量众多的金融机构将成为江汉区构建货币市场的良好依托。江汉区将逐步构建同业拆借市场、票据贴现市场、短期政府债券市场、证券回购市场等。江汉区作为湖北省多层次货币市场功能区，将从微观上为银行、企业提供灵活的管理手段，使他们在对资金的安全性、流动性、营利性相统一的管理上更方便灵活。

江汉区除了承载湖北省短期货币市场推进单元外，还是湖北省民间金融发展的内核与推进器。江汉区现阶段已实现了民间金融机构区位上的聚集，初步取得规模效应，下阶段将进一步促进民间金融产品的创新和服务的升级，并引导与支持民间金融与正规金融的错位发展、合作竞争。

(3)东湖开发区——后台服务

东湖高新技术开发区被定位为湖北省金融后台服务中心，通过其数据中心、银行卡中心、研发中心、容灾备份中心、档案管理中心、客服中心、培训中心等，为湖北省金融业发展提供服务，支持前台金融业务发展。随着湖北省金融市场的逐步完善和金融机构数量、业务的不断扩张，湖北省对金融后台服务的要求也在提高。

3. 金融业发展管理与风险管理

在湖北省构建省—市—县多层次金融体系的过程中，省政府应积极参与到金融管理的创新中来。为了更好地规划与管理金融业发展，湖北省政府需成立专门的机构——金融业发展与战略管理委员会，承担对湖北省金融业发展规划和对其进行风险控制与监管的职能，通过制定金融发展规划、金融支持政策、金融相关法规实现对湖北省金融业的推动和管控。

金融业发展与战略管理委员会的发展管理与风险管理两项职能细化如下：

发展管理包括发展计划管理、发展机构管理与发展人才管理。计划管理是金融管理的首要工作，人们为达到一定的金融目标，实现一定的金融目标而预先制定的行动步骤和对策，它贯穿于金融管理的全过程。随着金融机构逐渐聚集、金融市场逐渐发达，计划管理的作用更加显现，制定优秀的计划能合理地利用各类金融资源，有效地协调区域内外各类金融经济活动，使区域经济效益和管理效率得到极大提升。金融发展机构管理是从金融机构新设、网点设置、规模控制、机构管理等方面对金融机构进行全方位管理，通过对湖北省金融业发展的供需研究，控制并引导金融机构的发展。金融发展人才管理旨在建设“湖北省人才金融港”，通过湖北省高校聚集的优势培养专业金融人才，通过企业聚集的大量需求推动成熟金融人才的引进。

风险管理包括预防性风险控制、运行时风险控制和事后处理机制。预防性风险控制通过制定法律法规对金融业进行约束；通过第三方评级机构为金融机构评级和授信，控制信用风险；针对不同类型金融机构和金融市场，制定不同的准入机制，确保进入湖北省各类金融市场的机构是相对优秀、具有发展前景、风险较小的机构，以此保证金融市场的健康发展。运行时风险控制有机构监管和公民监督两条途径，机构监管是金融业发展与战略管理委员会为金融机构所提供的服务、产品的监管以及交易过程的抽查；公民监督指公民在参与金融交易的过程中如果遇到机构流程不规范、服务态度不端正等问题，可以向有关管理部门举报。

事后处理机制指金融机构已经在交易中犯下错误后的处理机制，包括处罚机制和整改机制。处罚机制将根据金融机构出错的程度进行选择，程度轻的处罚包括通报批评、除责令其限期纠正等；程度较重的处罚包括罚款、罚息、没收非法所得等经济处罚的办法。整改机制主要用于金融机构发生违法行为后，如商业银行违法发放和挪用贷款问题，保险公司虚假承保、虚假退保、虚假理赔等严重的违法行为。通过强制责令其整改或暂停营业，整顿金融机构内部营运问题，帮助机构再次走上正轨。

4. 金融业与实体经济对接途径

(1)金融支持产业发展

第一，金融支持农产业。农业是人类的“母亲产业”，是国民经济发展、社会安定和谐以及国家社会安定的基础。在“三农”问题突出的今天，解决农业发展的问题迫在眉睫，而以金融支持农业发展是解决“三农”问题的必由之路。金融支持农业需从农业产业链的着手，从最初的种植到产品加工再到后期的物流销售，各个环节都需要金融支持。农产业发展的每个环节都需要金融业的大力支持，但目前农产业相对薄弱的深加工环节需要加强金融支持，通过宽松的贷款环境鼓励湖北省内的农产品深加工企业发展，增加农产品附加值，从而达到金融支持农业发展的目标。在湖北省金融业发展过程中，增设农村商业银行、农村信用合作社等主要为“三农”服务的金融机构，通过创新金融产品、提升服务品质等途径大力支持农产业发展。

第二，金融支持制造业。第二产业是国民经济的主导，制造业作为第二产业的核心更是国民经济的支柱产业，是国家的创造力、竞争力和综合国力的重要体现。湖北省是中国的制造业大省，制造业基础比较雄厚，门类齐全、产业结构与市场拟合程度较高,发展较快,对经济的拉动作用较强,成为了湖北省经济增长的“发动机”。但与此同时,湖北省制造业也面临着产业结构不合理、层次不高、体制不顺、机制不活的发展瓶颈,亟须发展产业金融工程助推和拉动产业发展。

第三,金融支持服务业。湖北省服务业在“十一五”期间规模不断扩大、结构分配和服务质量方面有所改善,在促进经济平稳快速发展、扩大就业等方面均发挥了重要作用。但总体水平偏低、结构升级不快、区域发展不平衡,难以较好地适应经济社会发展的需要。因此,应将金融工程引入服务业,以金融支撑湖北省服务业发展,提升服务业对湖北省经济的拉动作用。

(2)金融支持中小微企业发展

金融对中小微民营企业的支持应通过建立多层次的金融支持体系,从宏观、中观、微观三个层面对中小微民营企业给予全面的支持。

宏观层面是金融政策支持体系,包括中央政府和地方政府的相关政策及对金融业发展的直接推动。如2013年湖北省江汉区在前进四路建设的民间金融街是地方政府通过发展民间金融而服务小微民营企业的一次突破性探索。

中观层面是金融市场体系层面,包括金融产品与服务体系、金融信用体系。首先,四大国有商业银行可将目光转向大企业之外的一些资质好、信用优的中小微民营企业。通过将对中小企业贷款转换成个人贷款与企业贷款相结合的形式,使得小微企业主的个人财产同样纳入还款范畴,以达到降低还款风险的目的。其次,城市商业银行等股份制商业银行利用自身拥有的人缘、地缘、业缘等优势,设计具有本地特色的贷款技术和方案,有针对性地解决中小微民营企业融资问题。最后,建立省域范围内的征信系统,通过引入第三方评级机构,对湖北省内有意向的中小微企业进行统一标准的评级和授信。采取信用评定的方式为中小微民营企业通过自身信用获得贷款取得便利。

微观层面是金融组织体系,包括正规金融与民间金融两方面。正规金融机构多将服务对象着眼于规模较大、发展前景较好的大企业,民间金融机构由于受自身规模限制,往往将服务对象锁定于规模与之相匹配的中小微民营企业。因此,湖北省江汉区专门将前进四路规划成民间金融机构聚集的民间金融街,鼓励和支持湖北省民间金融机构的发展和创新。通过扩大供给、提供多样化金融工具的方式为中小微民营企业拓宽融资渠道。

(3)金融支持“三农”发展

第一,建立促使农村资金回流的有效机制。农村资金外流现象严重,导致用于“三农”的资金有限,妨碍了农村经济发展。因此需要制定有效机制,促使资金回流农村。借鉴国际经验,强制规定全国性金融机构的县级支行必须将吸纳自本县的一定比例存款用于在该县发放贷款。采取发放补贴、给予奖励等方式,秉承自愿、互利和市场化的原则,引导邮政储蓄银行与政策性银行的资金回流农村。

第二,发展农村商业金融。发展农村商业金融可以通过农村银行继续发挥支持并服务“三农”,降低农村金融市场的准入门槛,建立存款保险制度三方面落实。农业银行在细分的金融市场中具有竞争优势,可以满足县域龙头企业较大的信贷需求,因此农村银行应继续发挥支持农村经济的作用,降低农村金融的准入门槛,为多种类的中小型金融机构提供宽松的发展环境,从而吸引民间资金、发展民间金融,以满足农村的小额金融需求。此外,还应建立针对农村金融机构的存款保险制度,在创造公平竞争环境的同时健全市场退出机制。

第六章　省域股权交易市场建设

省域(或区域性)股权交易市场是以服务特定区域内企业为目的,提供债券或股权的转让以及融资服务的场外交易市场,是我国多层次资本市场建设中的重要组成部分。近几年,中小民营企业融资难的问题愈发严重,建设省域股权交易市场具有重大的意义。首先,高成长、高科技企业的融资条件更为宽松、便捷,市场参与主体风险承受能力较大,因此可以通过股权转让进行融资。其次,省域股权交易市场可以为风险投资与私募股权投资机构提供有效退出机制,引导资本的高效流动。最后,省域股权交易市场的发展作为上海证券交易所与深圳证券交易所的有效补充,为企业的"转板"提供了可行性。

建设省域股权交易市场不仅有利于促进中小企业股权的交易与融资、引导民间资本有效流动、鼓励科技创新,更对省域实体经济的薄弱环节提供了较强的支撑,有利于省域经济的跨越式发展。本章根据现有股权交易市场的建设经验,构建研究省域股权交易市场的理论框架,并结合武汉股权托管交易中心的经验,为我国省域股权交易市场的建设提供有效范式。

第一节　文献综述

一、股权交易市场的基本内涵

通常来说,股权交易的概念可以分为广义与狭义两种。从广义上来说,股权交易是指有关股权交易的各种买卖行为,可以分为场内股权交易与场外股权交易两种。从狭义上来说,股权交易市场就是指特定的股票交易市场。本章主要讨论的是区域性的股权交易市场，挂牌企业是没有在我国主板、中小板和创业板上市的企业。

场外交易市场的概念随着资本市场的进一步发展和深化，其内涵也在逐渐变化。场外交易一般是指在交易市场之外进行的交易行为，通常没有固定的交易场所。股权交易市场的发展是伴随着公司制与股份制的发展而发展起来的，两者有着互相促进的作用。最初，场外交易市场是没有交易场所的，但随着交易规模不断地扩大、集中交易手段的运用等，场外交易市场也有了固定的交易场所，两者的界限也逐渐淡化。清科研究中心（2009）认为，场外股权交易市场多指在主板以及创业板之外的对高科技、高成长型中小企业股票、退市企业股票进行交易的场所；还泛指在上海、深圳证券交易所之外进行非上市股票、股权交易的市场，包括股权交易市场、产权交易市场和代办股份转让系统等。周友苏（2012）认为，建立区域性股权交易市场，不仅能够大力推进区域金融中心建设的进程，进一步提高区域的竞争力，而且能够在一定程度上解决公司存在的历史遗留问题。王成仁（2013）认为，新四版是我国资本市场的重要组成部分，完善中小企业资本市场须夯实中小企业资本市场融资制度基础；明确"新四板"发展战略定位及路线图；构建分工明确、有机互动的资本市场体系。徐丁（2013）指出，随着全国第一个拥有 10 家地方企业登陆区域股权市场挂牌的县域板块——"通山板块"在武汉股权托管交易中心诞生，我国四板市场为解决中小企业融资难问题做出了突出的贡献。

总的来看，国内学者对于区域性股权交易市场做出了详尽的理论分析，对其功能定位以及发展前景的判断是准确的，绝大多数学者都认为区域性股权市场在解决中小企业融资问题中能够发挥巨大的作用。

二、股权交易市场的建设经验

建设一个有序、规范、统一的股权交易市场对我国多层次资本市场的发展必不可少。而建立一个规范有效的股权交易市场，需要考虑市场运行特点以及影响我国资本市场具体情况的因素，主要有以下几方面的建设经验可供参考。

1. 健全的顶层设计

由于我国目前股权交易市场结构较为复杂，分布具有分散性，建设一个统一的场外股权交易系统会遇到较大阻力,因此在建设时应采用构建股权交易所的方法。每个省域(或区域性)股权交易市场具有类似的功能定位和服务对象,因此加在一起构成了一个更加完善统一的资本市场,对提高中小企业的融资效率、促进企业的健康发展有更好的作用。在建设中,可以借鉴国外的经验,并结合自身的特点与经验,发展高端市场与低端市场,实现协调发展。

转板制度与退市制度的设计必不可少。结合外国的经验,转板制度涉及低端市场与高端市场,通过设计规则与安排,形成有效的双向转板制度,对于形成良好的、健康的股权交易市场有着积极作用。退市制度可以为机构投资者或私募股权机构提供一条比较便捷的退出制度。

2. 面向小微企业

在股权交易市场的发展过程中,各国均是由单一的股票交易市场向多层次的资本市场发展。多层次资本市场的设立针对的是不同大小、不同类型的企业。在最高级的股票交易市场中,对企业的要求一般较高,在此交易的都是大型企业。通过设立多层次的资本市场,利用区域性的股权交易市场以及某一部分场外交易市场,能够为中小企业进行融资。在我国,中小企业的数量很多,解决中小企业融资难、融资贵的问题,对于区域经济的发展具有重要意义。

3. 电子化交易平台

在目前世界各国的股权交易中,电子化、网络化、无纸化交易逐渐成为世界交易市场的主流。在国外的市场中,OTC 等市场目前都已经向无形的交易市场迈进,交易所不再依靠具体的交易地点,而是通过对电子化网络平台的建设来满足日常交易的需要。根据这种经验,目前建设区域性股权交易市场,也需要利用现代化的电子网络技术。在条件允许的情况下,可以逐步过渡,建立完全无形化的股权交易市场。由于无形市场具有交易成本低、效率高等特点,所以具有很大的优势。

4. 混合型的交易模式

在交易模式上,一般可以分为竞价交易与做市商交易两种。在大型的场内股权交易市场,通常采用的是竞价型交易模式,这种连续竞价的交易模式能够保证交易的持续进行,同时交易活动还能够较为频繁地进行。由于区域性的股权交易市场交易活跃度不及场内市场，所以可以考虑采用混合型的交易模式，即在交易不活跃时采用做市商制度来提高交易的活跃度，在交易活跃时采取竞价交易来提高交易的连续性。

第二节　理论框架

一、省域股权交易市场的内涵

1. 省域股权交易市场的概念

省域股权交易市场就是在省域的范围内构建的股权交易市场。省域股权交易市场为该省域内的企业提供股权或债券的转让平台，该市场是我国多层次资本市场的重要组成部分，担负着培育、扶持广大中小型企业上市的任务，并为高层次资本市场输送企业。

2. 省域股权交易市场的作用

按照企业生命周期理论，企业的生命周期可以分为种子期间、初创期间、成长期间、成熟期间。对应企业不同的发展时期，有相应的资本市场针对性地提供融资渠道。现阶段，我国公开交易的股票市场可以粗略地划分为以下几类：主板市场是我国股票交易的主要场所，其服务的企业是发展成熟、规模较大的大型企业，而主板市场在我国特指上海交易所和深圳交易所。二板市场的服务对象是处于成长中的中小企业或高科技企业，这些企业的规模要小于主板市场的企业，但是这类企业具有良好的成长性。相对应地，我国二板市场的股票主要来自深圳交易所的创业板与中小板的一部分。三板市场的主要服务对象是处于成长初期的中小企业和高科技企业，企业的规模略小于二板市场上的企业。相对应地，我国目前已经建立了“新三板”。四板市场指的是区域性的股权交易市场，其服务对象特点与三板市场基本相同，只是对企业的要求更加宽松，与前三个市场不同，四板市场不再是一个全国性的市场，一般是以区域性股权交易中心的形式存在。

(1)成为多层次交易市场中的一环

构建多层次的资本市场是我国建设现代金融体系的重要内容，多层次的资本市场能够为不同发展阶段的企业提供相应的融资支持。目前，虽然我国中小企业规模与大型企业差距较大，但是我国中小企业数量众多，且其中相当一部分高科技企业、新兴产业中的企业都是中小企业，所以中小企业融资问题是我国在发展过程中必须解决的问题之一。正由于中小企业是我国经济的重要组成部分，所以有必要构建多层次的资本市场，做好为中小企业融资服务的工作。省域股权交易市场隶属于区域性的股权交易市场，由于其挂牌要求较低，为中小企业提供了除银行贷款和上市之外的其他融资渠道。

(2)培育优质企业

省域股权交易市场中的企业以发展初期或者中期的中小企业为主，在这个发展阶段过程中的企业，虽然具有良好的发展潜力，但其公司治理、财务管理等方面普遍存在一定的不足。通过企业的上市，企业的信息和账目将公开，迫使其完善自身的管理方式，以满足上市企业的要求，这将为企业的后续发展奠定良好的基础。企业在四板市场上市交易后，将会有更好的条件来进入主板市场与中小板市场。

(3)引入竞争与淘汰机制

对于因亏损等原因不符合主板或二板上市条件的企业，可以选择进入省域股权交易市场进行交易，等待其发展步入正轨，盈利能力增强，符合上市的条件时可以进入主板或二板市场。因此省域股权交易市场在完善退市制度中具有重大的作用，竞争淘汰机制的引入可以完善和促进我国资本市场健康发展。

二、省域股权交易市场的建设架构

1. 省域股权交易市场的定位

(1)省域股权交易市场的性质

国内外的实践与理论表明，非上市公众公司的股权交易一般不在交易所，而是在场外交易市场。根据多层次的资本市场发展趋势来分析，省域股权交易市场的挂牌企业主要为非上市公司。这些公司不同于在主板或者二板上市的企业，企业知名度小，规模一般也不大。我国资本市场结构如图 6 - 1 所示：

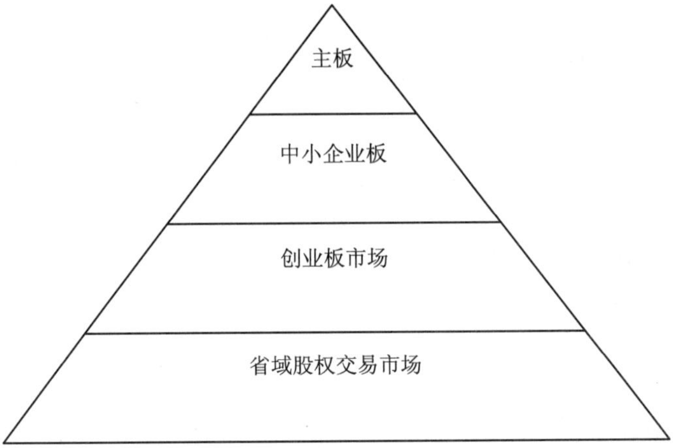

图 6－1　我国资本市场结构

(2)省域股权交易市场与三板市场的关系

三板市场,即代办股份转让系统,是为了解决 STAQ、NET 系统挂牌的公司股份流通问题而建立的,主要包括三类:原 STAQ、NET 系统挂牌公司;上交所与深交所退市公司;中关村科技园中参与股份报价转让试点的企业。随着参与股份报价转让系统企业的数量越来越多,这些企业所在系统成为"新三板"。

从交易品种与服务对象上看,省域股权交易市场与三板市场有一定的区别。虽然两类市场的参与企业均为非上市公司,但是三板市场挂牌企业的规模和范围更广,类型分为公众公司和非公众公司。

三、省域股权交易市场的组织形式

从世界范围来看,目前证券交易所普遍采用两种基本组织形式,即会员制与公司制。会员制证券交易所不以营利为目的,是由从事证券业务的会员自愿加入组成的公益社团法人;公司制证券交易所是由若干股东依法设立,以组织和提供证券集中交易市场为经营业务的公司。

20 世纪 90 年代前,世界上大部分的证券交易所采用的都是会员制的组织形式。随着科技与网络技术的快速发展和竞争加剧,从 1993 年瑞典的斯德哥尔摩证券交易所将自己的组织形式改为公司制开始,世界上大部分的证券交易所都进行了公司制改革。

证券交易所之所以由会员制的组织形式转变为公司制,是由于科学技术革命和全球化后,公司制的证券交易所比会员制的证券交易所更加具有优势。公司制的组织形式可以改善和优化证券交易所的治理结构，实现所有权与经营权的分离，使交易所的运营更具有竞争力和市场化，克服原有会员制所存在的行为保守、效率低下等弊病。

天津股权交易所作为我国第一个公司制的交易所，与目前沪深两市所采用的会员制组织形式不同，该交易所依法按照《公司法》治理，并由董事会来负责运营，权责更为明晰，治理结构更为有效。因此，省域股权交易市场采用公司制的组织形式已经是大势所趋，并且更容易借鉴国外先进成熟的管理体系，实现与国际接轨。

四、交易模式比较与设计

1. 交易模式分类

在证券的交易模式中，一般可以按照买卖双方交易方式划分为两种模式：撮合交易与做市商交易。

撮合交易指的是买卖双方通过在证券交易所委托交易，市场按照一定的交易规则，来确认成交并形成交易合同。在这种交易中，买卖双方处于交易的主导地位，而证券交易所只是充当一个交易中介来接收交易者的指令，根据交易者的指令，在双方委托价格的基础上进行撮合，最终达成交易。目前，我国上海交易所与深圳交易所采取的就是撮合交易制度。这种交易在期货市场与外汇市场也可以称为经纪商交易，经纪商只是充当交易中介，并不真实参与交易。

做市商交易指的是由做市商提供买卖价格，交易者根据做市商的报价来选择交易与否。这种交易方式起源于场外交易，其特点是能够提高市场的流动性，增加交易者的交易可能性。做市商通常需要交易所指定，并且具有相当的经济实力与信誉。在交易过程中，做市商报出的买入价与卖出价存在价差，做市商通过价差来获得利润。做市商的好处就是可以保证市场具有充足的流动性，即投资者可以随时按照买卖的报价进行交易，避免了因为买卖双方在交易数量上不一致而导致完全无法成交的情况。一个交易所的做市商数量可以是一个也可以是多个。由于交易者直接与做市商进行交易，所以做市商交易与撮合交易有着本质的区别。

相比于撮合交易，做市商交易交易成本更高，其原因在于做市商赚取了一定的价差,同时对于做市商的监管也需要耗费相当的成本。选择撮合交易还是做市商交易的关键在于市场本身交易的活跃度。如果市场交易活跃,买卖双方报价不间断,则可以选择撮合交易,这种交易更加方便简洁,同时能够形成真正的市场价格,避免做市商有可能带来的一些潜在问题。如果交易并不活跃,此时如果仍然采取撮合交易很有可能形成交易暂时性中断,市场并没有成交的局面。所以,可以引入做市商制度,提供买卖价格,以提高交易的活跃度。

在省域股权交易中,由于交易的对象是中小企业,参与的交易者会远少于参与成熟主板市场的交易者,此时交易并不活跃,所以采用做市商制度具有一定的可行性。但应该注意的是,做市商并不一定能彻底解决所有公司的股权交易需求。

2. 交易制度的设计

(1)提高流动性与降低交易成本

提高流动性,并且逐步降低交易成本是省域股权交易市场的主要价值取向,它们是构成场外股权交易制度的价值体系。在流动性与交易成本两者中,流动性相对具有更高的“价值”,因此设计交易制度时首先应该考虑流动性。

(2)引入做市商交易制度

我国目前的股份报价转让业务、代办股份转让系统以及天津股权交易所的交易制度分别是协议转让、集合竞价和混合交易制度,但三个市场的流动性都较差,结合国内外的实践经验,省域股权交易市场采用做市商制度比较适合。在市场建立初期可以采用多种交易方式并存的方式,使企业有更多的选择,待市场发展成熟后可以采用做市商交易制度。

(3)建立电子化交易系统

根据实践经验,做市商制度可以与电子信息技术相结合,采用电子化做市商交易系统。省域股权交易市场有两种建立电子化交易系统的具体途径:一是类似英国 PLUS 市场的、可以直接成交的报价交易系统,需要在代办股份转让系统与天津股权交易所系统之外建立全新、独立的交易系统,优点在于系统改革会比较彻底,但是由于成本较高,认可度也有可能较低。二是在现有的代办股份转让系统的基础上建立一个交易系统,对现有技术进行改进,其优点在于成本较低,认可度较高,操作性也比较强。

五、省域股权交易市场建设政策的支持

1. 联合多元化融资渠道，提升股权交易市场融资功能

(1)大力发展多元化的融资渠道

通过制定一系列制度设计多元化融资渠道，进一步拓宽企业的融资来源，实现在省域股权交易市场一个平台内完成企业多元化融资的目的。结合我国现状，相对于股权融资或者债券融资等直接融资渠道，社会融资总规模中的间接融资渠道仍占有较大比重，以银行贷款为主要方式。短期内即使省域股权交易市场快速发展，企业股权融资与债券融资的比重仍然远低于以银行贷款为主的间接融资。因此，在发展我国金融市场过程中，省域股权交易市场的建设与间接融资市场并不冲突，利用多元化的融资渠道，为企业提供更为多样的融资选择，以此促进经济的平稳、快速发展。

(2)建立多元化融资信息共享机制

通过制定一系列制度来建立多元化融资信息共享机制，为中小企业的多元化融资需求提供信息共享交流平台。省域股权交易市场在建立之初以及运营管理过程中，应与所在地的政策性银行或商业银行共同建立信息共享平台，在信息平台中提供在交易所挂牌和拟挂牌企业的各种信息以及企业的融资需求。一方面，通过在省域股权交易市场为企业提供股权转让交易以及债券融资等资金需求基础上，带动以银行贷款、信托贷款、委托贷款等为主的资金配套支持的发展，为企业提供服务；另一方面，在省域股权交易市场建立股份质押登记备案制度，银行等金融机构可以向企业提供股权质押贷款的担保保障措施以及价值评估。上述信息共享平台的建立，可以帮助中小企业减少融资环节，节约融资时间，降低融资成本，并且提高和增强区域内中小企业进入省域股权交易市场的积极性与热情度。

2. 整合中介服务机构，提升企业“转板”概率

省域股权交易市场在积极发挥企业融资功能的基础上，还可以促进挂牌企业完善自己的公司治理结构，进一步提升企业竞争力，条件满足时向资本市场的主板或中小板进行转板。要实现对企业的孵化功能，只依靠企业自身的完善和建设还不够，还需要其他中介机构对企业提供其他的专业技术指导。因此，将省域股权交易市场发展成全方位的中介服务平台，可以长效地为中小企业提

供专业的服务。

(1)与其他专业机构进行战略合作

通过设立筛选中介机构的机制,将具有一定实力的、多元化专业机构纳入省域股权交易市场的战略合作范围内。中小企业在进入省域股权交易市场挂牌前,需要在各类金融中介机构包括会计事务所、律师事务所以及各类证券类机构进行评估。这些专业机构可以对企业提供专业性技术支持,帮助企业解决挂牌前的治理不完善、产权不明晰等各类问题。因此,省域股权交易市场与其他专业机构合作可以从根本上帮助中小企业规范其公司治理等事务并进入股权交易市场。

(2)对挂牌企业提供持续性的专业支持

现有的省域股权交易市场对挂牌企业采用按照年度进行的财务审核,还不足以为企业"转板"创造条件。因此,应该大力发展其他专业中介机构的专业辅导与支持。例如,企业在业务开展中的关联交易、同业竞争以及企业对内的职工劳动保障和对外的涉诉风险等,这些企业待规范事项还需要律师事务所或者其他专业机构的辅导和支持。因此,省域股权交易市场应当建立长效机制,搭建服务平台,为企业提供持续性的专业性服务。

3.搭建政府配套的服务功能平台

各地政府在省域股权市场的建设过程中均会给予一定的优惠政策,主要表现为对挂牌企业提供一定的财政补贴,但是补贴并不能完全满足企业对政府政策的需求。省域股权交易市场可以集合挂牌企业所需的政策服务内容,并协调政府各职能部门给予政策服务。

(1)建设信息平台,向挂牌企业提供政府政策解读

在省域股权交易市场中挂牌的企业大多具有一定的自身优势。企业在发展过程中,除了资金的限制还面临信息不对称的制约,其中包括对政策的理解和掌握不到位。省域股权交易市场可以充分发挥平台优势,将政府的各类政策向企业予以公示并解读,通过政策的解读与引导,保障企业的经营业务内容符合省域内对经济产业政策的要求。

(2)建立协调机制,协调政府职能部门

企业在发展过程中还需要相关政府部门给予一定事项的审批配套服务。例如,对投资项目立项审批、对高科技企业的认定以及对企业商标权申报的审批等,对经营较好及治理较为规范的企业应当给予一定的便利。因此,省域交

易市场可以搭建配套机制,帮助挂牌企业便利地在特定的政府职能部门办理相关事宜,促进挂牌企业的健康快速发展。

4. 制定对省域股权市场的监管措施

(1)尊重市场规律,适度监管

在对省域股权交易市场进行监管时要遵循适度监管的原则,保障市场的安全运行,但同时应该从本质上遵循市场的调节力量。适度的调节对省域股权交易市场的健康快速发展必不可少,但是不能违反以市场为中心的原则。由于监管需要成本,并且监管过度可能会影响市场的健康发展,因此,制定法律制度时应采用适度性原则,使市场的作用发挥到最大限度。

(2)维护市场秩序,保护投资者利益

保护投资者的合法利益,增强投资者对证券市场的投资热情与信心,是证券市场赖以生存和发展的基础。投资者是证券市场的支柱与基础,没有大量投资者的参与,证券市场不可能实现它的基本功能。由于在省域股权交易所挂牌的企业都面临一定的风险,因此更应该重视和保护投资者的利益。保护投资者的合法利益,其目的在于保护投资人进行公平、公正的证券交易的机会,进一步实现维护正常市场秩序的目标。

(3)保证市场运行,完善信息披露制度

从国外的实践中可以看出,对公司的监管主要集中在两个方面:一方面是完善信息披露监管,另一方面是引导完善公司治理结构。改进公司治理结构模式是公司监管的一个发展趋势,但是非上市公众公司的投资主体一般是成熟的投资者,承受风险能力较强,他们比较关注的是公司信息披露的准确性、及时性和完整性。对公司治理标准的要求过高将不可避免地导致经营成本上升,致使资本市场的吸引力逐渐下降。

因此,在构建相关监管制度时应与上市公司信息披露制度进行一定的区分,充分考虑成本问题,在披露信息和成本之间找到最佳的平衡点。

六、省域股权交易市场建设风险及防范

1. 风险识别

(1)政策性风险

从整体上看,目前我国政府对省域股权交易市场的发展持明确的支持与认

同态度，不仅表现在各种相关配套政策措施的制定上，而且在未来可能加大支持力度。但需要注意的是，市场未来的发展道路还需顶层设计，且具体的经营方式与发展模式并没有达成明确的共识。

（2）投机风险

股权交易市场本身是一个投资市场，同时包含投机行为。如何权衡市场的安全性与活跃性，是资本市场面对的一个长久的话题。在省域股权交易市场的制度设计上，一方面需要有充足的资金流来帮助企业变大变强，另一方面也需要将投机性活动的风险控制在合理范围内，防止市场波动过大，造成较大风险。

据美国市场的发展路径与经验，市场出现非理性繁荣与市场泡沫，在一定程度上来说是市场规律造成的。我国经过1984年以来股权交易市场的培育，投资者已经形成了比较理性、清晰的认识与判断。但由于资本逐利的天性，市场的非理性繁荣与泡沫等现象仍时刻存在，市场各方面机制都不够完善，稳定性与纠错性较弱，因此，需要防范过度投机造成市场风险产生。

（3）发展性障碍

在美国股权交易市场发展中，通过各相关利益的博弈来达到制度对其尊重与保护，并且推动了市场的健康发展。但目前在我国，特别是制度设立初期，市场制度很大程度建立在政府主体的判断之上，因此，市场内主要的博弈可能来自于政府内部的各个利益主体之间。

省域股权交易市场的发展，在一定程度上是对主板市场的补充与完善。因此，处理好各层次资本市场之间的关系，使它们发挥协同作用，避免互相冲突，在我国多层次资本市场的发展过程中有重大意义。

2. 风险防范

加大监督力度，对拟在省域股权交易市场进行股权交易的中小企业进行严格的审核。严禁违规操作，加大惩罚力度，打击地下交易，同时将省域股权交易市场统一纳入监管部门的监管范围。

加强信用体系的建设，创造良好的金融环境。建立统一的开户制度，加强数据储备与信息建设，监管并控制风险。组织公正、客观、科学的信用评级机构。加强诚信理念，并充分发挥市场机制作用。在鼓励投资的同时，加强风险意识的宣传以及培训，帮助投资者更加了解相关知识，保持与维护市场的长期、稳定发展。

加强法制制度建设，规范市场运作，强化信息披露机制。根据《公司法》、《证券法》以及相关法律规定等，制定省域股权交易市场制度。同时完善省域股权交易市场地方服务机构，充分利用法律、会计、审计等社会中介机构，对公司与机构进行必要的监督，定期公告相关信息。加强行业自律，完善风险控制制度，制定严格的监管规则，维护市场秩序。建设信息披露的平台，提高信息披露的效率与及时性。

加强对主办券商的管理。在做市商制度中，主办券商既是市场运作、管理、自律的主体，同时又是市场参与的主体。券商必须尽力维护市场的公正、公平，保证交易的正常、有序进行。因此，证券监督管理机构以及证券业协会要明确券商的责任，并且实行严格的资格认可制度。

第三节　武汉股权托管交易中心建设案例

一、武汉股权托管交易中心的定位

湖北省未上市公司股权交易市场定位为中国证监会统一领导下的多层次资本市场的重要环节和有机组成部分，是湖北省区域性的场外交易市场。比如，武汉股权托管交易中心的成立旨在积极参与证券场外交易市场建设，在中国证监会统一规划和监管的市场体系中完善资本市场体系，推动企业挂牌交易，服务成长型企业和区域经济发展。其中，挂牌对象一般为“两非一高”企业，将与“新三板”和更高层级的创业板、中小板及主板实现有效对接。“两非一高”是指股权交易系统中挂牌的企业是非上市（没有在沪、深证券交易所公开发行上市）、非公众（股东人数在200人以下）、具有较高成长性的中小企业。“区域性”是指股权交易系统的地域范围是区域性的。首先，在武汉市东湖高新区内进行试点，逐步发展至“武汉1+8城市圈”，覆盖湖北全省，最后形成华中地区的区域性股权交易市场。

《首次公开发行股票并在创业板上市管理暂行办法》、《深圳股票交易所创业板股票上市规则》已陆续发布，后者已于2009年7月1日开始施行，这标志着酝酿已久的创业板市场即将开放。证券监管部门继创业板后的下一步重点工作将是“建设统一监管下的全国性证券场外交易市场体系”。另一方面，中国证券业协会也在积极探索和不断尝试“新三板”的改革，并于2009年6月12日发布了包括《证券公司代办股份转让系统中关村科技园区未上市股份有限公司股份报价转让试点办法(暂行)》在内的四项制度，这一制度已于2009年7月6日开始施行。在目前我国金融市场竞争激烈的大环境下，湖北省应当提前准备、尽早启动、打好基础、抢占先机，争取将湖北省股权交易系统纳入统一监管下的全国性证券场外交易市场体系。

二、武汉股权托管交易中心建设框架

1. 基本构成

(1)设计思路

成立流程简约、管理严格、运作规范、风险可控的武汉股权托管交易中心，搭建聚集投资、融资双向信息交流平台，提供风险投资的退出渠道，增强区内非上市公司，特别是中小企业股权流动性，促进中小企业融资能力提升，推动中小企业快速发展和武汉区域性金融中心建设，为湖北省的经济和社会发展做贡献。

(2)地域范围

首先，在武汉市东湖高新区内进行试点，逐步发展至“武汉1+8城市圈”，覆盖湖北全省，最后形成华中地区的区域性股权交易市场。

(3)交易品种

“两非一高”公司的股权，即非上市非公众高成长性股份有限公司的股权。

(4)市场组织

参与股权交易系统的市场主体主要包括市场监管机构、审核委员会、挂牌公司、登记托管结算部、保荐人、做市商、中介服务机构和合格投资者等。市场组织结构如图6-2所示：

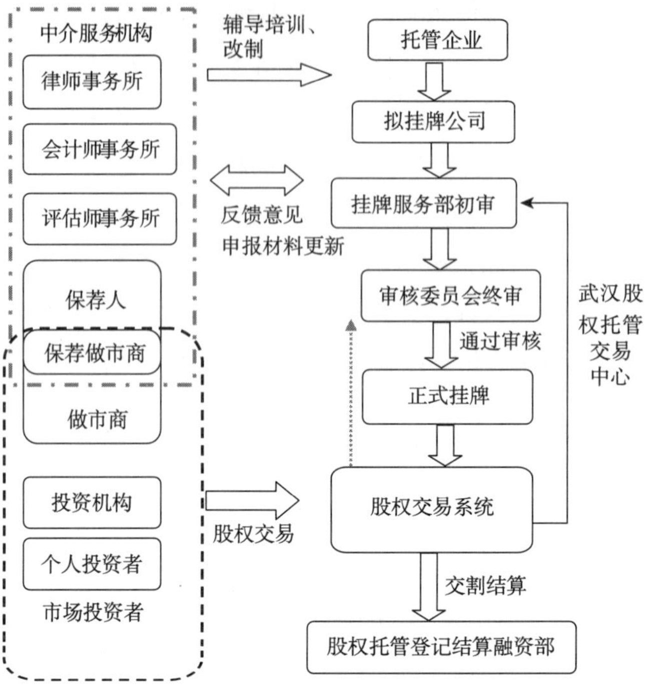

图6－2　股权交易市场组织结构

市场领导部门:湖北省人民政府金融办公室(以下简称“省政府金融办”)。

监管执行机构:武汉股权托管交易中心(以下简称“股权交易中心”)。

审核委员会:对拟在股权交易系统中挂牌的公司申报进行审核的组织。

挂牌公司:在股权交易系统中挂牌进行交易的股份有限公司。

拟挂牌公司:以在股权交易中心挂牌为目标,且挂牌准备工作有实质性进展,但尚未获得审核委员会审核通过、股权交易中心确认的公司。

股权托管登记结算融资部:挂牌公司在进入系统前须先在股权托管登记结算融资部进行全部股权的登记托管。当单个交易日结束后,股权托管登记结算融资部将集中完成对交易的过户及结算工作。交易者通过股权交易系统的账号方可进行股权交易。股权交易由场外协议完成的,亦需要通过股权托管登记结算融资部完成公司的股权变更。

做市商:是在股权交易市场上,具备一定实力和信誉的股权经营法人。他们不断地向公众投资者报出某些特定股权的买卖价格(双向报价),并在该价位上接受公众投资者的买卖要求,以其自有资金和股权与投资者进行股权交易的特许交易商。做市商通过这种不断买卖来维持市场的流动性,满足公众投资者的投资需求。相关机构需取得股权交易中心做市商资格后方可开展做市商业务。

保荐人:保荐符合相关规定的非上市公司进入股权交易系统内进行挂牌交易的机构或法人。相关机构也需取得股权交易中心保荐人资格后方可开展保荐业务。

保荐做市商:负责保荐中小企业到股权交易中心挂牌,并承担公司挂牌后在股权交易系统内进行交易的做市商。相关机构在取得做市商资格后,可直接向股权交易中心提交申请获取从事股权交易保荐业务的资格,成为保荐做市商。保荐做市商可以是高新科技园区的孵化器、创业中心,也可以是持一定数量的股且符合挂牌标准企业的创业投资基金、私募股权基金等金融机构。保荐做市商对拟挂牌公司进行尽职调查并出具进入系统的保荐书。

中介服务机构:对拟挂牌公司提供进入股权交易系统的辅导培训并和拟挂牌公司共同制作申报材料,提交股权交易中心的挂牌服务部进行初审,包括审计机构、评估机构、法律机构等。其中,审计、评估机构是指具备获得股权交易中心认可的会计师事务所、评估师事务所;法律机构是指获得股权交易中心认可的律师事务所。律师事务所对拟挂牌公司进行尽职调查并出具相关法律意见书;会计师事务所对拟挂牌公司进行审计并出具审计报告。

合格投资者:具备一定资金实力,并符合股权交易中心相关规定的法人投资者和自然人投资者。

拟挂牌公司:必须是已在股权托管登记结算融资部进行股权托管的企业。

挂牌服务部:是股权交易中心的直属部门,负责对拟挂牌公司提交的申报材料进行初审,并提出反馈意见。挂牌公司和中介服务机构按照反馈意见,对材料进行更新并重新申报。

审核委员会:由监管机构委托股权交易中心组成,对拟挂牌公司的申报进行终审,并提出审核意见。通过审核后,拟挂牌公司在股权托管登记结算融资部对进入股权交易中心的挂牌股权进行挂牌登记后,成为股权交易系统的挂牌公司,并在系统内进行股权交易。

股权交易中心的市场投资者:包括法人投资者和自然人投资者。投资者可以委托经纪商购买股权。单个交易日交易时间结束后,股权托管登记结算融资部将对当日成交的股权进行交割结算。

(5)市场运营

业务范围:提供股权交易场所;办理非上市公司的股权交易、过户、结算、交割;办理非上市股份有限公司、有限责任公司、股份合作制企业股权的托管及托管户的非交易过户、挂失、查询、分红和质押、登记咨询服务(不含中介);办理债权、投资凭证、过渡性股权的托管业务。

交易方式:非连续、非标准化的竞价交易,指按格式化、非连续、非标准化拆细的交易方式进行交易。采用无纸化的电子报价信息系统和网络技术,通过股权交易电子系统实现竞价和报价相结合的电子化网络交易。交易较为活跃的股权可选择采用离散集中竞价交易的方式进行交易,交易不活跃的股权可采用做市商双向报价的方式进行交易。股权交易系统将对单个交易日内在离散集中竞价和做市商双向报价两种模式下完成每笔交易的价格和数量等信息进行实时滚动公告,以确保交易过程的透明。

业务流程:中小企业进入股权交易中心挂牌并进行交易的整体流程如图6-3所示。

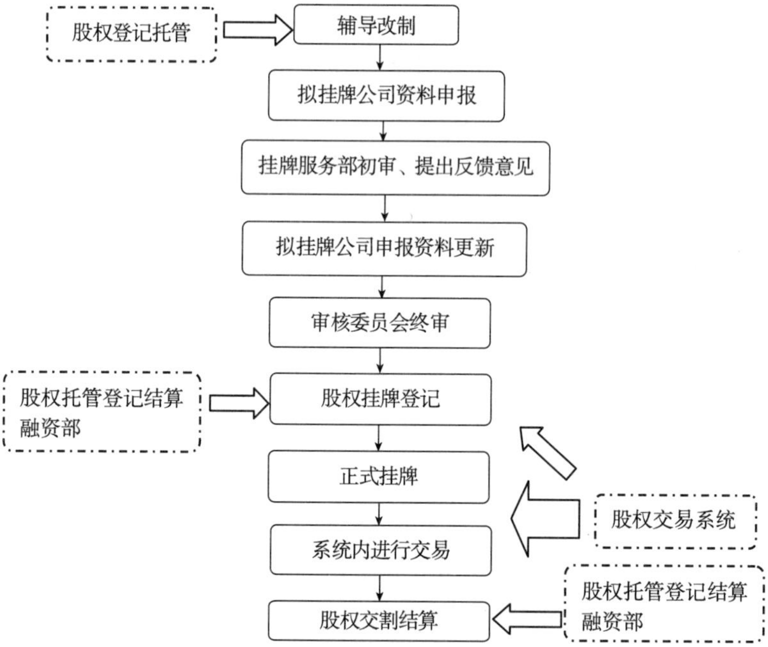

图6-3　股权托管交易中心股权交易的业务流程

2. 交易模式

(1)混合交易制度

在设计武汉股权托管交易中心交易制度的过程中,考虑到已有的经验,在结合中小企业股权交易具体情况的基础上,可以采用混合交易模式。所谓混合交易模式是指将竞价交易与做市商交易相结合。在市场交易活跃时,采取竞价交易,可以充分降低交易者的交易成本;在市场交易不活跃时,可以引入做市商,提高市场交易的活跃度。可以说,混合交易模式是一种流动性与交易成本之间的权衡取舍,它保留了两者的优点。

(2)混合交易模式的特点

混合交易模式的最大特点是保留了竞价交易与做市商交易的优点,同时尽量克服两者之间的缺陷。竞价交易的优势在于较低的交易成本,而做市商交易的优势在于能够提高市场的流动性。在市场交易活跃时,此时对交易成本降低的要求大于提高市场交易量的要求,采取竞价交易制度比较合适;在市场交易不活跃时,此时对提高市场交易量的要求大于降低交易成本的要求,采取做市商交易比较合适。如果能够对市场交易活跃度做出比较明确的判断,混合交易模式就能够在实践中顺利实现,那么这种交易模式将会相对于单一的交易模式有明显的提升。

(3)交易模式设计

由于非上市公司股权交易在我国的资本市场结构中处于较低的层级,交易股权的流动性和目前中小企业板以及创业板中进行交易的上市公司股票相比较弱。因此,结合我国中小企业的特点,在现有条件下,既能维持市场流动性又能适当降低交易成本的混合交易模式是一种适合股权交易中心采用的交易模式。

三、武汉股权托管交易中心制度设计和软件设计

1. 制度设计

(1)武汉股权托管交易中心的市场监管体系

政府相关部门负责批准股权交易中心的设立。证券监督管理部门负责监管市场各类主体执行与股权交易系统有关的法规,维护市场的规范运行。股权交易中心作为监管执行机构,主要负责对股权交易系统市场内各挂牌公司、交

易参与者等的监管,监管对象包括:监管挂牌公司;执行挂牌、挂牌后交易及结算规则;主要在机构层面向市场参与者提供服务。股权交易中心下设的审核委员会,则依照核准制,对于拟挂牌公司提交的挂牌申请进行审核。

(2)交易股权的登记、托管和结算机制

向股权交易中心提交挂牌申请的企业首先应在股权托管交易中心的企业托管库内进行公司股权的登记托管。具备进入该系统挂牌条件的企业,在提交挂牌申请并经审核委员会核准、省政府金融办批准、交易中心同意后,需在股权交易系统内进行挂牌公司股权的注册登记和托管。

每个交易日的交易时间结束后,股权交易中心将对当日的交易进行统计,股权托管登记结算融资部则根据当日交易结果按照"集中托管、分级结算"的模式对股权进行最终交割结算(如图6-4)。"集中托管"是指挂牌公司的股权集中由股权托管登记结算融资部进行托管。"分级结算"是指一般情况下,股权托管登记结算融资部对做市商内部市场的交易和做市商与投资者分别进行结算(做市商内部市场的结算级别较高)。对离散集中竞价的交易模式下进行的交易,股权托管登记结算融资部直接同参与交易的做市商和普通投资者进行一次结算。

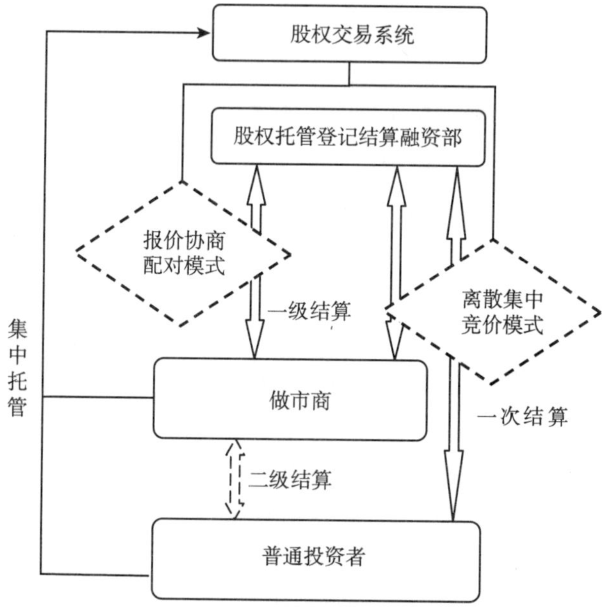

图6-4　股权交易系统的托管清算机制

股权交易中心施行“资金第三方托管”制度，即每个合格投资人须在股权交易中心指定的银行开设资金存管账户，该账户与其在股权托管登记结算融资部开设的股权托管账户绑定，单个交易日结束后，再对资金账户进行统一结算。

按照“股权先托管后交易，资金先存入后交易”的原则，股权交易系统目前暂不设置做空机制，可以实行“T+0”的交易原则和“T+1”的结算交割原则。

(3)信息披露

鉴于在股权交易中心中挂牌的多为创业初期的中小企业这一特殊性，建立起一整套有效的信息披露机制，对减少信息不对称而给投资者带来的风险，保证股权交易中心的平稳运行尤为重要。挂牌企业应披露的信息包括其进入股权交易中心的内容以外，还应涉及和挂牌企业密切相关的所有内容，如主营业务说明、交易风险提示、发展战略描述等。此外，挂牌企业必须进行信息持续披露，包括年度报告、半年度报告等定期报告和临时报告。临时报告应对重大的收购重组、关联交易、成交价格的异常波动等临时或突然发生的重大事件做出报告。信息披露的主要形式是网上披露，挂牌企业按照信息披露制度应向挂牌服务部及时提供信息披露材料，并在中心网站的指定版面进行信息披露。披露信息需要保留一定的时间，以便于投资者查阅。

股权交易中心的信息披露包括交易信息披露和其他信息披露两种。交易信息披露就是交易时间内的股权交易信息披露，如成交价格、成交数量等。其他信息披露包括挂牌信息披露和后续信息披露。挂牌信息披露是挂牌公司在进入交易系统进行挂牌交易时要进行的信息披露，如挂牌说明书。后续信息披露即挂牌公司进入股权交易系统以后，按照交易系统内信息披露管理规章制度约定的必须进行的常规信息披露，包括年报、半年报、季度报、股东大会决议、董事会决议、董事、监事、高级管理人员及核心技术人员的变动等重大事项的信息披露。

2. 软件设计

结合股权交易系统的实际情况，我们认为股权交易系统的设计应当遵循以下设计原则：

(1)安全性

系统应为股权登记、托管事务、报价事务、股权交易事务、股权结算事务和系统数据提供安全保障，不仅应防止交易过程和数据库数据中真实数据的泄密、被篡改，也应提供一定的防御机制让攻击者在得到加密数据后也无法还原为原始数据。

(2)高系统性能

考虑到交易活跃性对于股权交易系统对处理并发性和实时性的要求，系统应在性能上满足大并发量事务处理和高实时性要求。

(3)先进性和成熟性

股权交易系统应采用国际上成熟的、先进的、具有多厂商广泛支持的行业技术标准来实现，保证整体架构在未来 3 ~ 5 年内不落后。

(4)可靠性和稳定性

系统方案必须具有较高的可靠性，需选用成熟的应用技术。

(5)完备性

系统应提供完善的备份和恢复机制，保证在不可预见的原因下业务系统数据丢失时能及时恢复数据而不会影响系统正常营运，保证系统完备性。

(6)可扩展性和可维护性

系统设计应具有可扩展性和可维护性，方便将来在现有系统基础上增加新的功能、扩大交易范围（包括交易数量和交易品种）或者与其他系统进行整合，减少客户的开发维护成本。

四、风险控制和政策支持

目前股权交易中心运行中所涉及的两个最主要的风险为股东人数超过 200 人风险和做市商风险。

1. 股东人数超过 200 人风险

根据《公司法》、《证券法》的规定，非公众的股份公司的人数应为 2 ~ 200 人，即股权交易系统挂牌公司的股东数量不得超过 200 人。对于股东人数超过 200 人的风险，我们做出了以下三个方面的约束。

(1)挂牌条件约束

在管理试点办法中，我们对于挂牌公司的条件有如下约束：公司任一股东持股最小数量不低于公司总股本的 5‰，并且此条件对公司挂牌后具有持续约束性。也就是说，挂牌公司不仅要在进入股权交易系统挂牌时具备此约束条件，并且在后续的交易也不得违背此条件的约束。这个约束杜绝了股东人数超过200人的情况。

(2)交易规则约束

在交易规则中,我们做出如下约束:初始购买单位为该挂牌公司总股本的5‰,超出部分股权以一手或其整数倍交易。投资者所持有的单支挂牌公司股权不得低于其总股本的5‰,因特殊原因造成的低于5‰的,须一次性交易给做市商。

交易规则的约束是对挂牌条件约束在交易过程中的细化处理。并且在股东人数不得超过200人的约束条件下,在交易单位上对股权流动性做了最大优化,较大程度地削弱了由总股本5‰对交易流动性活跃的负面影响。

(3)股东人数预警机制

在挂牌条件约束、交易规则约束以外,股权交易系统还设计了股东人数200人预警机制,即当股东人数超过150人时,每次股东人数的增加,在系统内将发送预警提示,以提醒投资者挂牌公司的股权可能会由于股东人数接近上限而造成流动性的相关问题。

此外,股权交易系统还规定挂牌公司股东人数限制不得超过200人,若股东人数超过200人,则不能交易。此条设定在理论上规避了任何可能出现的股东人数超过200人的情况。

2. 做市商风险

对做市商风险的规避主要是通过对做市商报价的限制来实现的。对做市商报价的规定主要包括:做市商对股权进行报价应当包括交易价格和交易数量;做市商在进行离散集中竞价时,申报价格不得优于其在报价模式下的价格。

对做市商的报价限制主要包括:做市商在电子报价牌上进行股权交易报价的同时不能在做市商之间的内部交易市场上报出不同的价格,除非内部交易市场的交易价格和电子交易报价牌上的交易价格相同。

此外,股权交易中心还禁止做市商的策略性共谋行为、严禁做市商利用内幕信息进行股权交易行为、做市商不得操控市场、不得直接或间接地参与任何以欺骗或者损害投资者利益为目的的交易活动。

3. 市场监管

(1)对市场风险的监管

偏离值限制制度。该系统规定系统内挂牌企业股权的基准单位股价在单个交易日的最大价格偏离值限幅。对价格偏离值的限制能够有效地避免市场的异常波动。根据股权交易市场的实际情况，偏离值设定为前一交易日收盘价的 ±15%（或前一交易日最后一笔交易收盘价的 ±10%）。

风险准备金制度。股权交易中心的风险准备金的设立，是为维护股权交易系统内市场的正常运转而提供的财务担保和弥补因不可控因素造成的风险所带来的亏损。风险准备金按照 5% ~10% 的比例从当年交易手续费中提取，风险准备金的动用遵循相应的制度和程序。同时设立会员共同风险基金，由做市商共同交纳筹集。当做市商出现清算和违约风险时，以会员风险基金进行及时的弥补。

稽查制度。股权交易中心风险管理的各项规章制度的贯彻落实需要市场监管部门实行严格的稽查制度。一般情况下，稽查的对象主要为做市商，其次是普通投资者和其他中介机构。稽查的内容主要包括交易业务稽查、财务稽查和信息披露稽查等。

(2)对市场参与者的监管

①对交易主体的监管

为了防范价格操纵和过度投机，保持市场的平稳，应加强对股权交易系统中的交易主体的监管。对交易主体的监管主要通过以下制度来落实：

会员资格审批制度。在股权交易中心获得做市商的资格必须首先成为会员。会员资格需要满足相关制度规定的各项条件，经过股权交易中心的严格审批方可取得。成为会员后，需服从股权交易中心的监管。

做市商制度。股权交易系统中的做市商交易首先必须具备做市商资格。做市商资格由具备做市商条件的会员，向相关监管部门进行申报，并获得审批后，方可取得。

保荐人做市商制度。进入股权交易系统的挂牌公司需要两家以上保荐做市商的推荐。做市商既担任挂牌公司的保荐人，履行保荐人的责任和义务，也为挂牌公司的股权进行做市。普通的做市商需要具备股权交易中心的相关制度要求，并通过监管机构的审批，方可获得保荐资格。

大客户报告制度。大客户报告是指当做市商和普通投资者所交易的股权份额达到了系统内规定的一定数量时，交易者应向股权交易中心报告其交易的具体情况，包括交易的资金情况和头寸的持有情况等。连续交易超过系统规定的一定数量时,应向相关监管部门报告。

②对其他参与者的监管

对其他市场参与者的监管主要包括对中介服务机构的监管和对投资者及相关第三方的监管。对中介机构的监管主要集中在中介机构提供的相关报告的真实性、合规性、独立性等方面,规避由中介服务机构方面的因素导致的虚假信息传播和对于市场稳定的不利影响。对于投资者及其第三方的监管,主要是为了规避投资者和关联第三方与交易主体联合操控价格,进行内幕交易等对市场良好平稳发展造成不利影响的行为。

③其他监管措施

充分公开交易信息。股权交易中心的交易信息都将被集中充分的披露,包括交易的时间、交易的股权价格及数量及交易系统最活跃的挂牌企业等。交易信息的充分披露,有助于建立一个充分透明化的市场,有利于更好地评估市场运行的稳健程度、有效地估计和控制系统性风险。

进一步完善有关的法律体系。制定和出台一系列规范系统内股权交易的相关法律法规和相关制度、规则,为股权交易中心的监管提供法律法规的支持,进一步完善股权交易中心的监管体系,使其行使的监管行为规范、有效。

加大教育力度。加强对投资者的风险意识教育和专业培训,就中小企业股权的特点、股权交易中心的交易制度、风险承担与收益获取等内容及时、广泛地对投资者进行教育,鼓励、引导投资者利用股权交易中心进行合理的投资。同时加大对中小企业和投资者关于股权交易中心的宣传力度,定期进行风险控制的专业培训,以增强各自的风险防范意识和控制风险的能力,实现整个股权交易中心的平稳持续发展。

第七章　省域金融资产交易所建设

省域金融资产交易所是集中交易金融资产的场所，是省域金融要素市场的重要组成部分。随着我国金融的发展，金融资产的数量和种类都增长很快。为了提升金融市场的活跃性，优化金融资源的配置，金融资产交易所的建立很有必要。本章首先对金融资产交易所的基本概念和功能进行介绍，然后重点分析了交易所的运作方式和发展模式，最后以武汉金融资产交易所为例讲解了构建交易所的基本方法。

第一节　文献综述

一、交易所的定义

从早期的物物交换演变至现在的延期付款交易、预付款交易等多种交易形式，不变的是买卖双方都在寻求便捷的交易信息获取渠道、风险可控的交易方式、规范化以及标准化的合同，从而达到降低交易成本、控制交易风险的目的，交易所便在这个过程中应运而生。

交易所是一个提供包括交易品种、交易供需双方、交易价格等信息在内的信息服务平台。随着交易所经济的不断发展与成熟，经济主体对交易的多样化需求，如今的交易所功能日趋多样与完善。除提供交易信息外，还包括交易者培训服务、企业上市服务、法律援助等一系列相关配套服务。

二、交易所的运作

交易所的组织运作形式一般分为公司制和会员制两种：采用公司制的交易

所遵循股份制原则由股东出资,采用会员制的交易所由会员自愿出资组成。两者最大的区别在于前者是营利性法人团体,后者为非营利性法人团体。

顾肖荣(1999)将会员制交易所与公司制交易所的区别归纳如表7-1所示:

表7-1　交易所与公司制交易所的区别

类　型	会员制交易所	公司制交易所
性质	非营利性的事业法人	以营利为目的的公司法人
治理结构	会员大会、理事会、监事会	股东大会、董事会、监事会
交易费用	较低	较高
交易责任担保	无	有

刘黎明(2006)指出,早期的证券交易所多采用会员制是源于西方国家的行会传统。由同行业中实力较强的成员组成联盟,并制定行业标准、推行行业自律,通过吸纳会员扩大规模,最终形成独占市场的局面。邱敏欣(2007)指出,会员制交易所存在交易双方风险自担、垄断壁垒阻碍发展新会员、会员与非会员存在信息不对称等问题,因此,公司制交易所将逐渐取代会员制交易所。杨再斌(2005)列举了全球范围内交易所公司化改革的现状,并对交易所公司化改革的动因进行了分析。他认为,交易所在全球范围内的竞争加剧,会员所有权与交易权的统一、会员利益的多元化容易引起内部矛盾并严重制约了交易所的决策效率;同时,公司制交易所将更容易获得融资便利、优化投融资结构。

一部分学者从宏观角度研究了交易所从会员制到公司制模式的转变及其动因;另一部分学者则从微观角度研究某个具体交易所或同一类型交易所的特殊运作模式,例如傅新平(1998),赵华、李红乘(2004),陈路(2006)。

三、交易所的市场功能

交易所是一种二级交易市场,为所交易对象和有组织交易提供场所和设施,这种人们普遍认知和接受的观点被称之为"市场观点"。交易所的市场功能分为直接功能和派生功能两种,其中直接功能也是核心功能,表现为提供流动性。

屠光绍(2000)对交易流动性做出了定义,交易流动性就是指投资者根据市场的基本供需情况,以合理的价格迅速成交的市场能力。进一步扩展交易流动性,包括及时性要求和低成本要求,即立即生成并执行交易订单的能力和保证订单执行的低成本与合理价格的要求。Paul G. Mahoneyzai(1997)指出,“交易所作为市场和企业,销售的是一种特别的商品——流动性”。Adam C. Pretchard(2003)甚至用哲学的思维将流动性与交易所的关系表述为二者共存亡。施东辉(2001)认为,流动性是交易所生命力和证券市场经济功能的基础所在。

顾名思义,交易所的派生功能是从交易所流动性这个基本功能中衍生出来的。屠光绍(2000)将交易所的派生功能高度概括为资金筹集、价格发现、资源配置。董仪在(2001)以上海航运交易所为例,分析了网络经济对交易所功能的影响。徐信忠等人(2005)采用线性回归的计量方法和信息份额的分析方法,研究了上海期货交易所铜期货的价格发现功能。

四、交易所的特征

丁美化等(2011)将现阶段交易所的特征归纳为:交易所是市场发育的结果和发达的标志;交易所更强调规则在交易过程中的作用;现代科学技术的应用推动了交易所建设;交易所提高了商品流动效率并降低了成本;交易所突破了交易的地域限制。

第二节　理论框架

一、金融资产

金融资产在经济社会中是与实物资产相对应的一个概念,虽然起源于实物资产,但在当今社会的重要性却是不可估量。

1. 金融资产的界定与性质

(1)金融资产的定义

金融资产的界定分为广义与狭义:广义的金融资产可以用对未来现金流的合法要求权加以概括;狭义的金融资产指能够带来未来现金流收益的信用合约,是一种对资产发行者索取权益的凭证,例如股票、期权、外汇等。

(2)金融资产的性质

Frank J. Fabozzi 和 Franco Modigliani 于 1998 年在《资本市场:机构与工具》一书中指出了金融资产的十种性质,它们是货币性、可分性、可逆性、到期期限、流动性、可转换型、币种、现金流和收益的可预测性、复合型以及税收状况。

金融资产具有的特殊性质决定或影响其对不同类型投资者的吸引力,其中金融资产的最大特征是能够在市场交易中为其所有者提供即期或远期的货币收入流量,这也是构建金融资产交易所需借助的特性。

2. 金融资产的划分

金融资产的划分方法有四类,按金融资产的性质分类、按统计方法分类、按资产期限分类和按发行主体分类。其中,与构建金融资产交易所最为密切的分类是按金融资产的性质分类,因此,以下着重介绍此种分类。

金融资产的性质可按照其是否进行金融创新划分为传统型金融资产和创新型金融资产,在这两大类别之下,又可进行进一步细化。其中,传统型金融资产可看作基础工具,包括货币资产、信用资产、权益资产和外汇资产四类;创新型金融资产被看做衍生工具,包括金融期货、金融期权和金融互换三类。图 7－1反映了金融资产按照性质分类的详细划分。

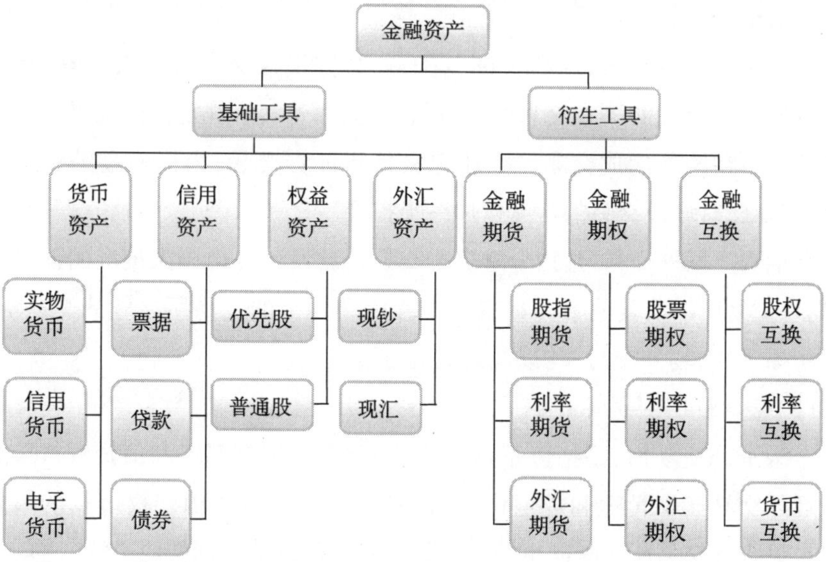

图 7－1　金融资产的划分

3. 金融资产结构演进

各类经济主体所持有的金融资产结构将随着经济发展进程，金融深化及创新而进行调整和改进，从而影响和改变经济社会宏观的金融资产机构。也正是因为金融资产的结构与经济体发展之间密不可分、举足轻重的关系，决定了其学术价值，很多学者都对金融资产结构进行过理论与实证的探究。

谢平(1992)用1978～1991年中国金融资产总量及结构的变动情况阐明了金融深化与改革对我国经济发展的深刻影响。易纲(2008)重点分析了该时段我国货币市场与资本市场的发展对金融资产结构的影响。

较上述学者对宏观金融资产所作出的研究，也有学者从微观家庭层面着手对金融资产进行了研究。阮冉冉(2009)对家庭金融资产进行了界定并提出了家庭金融资产的选择原则和影响其变动的因素。于蓉(2006)、潘旭(2008)、郭楠(2010)和张静(2011)先后对我国家庭金融资产选择行为作出了分析，王聪、张海云(2010)就中美家庭金融资产选择行为的差异进行了原因分析。

二、金融资产交易市场

1. 相关概念

(1)场外交易

场外交易(Over－the－Counter，OTC)，又称柜台交易或店头交易，指证券(上市的或非上市的)不在交易所内进行交易，而是私下规定价格或以附有其他条件的价格在场外达成交易。上述定义特指证券交易，为构建金融资产交易所，我们在此对场外交易的定义作进一步扩展。

金融资产场外交易，是指金融资产交易活动发生在由国家批准的证券交易所、期货交易所以及其他各类具有标准程序和规范的交易所之外的交易活动。下文所提及的"场外交易"均以此定义为准。

(2)金融资产交易所

金融资产交易所，是指以不良资产、金融企业国有资产和信贷资产等金融资产场外交易集中管理和规范化交易的交易场所，是我国产权市场的最新形式。金融资产交易所应时而生，是中国金融发展、改革和创新的必然产物。

在我国多层次资产市场中，金融资产交易所属于场外交易市场，是场外交易场内化的实际形态，将进一步完善我国多层次资本市场结构。

(3)交易所与场外交易

根据以上金融资产场外交易和金融资产交易所的定义，两者在交易场所、交易品种、交易过程、市场监管等方面都有异同，研究两者的区别有助于我们对金融资产交易所形成更为准确的定位。具体区别见表7-2：

表7-2　金融资产场外交易与金融资产交易所的区别

	金融资产场外交易	金融资产交易所
交易场所	无实体形态	有固定场所
交易品种	无限制	监管部门批准
交易过程	由买卖双方确定	规范化的交易过程
市场监管	除符合一般性的法律和规定外，无特殊限制	受专门的金融监管机构监管

2. 金融资产交易所功能

金融资产交易所是金融市场的一部分，因此在功能上与金融市场较为一致。具体而言，划分为以下六大功能：

第一，配置功能。金融资产交易所的设置扩大了资金供需双方解除的途径和机会，便利了金融交易、降低了融资成本、提高了融资效率，从而起到有效引导资金合理流动、提高资金配置效率的功能。

第二，定价功能。企业资产均有反映企业债务、股东权益等系列价值在内的实际内在价值，此价值并不由会计报表等可得账面数字作为定价依据，而是通过该金融资产在买卖双方相互作用的交易过程中进行“发现”并定价。

第三，降低交易成本。金融资产交易所通过提供专业的金融中介机构和咨询机构为交易双方提供相关信息，从而降低了交易双方在寻找适合交易前所耗费的信息搜寻和获取的成本。

第四，间接调控功能。金融资产交易所将作为传导中央银行政策信号的金融体系中的重要环节，通过金融资产的价格变化引导微观经济主体的行为，间接实现央行货币调控的目标。原因在于金融机构储备头寸和流动准备比率的不断提高，使得金融机构更加广泛地介入金融市场运行，导致金融资产交易所成为金融管理部门对金融市场进行调控必经的重要一环。

第五，促进金融创新。金融资产交易所建立后，必将投入大量人力进行金融创新，用以满足场外交易形式以及人们多样化的金融需求。金融资产交易所将以各种金融创新手段追求风险划分更精细的金融工具和产品，以满足不同交易者不同层次的需求和偏好。

第六，风险控制功能。发展金融市场的途径之一是构建金融资产交易所，金融资产交易所的构建能为多样化的金融资产实现风险分散和风险转移。通过为企业和个人提供多样化的金融资产、为经济主体灵活调整省域货币的保存形式提供更多选择，与此同时增强了经济主体的投资意识和风险意识。

3. 金融资产交易所的发展模式

(1)交易组织形态

从国际金融市场的发展情况来看，证券市场是整个金融市场中发展速度最快也最为成熟的。其发展历程从最初的没有固定交易场所、也没有严格的交易流程等的限制，到有专门进行证券交易的场所，并遵循标准化的合约。具体而言，随着经济主体对证券交易的需求不断增长，出现了专门经营证券交易的经纪人，业务的扩大促使经纪人的联合，进而形成证券交易所的初级形态。随着经济发展水平的提高，金融创新的进步，科技、电子与网络的进步，证券交易的形式逐渐多样化，包括做市商、指令驱动、混合机制等。

我国金融市场是从早期的计划经济直接演变而来，金融资产特别是证券的交易，在经历了较短的柜台交易时代之后，就进入了现阶段最为先进的交易模式。严格的管制以及其他种种原因导致了处于金融市场基础层面的场外交易市场发展的滞后。

(2)金融资产交易所的运作

金融资产交易所是金融市场自身发展的阶段性产物，是新的交易组织形式，其交易的对象、参与者和交易机制有别于传统的金融市场(如图7-2)。

第一，交易对象。金融资产交易所的对象可粗略分为服务于小众交易者的定制产品和服务于批量交易者的标准化产品，且定制产品可在金融资产交易所内完成向标准化产品的转化。

第二，交易参与者。金融资产交易所的参与者包括机构和个人，由于交易对象的广泛性，所以交易参与者的范围也相应较大，几乎囊括所有经济主体类型。只要是金融资产的交易者，都可以成为金融资产交易所的参与者，可在交易所内根据自身的不同需求选择定制产品或标准化产品。

第三，交易机制。金融资产交易所的交易机制是多种模式并存的机制，根据交易对象的不同而进行不同选择，定制产品主要通过交易双方协商的交易机制完成交易，规范的标准化产品主要由比较传统和操作成熟的做市商或指令驱动的机制完成交易。

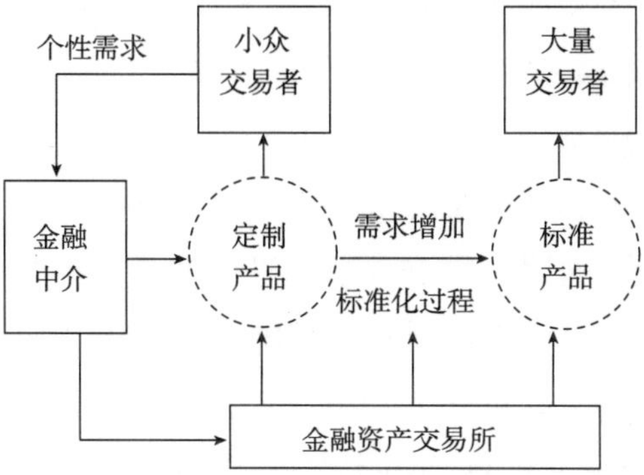

图7－2　金融资产交易所的运作

（3）金融资产交易所的经济学本质

延续经济学惯有的思想，金融资产交易所的经济学本质同样分为宏观与微观两个方面。在宏观层面，金融资产交易所是利用市场的方式解决金融资源配置问题的手段。运用市场的方式，可以更为准确地对金融资产进行定价，保障国有资产的价值，提高交易的效率，既可以减少持有人的持有成本，又为需求者提供了更多的选择。在微观层面，金融资产交易所进行的是金融资产的规范化场外交易，是一种风险控制手段。金融资产交易所是对现阶段处于场外交易的金融资产的集中管理，加大了交易的透明度，通过交易所的形式对交易过程进行规范，有效控制场外交易的信用风险和交易者因为信息不对称造成的估值偏差。

4. 金融资产产品设计

金融资产交易所在本质上是规范化的场外交易场所，这一性质决定了金融资产交易所内进行交易的金融资产产品范围十分广泛，潜在产品的广泛性对金融资产交易所来说是机会更是挑战。一方面，多元化的产品路线可以为金融资产交易所拓宽其业务范围，提高社会和经济效益；另一方面，过度开发新产品也容易使金融资产交易所陷入“多而不精”的境地，导致核心竞争力的弱化。因此，金融资产产品的选择对金融资产交易所来说至关重要。

（1）产品设计基本原理

金融资产交易所的产品设计可从开发技术角度和资产性质两类进行区分，

其中按产品开发技术角度可分为传统型和创新型两类,从资产性质可分为货币、股权和债券三类。金融资产交易所进行产品设计时应兼顾上述两类设计原则,从技术和性质两个维度出发,设计更完善的交易产品。

从技术的维度,开发产品所采用的技术不同,是一种从易到难的过程,开发产品所面对的市场不同,是一种从少到多的过程。

(2)产品设计的原则

金融资产交易所产品设计需要遵循市场、技术和政策三大原则:

第一,市场原则。金融资产交易所在进行产品设计时应首先考虑市场原则,根据交易所所在的市场规模预测交易量,并以此控制开发和推广产品的成本;考察潜在的交易者数量和类型,以此决定各类产品的设计比重;考察当前金融资产交易所的既有交易机制,并在其基础上寻找更优的交易方式。

第二,技术原则。金融资产交易所在进行产品设计时应遵循技术原则,需要考量设计的产品是否够能找到对应的现金流重组方式、产品定价是否合理、风险水平是否可控等技术因素。

第三,合规原则。金融资产交易所开发的产品必须符合国家有关管理机构的政策规定,保证交易所提供的产品的合法合规性。

第三节　当前省域金融资产交易所特点研究

一、天津金融资产交易所特点

第一,网点多、覆盖面广。天津金融资产交易所在全国范围内设立了 3 个地区总部、28 个交易服务部(包含香港地区),网点众多且覆盖面积广,覆盖了除西藏自治区以外的省市;其投资者会员包括约 1.1 万家金融机构以及拍卖、评估、法律、咨询、经纪等中介机构,现有 100 名交易业务员。天津金融资产交易所拥有异地同台多产品的网络交易平台,该网络交易平台能很好地服务天津金融资产交易所的各分支机构。

第二,网络化交易与结算。天津金融资产交易所的发展依托其网络交易系统和资金结算系统,其中网络系统包括交易挂牌系统、受让登记系统、项目营销系统、项目公告系统、远程竞价系统、会员服务系统。所有交易采取网络交易的形式，主要交易模式有公开竞价、协议转让以及其他专项制订的方案。

二、北京金融资产交易所特点

第一，市场资质优良。北金所的市场资源丰富、资质优良，北金所是我国财政部制定的金融类国有资金交易平台，是中国银行间市场交易上协会制定的交易平台。

第二，产品种类丰富。北交所产品种类丰富，业务范围涵盖广，包括：金融企业国有资产交易、信贷资产交易、地方商业银行股权交易、信托产品交易、债权投资交易、债券产品交易、私募股权交易、保险资产交易、中小企业信托贷款和受益权交易等。北金所除了产品种类多样化之外，还提供与交易相关的其他服务，包括为各类金融资产提供从登记、交易到结算的全程式服务。

三、重庆金融资产交易所特点

第一，服务小微企业。重庆交易所最大的特色是响应国家号召，为中小企业和中小投资者服务。该交易所为支持中小企业和中小投资者，解决中小企业乃至微型企业的发展问题，首批上线的产品总价值 1.1 亿元，包括价值 1 亿元的小额贷款公司资产收益权凭证和价值 1000 万元的信贷资产。

第二，注重产品创新。除了信贷资产交易和租赁资产交易，该交易所还提供小额贷款交易和应收账款交易等特色产品。

第四节　武汉金融资产交易所建设方案

一、武汉金融资金交易所的定位

武汉金融资产交易所是定位在产品来源于中部地区，交易者来自全国，具有“一个平台、多个板块”的全国性金融资产交易所，是现有场外交易的规范化交易场所，以减少信息不对称和降低交易风险为主要手段，打造以创新能力和定价能力为核心竞争力的中部金融中心核心品牌。

现天津金融资产交易所已经在全国各地建立分支机构,力图推出一个全国性的联网交易平台。武金所设立的目标并非和天金所进行重叠业务的竞争,而是立足于中部地区,抓住中部崛起过程中的金融发展机会,通过提供特色性的金融资产交易业务与其他金融资产交易所有所区别。最终成为特殊金融资产交易的全国性交易平台,提供相关交资产的权威价格指数。

二、武汉金融资产交易所的任务和功能

1. 集聚金融信息资源

建设武汉金融资产交易所,可以为有资产交易需求的交易者提供信息汇总、信息咨询的便利平台。在经济信息化的发展趋势下,信息在交易竞争中扮演着不可忽视的角色,体现出越来越重要的功能。武汉金融资产交易所通过建立相应的信息服务系统,为交易者提供信息咨询服务,同时也提供了金融信息发布的及时通道,从而使得金融资产交易的各类信息在此进行汇总,达到信息集聚的效果,为交易提供了充足的金融信息资源。

2. 推动金融资源流转

建设武汉金融资产交易所,是以规范金融资产交易渠道来保障资产交易顺利进行的重要举措。在过去金融类国有资产交易不进行公开交易时期,对交易渠道的发展需求较低,金融资源的流转主要通过政府层面的宏观政策调控方式进行。随着金融类国有资产的市场化交易逐步放开和公开化交易的逐步推进,金融资源流转平台的搭建显得格外重要。武汉金融资产交易所的建设,无疑为金融资源的交易提供了集中、公开的场所,通过规范金融资产交易的行为、控制资产价格过高波动,保障了金融资源的顺利流转。

3. 发现金融资产价格

建设武汉金融资产交易所,能通过交易所的产品出清达到一种均衡状态,从而决定金融资产的价格。一般商品的价格是买卖双方相互竞争得到的均衡结果,金融资产价格作为市场均衡的副产品,是对宏观经济变量风险暴露的测度。交易会员在不确定的交易环境下决定交易策略,交易所通过汇总各个会员的单个行为产生总量需求,进而决定金融资产的总量均衡和价格均衡。最终,交易所通过掌控金融资产的价格来对其进行相应的供需管理与交易行为的规

范,及时对市场的交易行为作出反应。

4. 规范金融资产交易

建设武汉金融资产交易所,是以规范交易来控制场外交易金融风险的手段。次贷危机的爆发,从某种程度上讲,是美国场外交易市场的监管不力和金融创新过程的道德缺失所致。金融资产的场外交易是金融创新最为活跃的领域,同时也是监管和限制最少的领域。加强对场外交易的管理是防范金融风险的重要环节,而金融资产交易所,作为对金融资产场外交易的集中管理场所,理所当然要承担对金融资产的价值评估、交易者的资信水平认证以及保证交易流程科学与安全的责任。换句话说,金融资产交易所的存在是对场外交易的规范,通过对交易品种和过程制定相应的标准,达到对金融资产场外交易进行风险控制的目的,而建设金融资产交易所是一种将分散的、缺乏监管的场外交易,统一到指定场所集中发布信息和实施监管的过程。在我国场外交易发展初期就进行规范化管理,是对次贷危机经验教训的总结,也符合场外交易组织形式的发展趋势。

5. 优化金融资源配置

建设武汉金融资产交易所,是以市场形式来推动金融资产进行优化配置的手段。金融资产交易过程在本质上,是金融资源在社会范围内进行分配的过程。一方面,金融市场是金融资源价格形成的重要途径。就占金融资产交易比重最大的不良资产而言,在没有市场的情况下,信息不对称和交易效率低下,国有金融资产不能实现其真正的价值,导致大量优质资产被贱卖、流失严重。另一方面,金融市场也是金融资源高效流转的重要形式。目前,存在大量具有交易需求但缺乏交易途径的金融资源,如商业票据、企业应收账款等。在现代经济生活中,资金流转是企业生存的重要保障,金融资产的高效流转是企业流动性保障的重要环节,市场可以形成金融资产高效流转的平台,促进金融资源快速进入最为需要的环节,优化社会整体的金融资产配置。

6. 形成区域金融中心

建设武汉金融资产交易所,是建设武汉区域金融中心的重要一环。金融服务手段的创新,电子信息技术在金融领域的运用,努力构建完善的金融服务体系,对于区域金融中心的形成起着至关重要的作用。区域金融中心的建设要求有多层次的融资体系，差异化的投融资平台，稳健持续的金融发展环境。近年来，湖北省在建设区域金融中心的过程中，先后建立了联合产权交易所、环境资源交易所、知识产权交易所、股权托管交易中心、农畜产品交易所等各类交易场所，武汉金融资产交易所的建设对完善武汉区域金融中心发挥着补充促进的作用。

7. 促进区域经济发展

建设武汉金融资产交易所，推动武汉区域金融中心的形成，可以在中部崛起和武汉城市圈的建设中，充分发挥金融先导作用，促进地区经济建设的资源合理配置，推动湖北及整个中部地区的经济发展。武汉区域金融中心的完善，一方面整体发展环境的改善，有利于吸引全国性、国际性金融机构的入驻，提高武汉金融业的多元化和差异化，增加行业竞争的同时，优化了金融体系结构，顺应金融业市场化改革的推进；另一方面规模化效应有利于降低融资成本，提高融资效率，扩大金融规模，有助于为湖北产业发展筹集资金，加快新型工业化道路的建设步伐。

三、武汉金融资产交易所整体构架

1. 市场结构

武汉金融资产交易所（以下简称“武金所”）坚持国有全资，并由武汉经济发展投资（集团）有限公司作为主发起人发起设立。同时，由于金融资产交易的特殊性，为确保金融市场、金融监管效率和金融资产安全，武汉金融资产交易所应为湖北省政府批准的、独立设立的、专业的金融资产交易所。

2. 参与主体

第一，交易所股东。交易所股东由武汉经济发展投资（集团）有限公司（30%）、中国东方资产管理公司（15%）、中国信达资产管理公司（15%）、湖北省联合发展投资有限公司（15%）、武汉市国有资产经营公司（15%）以及机动股份（10%）组成。

第二，做市商。在交易市场上，具备一定实力和信誉的股权经营法人不断地向公众交易商报出某些特定的买卖价格（双向报价），并在该价位上接受公众投资者的买卖要求，以其自有头寸与投资者进行交易的特许交易商。做市商通过这种不断买卖来维持市场的流动性,满足公众投资者的投资需求。

第三,经纪人。由银行或其他中介派驻代表进入交易所,负责场外业务询价、协调、撮合交易等,或由交易所专设职能部门负责上述业务。

第四,交易主体。交易主体主要包括四大国有资产管理公司、银行、企业等,在后续发展中,若有条件和必要,可允许个人交易者入场交易。

第五,监管主体。武汉金融资产交易所直接由湖北省金融办负责监管。由省金融办牵头,联合“一行三局”、省和武汉市有关部门和部分专家学者共同成立“金融要素市场风险控制委员会”,对业务进行合规性管理,并给予政策支持。

第六,服务机构。服务机构主要包括结算银行、会计及审计机构、资产评估公司、信息服务公司等,处理包括交易结算、审计、资产评估、信息发布等业务。

3. 组织架构

在机构组织形式上,武汉金融资产交易所将依照《公司法》等法律法规,采用目前国际上较为先进的公司制法人治理结构。建立股东大会、董事会、监事会以及相关委员会。董事长由董事会选举产生;总裁由董事会任命,负责公司日常工作;监事会由股东大会选举的监事和公司员工代表选举的监事组成,履行监督职能。金交所设置的各部门职责如下:

会员部:负责交易所会员的申请资格信息审核、注册登记,以及会员的发展、协调和管理。

交易管理部:负责对交易所内产品交易进行管理,包括交易产品的分类,交易流程的优化,交易双方的组织以及产品交割和资金结算的顺利运行,保证交易的顺利进行。

业务发展部:负责传统金融资产(不良金融资产、金融企业国有资产、信贷资产、信托资产等)业务和金融创新产品(小额贷款、应收账款、票据、租赁资产及相关衍生产品等)的设计、营销和拓展。

风险控制部:负责交易项目的合法合规性、操作流程、产品和交易者的审核监管,控制交易所的内部风险,处理交易所对外法律事务。

财务结算部:负责交易所内部日常会计财务管理、经营计划制订、考核等工作。

战略研发部:负责相关政策的研究,传统金融资产交易项目和金融创新产品交易项目的开发。

人力资源部：负责交易所人力资源管理与开发。

综合管理部：负责交易所日常办公、文秘、协调、外事、行政事务、新闻发布、制度建设等综合性管理工作。

信息技术部：负责搜集、整理、分析、发布银行、保险、基金、信托等金融机构的相关信息，并逐步实现与银行、保险等金融机构系统的对接，负责交易项目的数据、信息的统计分析、交易买卖双方交易意向信息发布，交易系统的开发、设计、维护和日常管理。

4. 合作机构

（1）金融资产管理公司

武金所可以与相关金融资产管理公司在开发合作客户、完善交易设施、提高服务能力、扩大交易量等方面建立合作关系，开展投资转让、信托产品交易、资产经营业务、委托代理、金融及非金融租赁业务、剩余不良资产交易处置和收购银行不良资产等业务合作，加强创新业务研究和业务品种对接及推介，实现双方互利共赢。通过与这些金融资产管理公司的合作，可以迅速拓展武金所的业务面，提升市场影响和知名度。

（2）相关行业协会

第一，中国企业联合会（中国企业家协会）。

通过与中国企联在信息共享、产品研发等方面的合作，一方面顺应中国企联为中国企业界提供经营管理服务的目标；另一方面也为提升武金所在中国企业界的影响力、公信力带来有利影响，有助于提高武金所的市场竞争力。武金所与中国企业联合会建立合作关系，根据中国企联的相关信息和产品研究合作，可以为广大的企业提供适合它们的资产交易产品，提供更加方便的交易平台。

第二，中国企业国有产权交易机构协会。

中国企业国有产权交易机构协会对国有产权交易的政策和业务需求有着较高的研究水平和行业影响力，通过与其在有关企业国有产权交易理论学术研究和业务开发等工作方面开展合作，可以有力促进武金所在国有资产交易品种和业务方面取得成效，开发具有市场吸引力和竞争力的国有产权交易产品，从而扩大武金所的国有资产交易市场。

第三,律师协会。

武金所需要与律师协会或者知名律师事务所建立合作关系,利用律师协会的法律方面的优势,提升武金所交易规范性、公正性、公平性的影响力,同时也通过相关律师事务所的引入,为客户提供有关的法律事务咨询和纠纷解决处理机制。

(3)银行类金融机构

第一,股份制商业银行。

股份制商业银行资产规模较大,资金实力雄厚,拥有较好的风险管理机制、资产质量鉴定评估和信用评级能力,在资金结算、运营管理方面具有较大的相对优势。武金所可以与相关股份制商业银行进行合作,引入股份制商业银行作为武金所的资金结算银行,开展资金托管、交易资产审核等方面的合作,发挥商业银行的资金管理优势,为会员资金提供高效、安全的服务。通过建立公平、公正、公开的交易机制和提供安全的资金结转、清算、托管保障,提升武金所市场公信力。同时,武金所与股份制商业银行的合作也为其中间业务、表外业务的开展提供了不良资产处置和转让的渠道,为其相关信贷业务、票据业务等提供交易平台,促进股份制商业银行的资产有效流动。

第二,城市商业银行。

武金所可以建立与城商行的合作关系,为其提供与不良资产处置服务市场交易平台之间的高速、快捷的互动平台,促进城商行的资产优化、市场配置及有效流动机制。武金所通过与这类银行建立合作关系,开展资金托管、信贷信托资产、租赁产权益、票据等方面的合作,共同促进湖北省经济发展,为武汉金融创新做出应有的贡献。

(4)金融投资控股(管理)公司

武金所与有关的金融投资控股(管理)公司建立长期合作关系,实现资源共享、优势互补,可以为武金所的业务拓展提供有力保证,在促进武汉金融中心建设中发挥作用。随着规模的扩大,业务发展的增加,许多的产业集团都向着金融投资控股方向扩展,通过开展投资银行、金融租赁、保险、信托、银行、证券、期货、产业基金、融资担保、保理、小额贷款等传统及创新金融业务,增强集团的业务多元化,提供集团风险管理。投资管理公司通过多元金融工具组合创新,为客户提供综合金融解决方案,在此过程中需要利用好相关产品交易市场。

(5)其他金融交易所

武金所在建立发展的过程中,还应当建立与其他金融资产交易所(如北京金融资产交易所、天津金融资产交易所、重庆金融资产交易所、武汉产权交易所等)的合作发展关系,避免因为恶性竞争造成各方的发展受到限制,影响我国整个金融资产交易市场的秩序稳定。武金所可以和其他同类交易所之间在产品研发方面开展合作,共同开发相关金融资产交易项目,促进金融资产交易项目朝着市场标准化的方向发展。同时,武金所与其他同类交易所之间还应当建立相关的战略合作关系,发挥优势、相互促进。

四、武汉金融资产交易所业务发展规划

1. 主要业务产品

武汉金融资产交易所建立之后根据湖北省区域经济发展特点和武金所自身发展方向,可以选择合理的业务产品发展规划和发展定位,可将主要业务板块分为传统金融资产交易、创新交易产品和金融信息咨询服务三大类。按照产品属性,可将主要的发展产品分为四类:

一是现阶段可开展的且原本就具有活跃的场外交易的产品,包括不良资产、金融国有资产、商业票据等。

二是金融机构的资产,包括银行信贷资产、信托及保险资产、阳光私募股权、企业股权转让、信托资产、保险资产等,其他私募股权在达到交易所规定的标准后也可引入。

三是企业及个人的资产,包括非金融机构企业应收账款、财务公司资产等金融资产业务。

四是纪念收藏品、邮票等具有金融属性的交易对象。

从理论上讲,只要具有场外交易的金融资产均可进入交易所进行交易。在符合国家法律条文规定的基础上,金融资产可以进行挂牌转让交易。现阶段资产标准化受到限制,但是可以从基础层面着手准备,采用非标准化的交易方式交易,但以标准化交易作为发展的方向进行平台设置(如图7-3)。

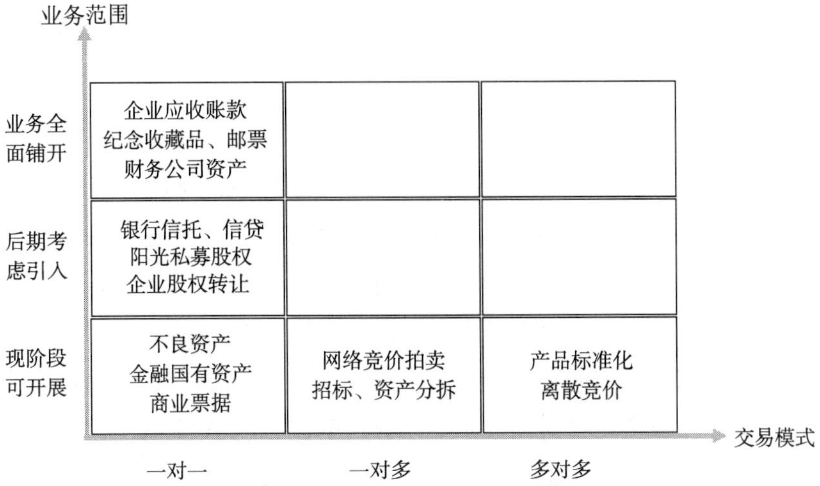

图 7－3　武汉金融资产交易所发展战略示意图

2. 业务发展步骤

武汉金融资产交易所的未来发展可分为三个阶段：

第一阶段（起步阶段），以不良资产、金融国有资产、商业票据等业务为主要业务。其中，不良资产及国有资产是各个金融资产交易所的基础业务，提供包括交易信息发布、资产评估、保证金交易等其他协议交易模式。一方面，现在市场上该类资产的交易额较小；另一方面，最终该类交易会在一个全国性的交易中心进行交易，不会一直处于各地分割的局面。但是在武金所的第一阶段，应该引入这类基础的金融资产交易，将特色业务重心放置在票据交易业务之上，同时在国内宏观金融政策和相关法律法规的指导下，尝试小额贷款类的创新业务交易。早在 2008 年，中国人民银行武汉分行就提出有计划在武汉组建票据交易所，加快推动湖北省票据市场发展，争取为解决中小企业融资难的问题提供新的渠道。武汉作为一个经济基础坚实，社会信用环境良好，金融机构开展票据业务经验丰富，并且票据市场的发展也具有一定规模的城市，非常适宜建立区域性票据交易中心。票据中心建立的重点包括将银行间的业务吸引进入交易所和将民间的票据交易吸引进入交易所两个方面。前者由于产品更加标准且符合法律规定，因此更易操作，将被作为票据交易开拓的第一步。现在，武汉同城银行间票据（如支票、汇票等）清算都要通过中间机构交换进行，每天要集中交换两次，涉及资金大约 50 亿。除了清算作用，该交换还涉及银行间票据的交易。而银行要为这些中介公司支付不少的酬金并且可能由于人为问题无法保障交易的按时完成。日本于2001年通过“电子商业票据法”,并切实实施票据交易电子化,目前已经取得成效。我国的“票据交易网”其实就是电子化初期阶段的一个表现。票据交易市场的建立很有前景,票据交易作为特色性的业务,应被武金所重点发展。在进行主要业务产品的交易过程中,还应当完成对金融信息咨询服务平台基本框架、要素、功能的搭建工作,并同时积极开展信贷资产、信托资产、应收账款、保险产品等业务的探索研究。

第二阶段(发展阶段),巩固前一阶段的业务发展,进一步推进业务规模的增长,与此同时引入包括银行信贷资产、信托及保险资产、阳光私募股权、企业股权转让等金融资产业务,对部分成熟的产品引入规范化、标准化的多对多交易模式。在第一阶段的基础上,武金所将有一定交易量以及特色项目,在此基础上把银行信贷作为支撑及进一步发展的推动力,并引入可以标准化的股权转让业务,开展多对多的交易系统,进一步拓宽交易系统的覆盖范围。此阶段将票据交易等特色项目深入拓展,并在规范化的前提下,考虑建立该产品的全国性交易平台。此外,进一步完善信息咨询服务平台和其他软、硬件设施的建设,积极探索其他诸如碳排放、金融信息咨询等创新产品业务。

第三阶段(成熟阶段),进一步拓宽业务范围,引入包括企业应收账款、财务公司资产等金融资产业务,逐步形成金融产品、金融信息、交易技术、风险控制等相对完善稳定的运营体系。该阶段的重点是深化特色业务部分并拓宽业务品种。此类交易业务大多具有商业信用背景,不太易于标准化。但是,作为金融资产的重点,此类业务也是各个企业最急需的,将有利于切实满足中部地区金融资产交易市场的需求,并为武金所的进一步发展提供支持。在武金所运营体系不断完善的同时,考虑引入纪念收藏品、邮票等具有金融属性的交易对象。该阶段为交易系统的深入发展阶段,引入该类金融资产可以丰富交易所的业务。

除已上线产品外,不同发展阶段可供参考的金融资产产品列表如表7-3所示:

表 7－3　待开发产品参考列表

阶段	品种	开发要点
第一阶段 （1～2年）	商业票据	1. 创新交易方式，打开银行间市场渠道 2. 推动企业票据业务，帮助其绕开银行等中介
	信托资产收益权	1. 银行有意自己开展类信托业务 2. 成为信托公司新的业务渠道，与银行竞争
	小额贷款	1. 引入高质量小额贷款/担保公司为会员 2. 在中、小、微企业中推广
	融资平台资产/债权	1. 融资平台自有金融资产份额大，有市场前景 2. 银行等地方融资平台的债权人有转让意愿 3. 风险难以控制，暂时以发布信息为主
第二阶段 （3～5年）	大额可转让定期存单	1. 利率市场化进程中的主打产品 2. 交易方式可包括发行、转让和回购等
	贷款担保	1. 开发定额担保产品，即对固定金额提供担保 2. 提供多种定额产品，可组合，可不完全担保 3. 交易模式与定价是产品开发的难点
	存款保险	由于存款保险的特殊性，以国家政策为准，但可提前进行研究作为产品库储备
第三阶段 （6～10年）	产品标准化	1. 对已有成熟产品进行标准化处理，提高交易所交易量，使交易所进入盈利阶段 2. 适时推出符合该阶段实际情况的新产品，不断扩大产品种类

五、武金所的托管结算

武汉金融资产交易所在金融资产交易过程中，实行资产及资金第三方托管结算，资产由专业资产托管会员机构负责托管及交割，并由专业清算会员机构负责托管及结算。根据交易流程，具体托管结算的基本流程见图 7－4。

在金融资产交易的过程中，托管、交易、结算是三个独立的环节，分别对应资产托管中心、交易所、结算会员机构。

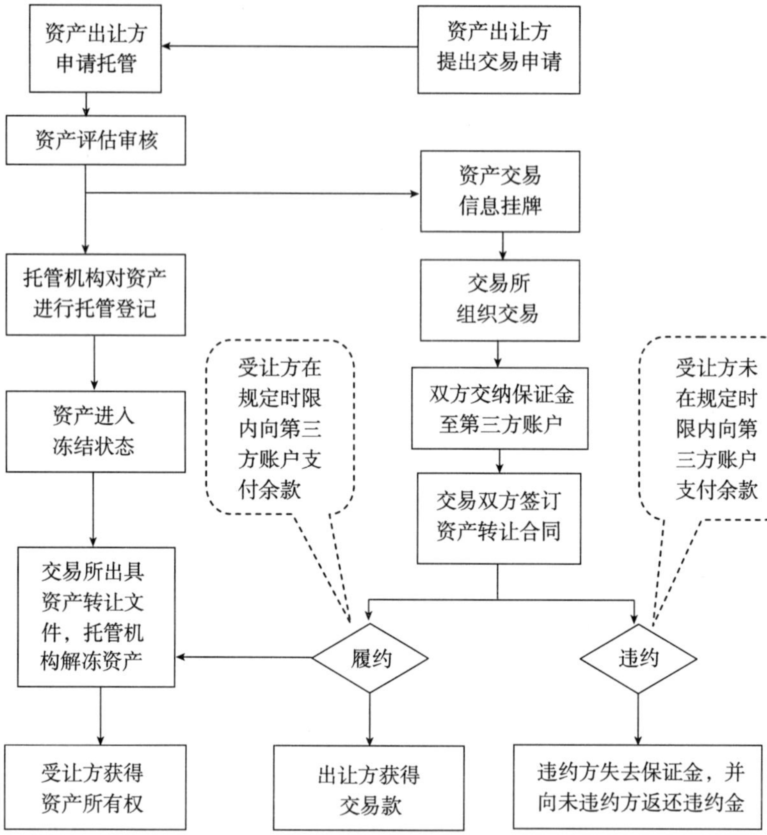

图 7－4　托管结算流程图

1. 资产托管中心

资产托管中心可考虑由交易所牵头，联合具有高资信水平的企业或部门共同成立，形成独立运行的第三方机构。资产托管中心采用股份制公司的模式，为在交易所内进行交易的金融资产提供评估、审核、托管等服务，以相关服务的费用来维持日常运作。

(1)组织结构

资产托管中心是独立于交易所的第三方机构，为交易所进行交易的资产提供托管及相应服务，资产托管中心自身的资信水平是决定交易者是否愿意将资产进行托管的重要因素。因此，在组织结构的选择上应注意以下几点：

第一，以金融资产交易所为主要发起人。一方面，资产托管中心在本质上是金融资产交易环节中的风控手段，脱离了金融资产交易，托管中心将失去存在的基础。另一方面，资产托管中心作为第三方，若发生管理混乱、资产遗失甚至违法犯罪行为，将直接影响到交易所的声誉及公信力。因此，金融资产交易所与资产托管中心在股权结构上应具有密切的联系。

第二，引入具有高资信水平的合作机构。这里所指高资信水平是指企业具有雄厚经济实力，并在市场上有较高声望与信誉。在考虑成立资产托管中心时，有国资背景的企业与银行、专业股权托管登记公司和涉及国资管理的相关政府部门均在可选范围之列。引入具有高资信水平合作机构的主要作用是共担风险和为交易所提供保障。

(2)基本服务

资产托管中心提供的服务主要包括以下内容：

第一，资产评估。对申请托管的金融资产进行基本信息收集，评估金融资产的经济价值、合法性，并做出评估报告。

第二，资产审核登记。对拟在交易所挂牌交易的金融资产进行审核，在通过审核后根据评估报告及出让人申请表进行登记。

第三，资产托管。在完成登记后，资产托管中心对金融资产及相关法律文件进行托管，同时让资产进入冻结期。

第四，资产交割。在受让方出具交易合同，交易所出具资产转让文件之后，资产托管中心将资产解冻，并划转给受让方。

2. 资金结算会员机构

资金结算(清算)工作由第三方结算会员机构完成，以银行为主。资金结算的主要流程如下：

第一步，交易双方需在结算银行开立专门的金融资产交易账户。

第二步，参与交易各方需通过各自的交易账户向指定的保证金账户划转保证金。

第三步，在交易合同签订之后，达成转让协议的交易双方保证金保留，其他参与者的保证金直接返还。

第四步，在规定时限内，资产受让方应将剩余交易款项划转至保证金账户，此为履约；未能在规定时限内划转足额资金，则被视为违约。履约情况，保证金账户将足额交易款划转至资产出让方账户；违约情况，违约方(由于金融资产已被冻结,资产出让方不存在违约可能,资产受让方是唯一潜在违约方)将失去保证金,资产出让方获得所有保证金。

六、金融资产交易所风险控制

1. 全面风险管理措施

金融资产交易所作为交易的服务者并不参与交易,所面临的风险同参与者有较大的不同。金融资产交易所面临的风险主要包括金融资产交易过程中由交易行为引起的风险,本节将从金融资产交易所的风险来源、风险传导、风险管理等方面对金融资产交易所的风险进行研究。

(1)风险范围界定

金融资产交易所的风险特指交易所在信息发布、组织交易、服务交易、清算交割等交易过程中,由交易行为引起的风险。

在金融资产交易所内,一般性的金融资产交易流程如图7－5:

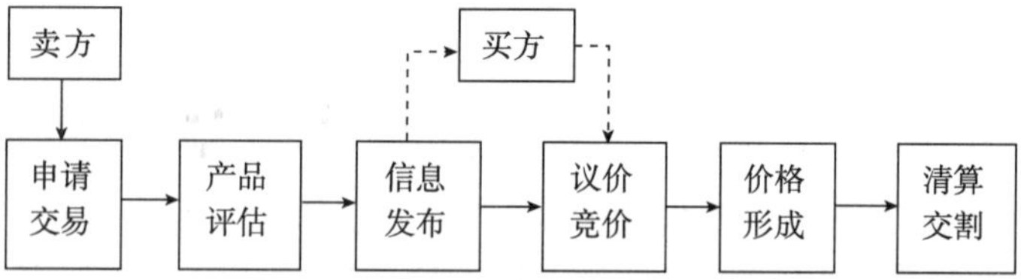

图7－5　交易流程示意图

金融资产的卖方产生卖出需求后,向交易所申请交易,交易所对金融产品的合规性进行评估,再由交易所将交易信息在交易平台中进行发布;买方在接收到信息之后,有交易需求的交易者参与议价或竞价过程,形成最终的交易价格;价格形成之后,交易所将通过第三方的资金和资产管理方完成清算与交割。

(2)风险来源

金融资产交易所的风险主要来源于交易者、交易产品、交易机制和交易所内部四个方面。

第一,交易者。交易者的资质及其交易行为是交易所面临的主要风险。一方面,交易者是否有足够的经济能力完成交易和承受价格的波动,不至于引起合同签订后出现违约行为;另一方面,交易者是否基于诚信原则,发布真实资产信息,交易者是否属于恶意交易,对金融资产价格进行非法的操作从中获利。以上都是交易所风险的重点。

第二,交易产品。交易产品的真实性、产品代表的实物资产的真实性都属于交易产品可能带来的风险范畴。交易产品的风险本质上是产品所有者的信用风险,所有者是否对交易产品信息和价值提供完整而真实的信息会影响到产品的价格和买方的利益。

第三,交易机制。交易机制的合理性、完善性、高效性是交易所关注的重点,由于自身交易机制的不合理可能引发交易效率的降低,从而引发交易的错误,给交易者带来损失。

第四,交易所内部。交易所内部管理也是交易所风险来源的重点,通常情况下,交易所都会对外界引发的风险给予足够的重视。但是,内部人员的违规行为同样会给交易所带来损失。

(3)风险传导途径

上述风险来源对交易所的风险传递过程,具体如图 7－6 所示:

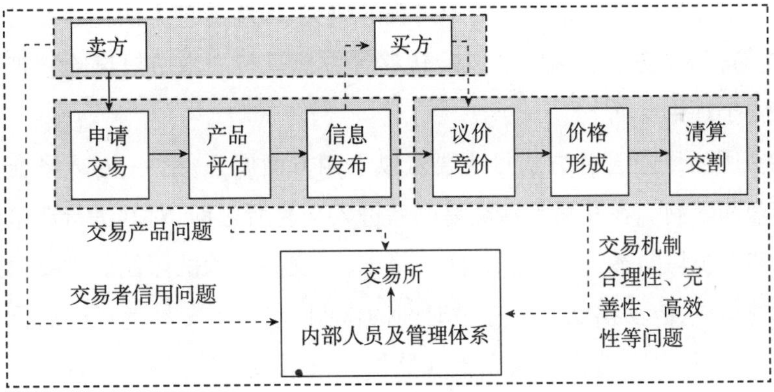

图 7－6　交易所风险传递示意图

风险来源对交易所的影响大致可以分为公信力损失和经济损失两大类。所谓公信力损失是指交易所在交易者和监管机构心目中的地位下降,造成交易所在市场份额、交易量以及定价权等方面的损失。所谓经济损失是指由于风险事件的发生给交易所股东造成的利润的减少和资本金的亏损,交易本身和公信力下降都会引起经济损失。

各类风险来源对交易所的影响如表 7－4 所示:

表 7-4　风险来源对交易所的影响

风险来源	直接影响	间接影响
交易者	公信力损失	经济损失
交易产品	公信力损失	经济损失
交易机制	公信力损失	经济损失
交易所内部	公信力损失、经济损失	经济损失

交易者的资质问题和不当行为,反映的是交易所对入场交易的交易者的审查和管理不到位;交易产品问题,反映的是交易所对入场产品的评估能力不足;交易机制的不合理、缺失与低效,反映的是交易所对交易过程管理的欠缺。这些问题都会降低交易所的公信力,进而引起市场份额和交易量的下降,造成手续费等收入的损失。交易所内部人员的不当行为和管理体系的混乱,不仅会造成交易所运行不畅,还可能引发资本金的亏损。

(4)风险管理方法

基于对交易所风险来源和传递过程的研究,风险管理方法主要是针对入场过程、交易行为、交易机制以及风险转移等方面进行。本节对风险管理方法的研究仅限于理论层面。

交易所的风险管理方法可主要从以下四方面展开,第一,对入场交易和产品的管理和限制。在交易者和交易产品进入交易所之前,对其进行严格的审查是规避和减少风险最为直接的方法。第二,对交易行为的限制。主要通过对交易价格的形成、波动幅度以及交易时间的限制,来控制交易者对产品价格的恶意炒作。第三,对交易机制的完善和监控。根据不同的交易产品设计合理的、高效的交易机制,通过加强对市场的监控,制定符合实际交易情况的交易机制来规避由此引发的风险。第四,风险转移。通过引入第三方机构,建立严格的制度对资金、资产实现第三方托管、清算、交割等,在交易所内只完成交易信息的发布和价格形成过程,可有效地避免资金和资产的遗失等问题。

2. 风险控制

风险控制的对象特指金融资产交易所的风险,风险主要来源于交易者,风险控制的重点在于约束交易行为,实现场外交易的规范化。交易所通常采取入场限制、交易行为限制、交易机制限制的方式控制风险。

(1)入场限制

入场限制主要采取会员制的管理体系,是对入场交易者和入场产品的资质评估过程,通过制定标准,筛选合格的交易和交易产品。会员分为以下两类:

一类是合作会员,主要是由自身从事交易业务和接受委托在武汉金融资产交易所从事金融资产经纪业务的法人或其他经济组织构成,包括金融机构和非金融类的企事业单位。非会员投资者若想在交易所买卖金融资产,必须通过经纪会员。

另一类是服务会员,主要是指具备相关的专业资质,在武汉金融资产交易所为金融资产交易活动提供招投标、审计、评估、法律咨询、财务咨询、管理咨询等中介服务的法人或其他经济组织。

会员申请必须满足以下几个条件:

①依法设立并有效存续的法人机构及其他组织。

②具有相关业务资质。

③具有良好的商业信誉,近三年无严重违法违规行为。

④具有固定的经营场所和必要的设施。

⑤具有健全的内部管理制度。

⑥交易所规定的其他条件。

(2)交易行为限制

交易行为限制的重点是交易者的信用风险,采取保证金制度,这里所指第三方保证金制度,不同于期货交易中的保证金制度,不具有杠杆效应。

第三方保证金制度是指作为金融资产交易的双方,不论通过何种交易方式,在交易进行时,资产受让方和资产出让方均需向第三方账户缴纳一定比例保证金,待交易完成和资产归属明确后,资产出让方获得足额资金、资产受让方获得资产,并返还出让方保证金。第三方由交易所指定服务会员承担。

引入第三方保证金制度,保证金的收入、退还和上缴行为全都通过制定服务会员在金融资产交易所的保证金专户进行,专户专项用于保证金收、退、缴的核算,同时开发建设交易所保证金监管系统。

(3)交易机制限制

交易机制限制主要是为了防止资产价格遭到恶意炒作,采取的方式包括报价时间限制、涨跌幅限制、停牌机制等,主要出现在多对多的竞价过程中。

第一,报价时间限制。报价时间的确认应当同时考虑交易量的大小和相关金融市场的关联程度,以择取最优的时间阶段。

第二,涨跌幅限制。涨跌幅限制是指交易允许在一定的价格范围发生,超出此价格范围的委托为无效委托,交易所不会申报。涨跌幅限制除了要设定日涨幅限制范围,还要对特殊处理交易产品的涨跌幅做出规定。

第三,停牌机制。对于在资产交易过程中出现突然发生的事件,有可能影响该证券的交易秩序时,金融资产交易所可以临时停止该交易对象在交易所内的产品交易。停牌的决定权一般由交易所的常设机构理事会决定,金融资产交易所决定停牌必须及时上报至上级监督管理机构。

第八章 省域民间金融体系建设

民间金融体系是省域金融体系中重要的构成,也是对省域金融体系的有力补充,对推动省域民营经济发展做出了巨大贡献。民间金融作为我国经济发展过程中的产物,有其独特的环境、特征和作用。因此,构建好省域民间金融体系对省域金融工程理论建立以及省域经济发展具有重大意义。本章首先给出了国内民间金融理论的文献综述,然后在此基础上构建了省域民间金融体系的理论框架,最后列出了江汉区民间金融街建设的案例。

第一节 文献综述

我国民间金融发展已久,但关于民间金融理论研究起步较晚。目前,国内尚未形成系统的民间金融理论体系。近年来,我国学者对民间金融的研究主要包括:民间金融发展问题、对策及其路径研究;民间金融与经济发展间关系研究;民间金融制度研究;民间金融风险控制与监管研究。

一、民间金融发展问题、对策及其路径研究

国内最早开展关于民间金融发展问题、对策及其路径的研究是学者姜旭朝(1996),其撰写的《中国民间金融研究》是我国第一部较为系统研究和阐述民间金融现状与发展的专著,他认为民间金融存在最重要的原因是基于我国商业银行在设立时国有经济主体倾向性制度的考量,使得民营经济在商业银行资金支持中处于劣势。毕佩贤(2005)在归纳总结现有文献基础上提出民间金融产生的原因在于金融监管缺位、正规金融交易时间成本高、征信体系等。张希慧(2009)研究了民间金融的形态与演化路径,认为民间金融发展沿着一条一对一

自由借贷简单形态—相互借贷以互助会为载体的中级形态—集中放贷以私人钱庄、小额贷款公司为主的高级形态的路径演变。张剑(2011)指出民间金融伴随民营经济发展而产生,是一种能有效弥补正规金融支持不足的创新型制度安排。孙永震(2011)指出我国民间金融规范化的关键在于民间金融市场准入机制、民间金融营运监督机制、民间金融市场退出机制、民间金融内控机制的建立。赵枫(2011)认为民间金融是一种正规金融体制不健全下的“次级制度”安排,有效缓解了民营企业资金紧缺压力。

二、民间金融与经济发展关系研究

民间金融与经济发展关系密切,特别是民间金融对民营经济发展意义重大。徐威宁(2010)通过实证分析得出我国民间金融与民营经济间无论是在短期还是在长期内均存在格兰杰因果关系的结论。这说明我国民间金融发展对我国民营经济发展具有重要影响。殷龙江(2012)在进行东北三省民间金融与经济发展的实证研究后首先测算了东北三省的民间金融规模,发现东北三省民间金融规模增长迅速并且呈现阶段性反复攀升态势;进而通过构建四部门资金流动图,民间金融对正规金融存在“吸纳效应”,且正规金融与民间金融有相互促进、协同发展趋向;最后通过对民间金融、正规金融和经济发展水平进行回归分析,得出辽宁省和吉林省民间金融对经济增长作用显著,而黑龙江省民间金融对经济增长作用缓慢。范春琴(2012)通过建立协整模型得出正规金融与民间金融互为因果、相互促进。此外,她还得出民间金融对产业结构有重要影响,通过发展民间金融可以有效调节产业结构。

三、民间金融制度研究

最早研究民间金融金融制度的国内学者江曙霞(2001),在其专著《中国“地下金融”》中从制度变迁角度分析了我国“地下金融”的形成机制。周丽华(2004)认为民间金融是一种制度安排,这种制度安排降低了制度变迁的成本,使得正规金融体系迫于压力努力提高金融效率,最终有利于征信体系的健全。张娟(2011)认为民间金融在发展过程中面临严重的制度缺位,如法律监管制度滞后、信用制度约束不足等。而笔者进一步提出解决问题的关键在于民间金融制度的改进,如出台《放贷人条例》、实施差别化监管政策、建立存款保险制度等。

四、民间金融风险控制与监管研究

民间金融借贷具有期限短、放贷快、资金周转率高等特点，同时伴随着高风险。付爱莲(2011)指出民间金融活动拥有基于声誉的私人契约执行机制的优势，可以通过隐形声誉担保和博弈机制引入政府保险机制，利用政府的声誉优势实现“市场决定利率，政府调控金融”的利率规范化民间金融风险控制模式。腾云(2011)指出我国民间金融监管存在法律缺位、制度缺陷、政策过严、监管困境等问题，并给出了我国改善监管环境、明确监管主体、构建监管制度等方面具体的政策建议。闵国斌(2012)分析归纳了我国民间金融风险产生的制度性原因、系统性原因和非系统性原因，且在借鉴欧美、日本、中国台湾等地民间金融监管的经验后得出以下结论：第一，量化民间金融风险，建立广泛适用的民间金融风险监测指标体系；第二，建立民间借贷风险救助基金制度；第三，制定民间金融风险救援机制。

五、我国民间金融理论述评

经过近十年来民间金融理论的发展，学界就民间金融的重要性、基本特征、和正规金融的关系等问题形成了初步认识。但是，我国民间金融理论还存在一些不足。突出的有两个：一是理论缺乏系统性的构架；二是理论缺乏对实践的具体指导。民间金融产生原因、性质及其发展路径研究，民间金融与经济发展关系研究，民间金融制度研究，民间金融风险控制和监管研究均可以纳入民间金融体系理论的框架中来。

第二节　民间金融体系基本框架

民间金融体系是省域金融工程中重要的构成，它对省域民间金融发展具有重要的意义。民间金融体系有效整合了民间金融机构资源、民间金融市场资源和政府资源，通过民间金融秩序的制定、民间金融内部联系的挖掘和民间金融战略管理体系的实施实现民间金融对实体经济的促进。

一、民间金融体系的构成与内涵

1. 民间金融体系的构成

民营经济对我国宏观经济增长的贡献率逐年提高，是我国经济增长的重要动力。在此情况下，民间金融作为民营经济增长的主要引擎显得尤为重要。从性质来看，民间金融是一种与正规金融互补的金融支持模式。从供给范围来看，民间金融是各种民间金融产品、民间金融服务以及相关民间金融交易关系的总和。从服务对象来看，民间金融主要为中小民营企业或个体经营户提供金融支持的组织或活动。目前，民间金融正以各种形式在全国范围内迅速发展。

当前我国民间金融发展过程中普遍存在民间金融机构分散、民间金融机构体系不完善、民间金融缺乏市场支撑、民间金融缺乏政府公共服务平台支持、民间金融缺乏风险控制和监管、民间金融缺乏制度保障和政策支持等问题。这些问题极大地限制了民间金融的发展。因此，构建完备的民间金融体系意义重大。

民间金融体系是民间金融资源、政府行政资源、高等学校科研教育资源、法律管理要素资源在空间上聚集的特殊组织形态，具有层次性、聚合性和渗透性的特征。具体来看，民间金融体系包括民间金融机构体系、民间金融市场体系、民间金融政府服务平台体系、民间金融战略管理体系。其中，民间金融机构体系包括非正规金融机构和正规金融机构，民间金融市场体系又包括非正规金融市场和正规金融市场，民间金融战略管理体系包括民间金融发展战略管理和民间金融风险控制管理，具体如图 8－1 所示。

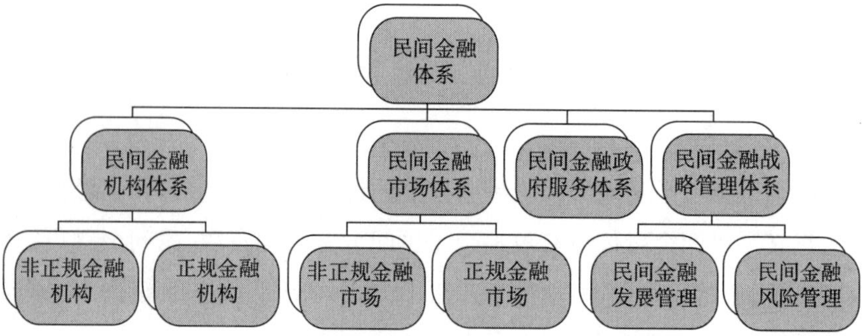

图 8－1　省域民间金融体系框架简图

2. 民间金融体系的内涵

民间金融体系是从事民间金融活动范围内民间金融机构体系、民间金融市场体系、民间金融政府服务体系、民间金融战略管理体系等民间金融要素按照一定规则和内部联系组合而成的整体。

(1)民间金融机构体系

民间金融机构体系是一个以民间金融机构为主导,正规金融机构为补充,新型金融机构为亮点,三者相互配合、功能互补、协调发展的机构体系。构建完备的民间金融机构体系有助于民间金融的正常、良性、高效运行。完备的民间金融体系首先要有民间金融交易机构,它们是促进民间资本流动的主要力量;然后要有民间金融中介机构,它们是提高民间资本融通效率的重要构成;最后要有民间金融服务机构和监管机构,它们是保证民间资本安全的阀门。正规金融机构包括银行、保险、证券、信托等,它们是民间金融的支付结算平台、融资平台、资产管理平台和民间金融产品开发平台。创新型金融机构包括征信公司、P2P 网络借贷公司、再贷款公司、再担保公司等,它们是民间金融业务、产品创新的源泉。

(2)民间金融市场体系

民间金融市场体系包括非正规金融市场和正规金融市场,它是民间金融交易定价的基础。非正规金融市场由 P2P 个人借贷市场和民间金融资金拆借市场等组成;正规金融市场由"四板"市场(区域性股权托管交易中心)、金融资产交易所、企业债权融资市场和证券公司资产证券化市场组成。民间金融市场体系可以有效提高民间金融资源的配置效率,在增加民间金融机构可贷资金的同时帮助个人实现财富增长的积累。

(3)民间金融政府服务体系

民间金融政府公共服务平台是民间金融体系重要的组成,可以充分发挥政府的公共服务和杠杆作用,合理引导民间金融与正规金融融合发展,实现对民间金融的有效监管。民间金融服务体系主要由民间金融公共服务平台构成,包括民间借贷登记服务中心、民间金融行业协会、民间金融创新研究院、民间金融法庭等。

民间借贷登记服务中心以政府为信用建立有法可依、风险可控的中介服务平台,促进了民间金融个人间的合法信贷,有效抑制了社会上的非法集资现象。

民间金融行业协会作为自律性组织,可以促进民间金融业内部交流,加快执行民间金融业绩效考核机制和加强民间金融业维权。民间金融创新研究院是政府与高等院校合作设立的,致力于研究与民间金融相关课题,为民间金融发展保驾护航的研究性机构。它的设立将理论与实际联系起来,一方面进一步拓展民间金融理论前沿;另一方面将理论扎根于现实,有助于解决民间金融发展过程中面临的困境。民间金融法庭是政府增设的专业从事民间金融纠纷的地方法院派出机构,可以有效维护民间金融交易秩序,防止民间金融系统性风险的扩散。

(4)民间金融战略管理体系

民间金融战略管理体系是省域民间金融发展重要的推手,它包括民间金融发展管理体系和民间金融风险管理体系。民间金融发展管理体系包括民间金融发展目标管理、民间金融计划管理和民间金融人才管理。民间金融风险管理体系一方面可以分为系统性风险管理和非系统性风险管理,另一方面可以分为小额贷款公司风险管理、投资公司风险管理、担保公司风险管理。

(5)民间金融秩序

民间金融秩序是保证民间金融机构正常运转、维持民间金融交易合法规范的法律、规则和制度安排,包括民间金融机构运行指引、民间金融交易规则、民间金融机构违法处置条例等。

(6)民间金融内部联系

民间金融内部联系是指民间金融机构、民间金融市场、民间金融服务平台、民间金融管理体系间的联系形式。

二、省域民间金融体系构造的基本思路

我国共有34个省级行政区域规划,由于各省份区位、资源禀赋、文化不同,经济发展水平、金融体系发展程度和经济发展模式也有较大差别。省域民间金融体系作为省域金融体系中重要的构成对省域民营经济的发展有重大促进作用。因此,探索性的研究省域民间金融体系对湖北省乃至全国经济发展具有重大现实意义。根据民间金融体系的构成与内涵,省域民间金融体系由民间金融机构体系、民间金融市场体系、民间金融政府公共服务体系、民间金融战略管理体系组成。

省域金融机构体系包括省域民间金融机构和省域正规金融机构，省域民间金融机构有省域范围内的小额贷款公司、投资公司、典当行、信用评级公司、担保公司、拍卖行、征信公司、再贷款公司、再担保公司、P2P 网络借贷公司等。省域正规金融机构有省域范围专业从事民间金融的银行中小企业信贷服务中心、专业从事民间金融保险的保险公司、专业从事资产证券化和中小企业债券发行的证券公司分支和专业从事民间金融的信托公司派出机构。

省域金融市场体系包括省域民间金融市场和省域正规金融市场。省域民间金融市场包括个人借贷市场、民间金融机构资金拆借市场、P2P 网络借贷市场。省域正规金融市场包括省域产权交易市场、省域金融资产交易市场、省域资产证券化市场、省域中小企业债券发行市场。

省域民间金融公共服务体系包括民间资本借贷服务体系、民间金融产业协会、民间金融创新研究院、民间金融法庭。民间金融政府公共服务体系通过政府资源、高校资源、法律资源的聚集实现对民间金融体系的强力支撑，最终实现对省域经济的推动。

省域民间金融战略管理体系由省域民间金融发展战略管理和省域民间金融风险控制管理组成。省域民间金融发展战略管理分为省域发展目标管理、省域发展计划管理、省域人才管理。省域民间金融风险控制管理分为系统性风险管理和非系统性风险管理。

三、省域民间金融未来发展的趋势

省域民间金融聚集区发展应遵循民间金融体系的发展规律，分别从民间金融机构体系、民间金融市场体系、民间金融政府服务体系和民间金融战略管理体系来规划和构建。

今后省域民间金融市场体系的发展将逐步由单层次、相互独立的初级形态向多层次、网络状的高级形态过渡。多层次主要是指正规金融市场和民间金融市场协调发展，网络状是指各层次市场内具体市场形态间彼此相互联系和促进。

今后省域民间金融机构体系将呈现“三化”，即专业化、多元化和国际化。这种机构体系第一打造了民间金融产业链，第二设计了民间金融企业间的组合服务，第三突出了民间金融产品间的协调，第四加强了民间金融机构间的合作。

今后省域民间金融政府服务体系将呈现出政府协调下资源高度汇聚的发

展趋势,即社会金融服务资源、民间金融机构资源、高校资源、法律资源在政府引导下的相互协调、相互整合和相互渗透,形成高效、完备、有序的民间金融政府服务体系。

第三节　江汉区民间金融街建设案例分析

江汉区民间金融街的构建是民间金融体系理论的具体实践。在民间金融体系理论的指导下,江汉区将构建出完全不同于国内现有民间金融聚集区的发展模式。江汉区民间金融街是以多层次、网络状金融市场体系为主导,金融机构间功能错位互补,全方位政府公共服务体系为支撑,全覆盖风控体系为后盾的全新民间金融聚集区发展模式。

一、江汉区建设民间金融街的背景及其意义

1. 江汉区建设民间金融街的背景

(1)我国大力发展民间金融

我国的民间金融在国家应对中小企业融资困境中扮演了重要的角色,作为正规金融体系的补充,很大程度上弥补了正规金融体系的不足,缓解了商业银行的信贷风险,一定程度上对金融、经济活动起到了稳定作用,得到了国家和地区政府的认可。随着我国中小企业迅速发展壮大,融资难的问题日益尖锐。由此看来,未来相当长的时间内全国各地区发展民间金融是大势所趋。目前,国内掀起一股民间金融发展浪潮,温州以民间金融为主基调的金融改革正如火如荼地进行中,广州以发展民间金融为主的金融街已投入运行,其他各地也正紧锣密鼓地筹划民间金融发展。

(2)武汉市全力支持民间金融发展

在响应国家实施中部地区崛起战略的大背景下,湖北省政府、武汉市政府也着力于促进金融业快速发展,这其中就包括对民间金融发展的大力支持。2012 年 9 月 10 日,武汉市政府举行会议,原则上通过了《武汉市人民政府关于进一步促进金融改革创新支持实体经济发展的意见》这一议案,提出在武汉探索建立民间金融街、民间资本服务中心等一系列金融改革措施。

(3)武汉市江汉区民间金融发展态势良好

江汉区经多年积累,目前民间金融发展已初具规模,民营企业发展势头良好,成长迅速。据中央财经大学专家测算,截至2012年年底,江汉区民间资本规模达250亿元。目前江汉区民间金融发展呈现两大特征,一方面江汉区民间金融规模呈扩张态势,另一方面江汉区民间金融以多样化形式聚集。

武汉市江汉区江汉路、前进四路和汉正街一带的民间金融资源丰富,寄售行、小额贷款公司、典当行等民间金融机构聚集。民间融资的形式多样,主要形式有民间借贷、向股东或职工集资、商业票据转让或贴现融资、关联企业间融资等,其中民间借贷是民间融资活动中应用最广泛的形式。随着周边地区中小企业发展对资金需求量的日益增大,民间融资日渐活跃,融资额度也逐渐放大。目前江汉区民间借贷市场较为活跃,据不完全统计,区内民间借贷机构有近千家之多。

(4)武汉市江汉区民间金融发展存在问题

①民间金融机构区位松散。目前江汉区民间金融机构大多集中在江汉路、前进四路、汉正街一带,多为典当、寄售行、小额贷款公司等。这些民间金融机构区位分散,没有形成良性竞争氛围和聚集效应,不利于民间金融向周边区域辐射发展。

②民间金融机构体系不完善。虽然目前江汉路、前进四路、汉正街上已经自发聚集了包括典当、寄售行、小额贷款、担保公司、银行、保险公司、证券等超过一千家大大小小的民间金融机构和正规金融机构,但民间金融交易机构中主要以传统的小额贷款公司、非正规的寄售行为主,缺乏投资公司、投资基金。民间金融服务机构中以担保公司为主,缺乏信用评级、第三方支付、征信公司、律师事务所、公证处等,更没有民间金融中介机构和民间金融监管机构。正规金融机构中只有商业银行的分支机构、保险和证券公司的营业网点,缺乏中小企业信贷服务中心和专门服务民间金融发展的保险公司和证券公司分支机构。民间金融机构体系的不完善一定程度上降低了民间资本的融通效率。

③民间金融发展缺乏市场支撑。现有的江汉区民间金融发展缺乏市场支撑,尤其缺乏金融资产交易市场和产权交易市场。这类市场的缺乏将极大地降低金融资源的配置效率,进而制约民间金融的发展。

④民间金融发展缺乏政府公共服务支持。公共服务是公共行政和政府改革的核心理念。公共服务以合作为基础,强调政府的服务性以及公民的权利。

政府的公共服务与市场机制相互配合，共同促进社会经济向前发展。江汉区在发展民间金融的过程中，政府缺乏有效的公共服务，导致民间金融的发展显得无序、盲目、混乱。

⑤江汉区民间金融缺乏监管和风险控制。民间金融是对正规金融的有力补充，但由于民间金融机构经营存在诸多不确定性，面临市场风险、经营风险、信用风险和政策风险。江汉区现有的民间金融机构及市场一方面缺乏常规的监督与管理，另一方面缺乏必要的风险控制策略，极大限制了民间金融交易的形式和规模。

⑥江汉区民间金融缺乏制度保障和政策支持。民间金融由于长期游离在正规金融体系之外，政府对此类金融机构缺乏关注和政策支持。此外，由于民间金融立法的缺失，造成民间金融交易参与者的权益很难得到保障。江汉区民间金融发展过程中，制度和政策的缺失将极大限制江汉区民间借贷的活跃性。

2. 江汉区建设民间金融街的意义

①逐步规范聚集武汉市民间金融机构。武汉市现有民间金融机构区位分散，且大多不能跨区经营。此外，汉口前进四路附近自然聚集了一批寄售行，这些寄售行经营风险很大。通过建立江汉区民间金融街，一方面可以将湖北省优质民间金融资源集中，提高民间金融机构扩大经营的积极性；另一方面可以有效控制民间金融业的风险。

②解决湖北省中小企业融资难、融资贵问题。湖北省民营经济发展很快，企业资金的需求量也很大。2013 年，湖北省民营经济的资金缺口大约为 300 亿元。通过武汉市民间金融街的建立，可以尽快为一批有实力缺资金的民营企业提供持续发展的动力。此外，通过武汉市民间金融街的建立可以形成民间借贷利率，有利于利率价格的发现和调节。

③增加武汉市民间金融的话语权。在中国，温州、广州和泉州先后进行了民间金融的改革。这些地区在民间金融改革的过程中，都十分注重民间金融借贷利率和担保费率的形成和发布。目前，温州已经形成了“温州价格”，广州已经形成了“广州价格”。武汉作为华中地区的重镇，未来在构建中部地区金融中心的过程中，势必要牢牢把握武汉民间金融的“武汉价格”。

④拓展区域性多层次资本市场。民间金融发展的主导力量是金融机构，但是民间金融发展更离不开民间金融市场。武汉市民间金融街将引入各类区域

性资本市场，包括武汉股权托管交易中心、武汉金融资产交易所、武汉碳排放金融交易市场、武汉市林权市场和武汉市航运交易市场。这些市场的入驻将大大拓展资本市场的层次，有利于民间金融资源的活跃和配置。

⑤增强武汉市民间金融的信用。民间金融发展中面临的最大问题是信用危机，由于缺乏信用，一方面金融机构不敢贷款，另一方面民间金融的参与者付出了较高的交易成本。武汉市民间金融街构建民间金融借贷服务平台，在引入人民银行征信体系和第三方征信公司的基础上，逐步建立民间金融交易的良好秩序。

二、江汉区民间金融街建设的基本思路

江汉区民间金融街构建基于“三横三纵”的设计思路，采用金融工程化思想，以民间金融机构体系、民间金融市场体系、政府公共服务体系为横向发展路径，以民间金融产业的上游、中游、下游为纵向发展路径，由此形成立体式、结构化、工程化民间金融聚集区发展模式设计框架。

民间金融机构体系对应正规金融机构、民间金融交易机构和中介、服务机构。民间金融市场体系对应民间金融产业上、中、下游的分别是正规金融市场、民间金融资金拆借市场、民间个人借贷市场。政府公共服务体系对应民间金融产业上、中、下游的分别是民间金融创新研究院、民间金融行业协会、民间融资服务中心（见图8－2）。

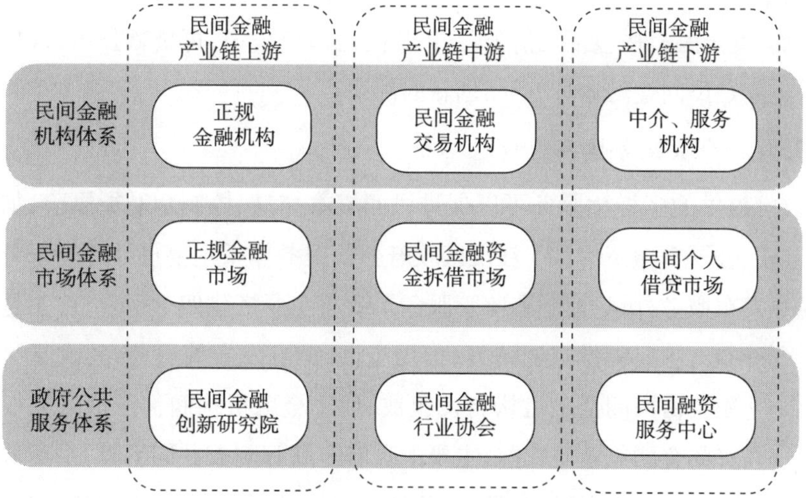

图8－2　江汉区民间金融街设计框架

1. 金融市场体系设计思路

金融市场体系是金融体系的核心，建立多层次、网络状金融市场体系对于江汉区金融经济发展具有重大意义。江汉区金融市场体系主要设计有两个层次，第一个层次是民间金融市场体系，第二个层次是正规金融市场体系。其中，民间金融市场体系中包括P2P个人借贷市场和民间金融机构间的资金拆借市场。正规金融市场体系中包括产权交易分市场、金融资产交易分市场、中小企业私募债发行市场和企业资产证券化市场。这种多层次、网络状的金融市场体系可以充分配置各类参与者的资源，使市场参与者的效益达到最大化。

2. 民间金融机构体系设计思路

江汉区民间金融机构体系以民间金融机构为主导，正规金融机构为补充，新型金融机构为亮点，三者相互配合、功能互补、协调发展，为中小企业、个人和农村经济提供全方位服务，构建完备的民间金融机构体系有助于民间金融街的正常、良性、高效运行。完备的民间金融体系首先要有民间金融交易机构，它们是促进民间资本流动的主要力量；然后要有民间金融中介机构，它们是提高民间资本融通效率的重要构成；最后要有民间金融服务机构和监管机构，它们是保证民间资本安全的阀门。正规金融机构包括银行、保险、证券、信托等，它们是民间金融的支付结算平台、融资平台、资产管理平台和民间金融产品开发平台。创新型金融机构包括征信公司、P2P网络借贷公司、再贷款公司、再担保公司等，它们是民间金融业务、产品创新的源泉。

3. 政府公共服务体系设计思路

政府提供的多样化服务可以促进民间资本交易、控制金融街风险、加强金融街监管、公开金融街信息。江汉区政府公共服务体系主要设计有登记备案服务、信息发布服务、风险控制和监管服务。政府主要搭建四个平台，首先是民间融资服务中心，主要提供登记备案、信用查询、信息发布等服务；其次是民间金融业协会，主要由民间金融机构自发组成，便于金融机构间沟通信息和权益维护；再次是民间金融创新研究院，主要由政府和高等院校共同组建，主要从事民间金融的相关研究，重点研究、设计、开发民间金融新型市场、机构和产品；最后是民间金融法庭，主要从事与民间金融相关的纠纷处理问题。

三、江汉区民间金融市场体系建设

1. 江汉区民间金融市场功能设计

江汉区民间金融市场体系主要有三大功能，即中小微企业融资功能、中小微企业间资源配置功能、个人理财功能。中小微企业的融资功能主要由部分正规金融市场来实现，主要包括中小企业私募债发行市场和中小企业资产证券化市场。中小微企业间的资源配置功能由部分正规金融市场和部分民间金融市场来实现，包括产权交易分市场、金融资产交易分市场和民间金融机构间资金拆借市场。个人的理财功能由部分民间金融市场来实现，包括民间个人借贷市场和 P2P 网络借贷市场。

2. 江汉区民间金融市场

(1)江汉区民间个人借贷市场

传统正规民间借贷一般发生在民间金融机构与中小企业之间，个人无法通过正规、合法、信用保证的渠道借出资金。中小企业也不能直接通过个人渠道融资，否则为非法集资。为了遏制社会资金体制外无序循环，减少非法集资现象，搭建以政府信用为保障的民间借贷中介市场显得十分必要。

江汉区民间个人借贷市场的信用由政府成立的民间融资服务中心保障。江汉区民间借贷登记服务中心为非盈利性机构，以有限公司的形式运作。中心只提供登记备案、中介机构推介、法律援助等服务，不承担交易双方违约损失。

市场参与主体：中小企业和个人，江汉区民间融资服务中心、中介服务机构。

市场定位：江汉区民间借贷市场定位于建立华中地区最大的“民对民”、以政府信用为保障的民间个人借贷市场。

市场功能：为民间借贷交易提供借贷交易信息的登记备案、中介机构推介、法律咨询等服务。

(2)江汉区 P2P 借贷市场

P2P(peer to peer)借贷意为个人对个人的借贷。它的社会价值主要体现在满足个人资金需求、发展个人信用体系和提高社会闲散资金利用率三个方面，由 2006 年“诺贝尔和平奖”得主穆罕默德·尤努斯教授首创。

市场参与主体：中小企业、个人、P2P 网络平台、担保公司。

市场定位:打造华中地区乃至全国有重要影响力的网络 P2P 资金借贷市场。

市场功能:为中小企业和个人提供快捷、便利、安全的全新融资和理财途径。

(3)江汉区民间金融机构资金拆借市场

民间金融同业拆借是民间金融机构彼此间的资金短期借贷活动,其拆借的资金数额、对象、利率相对比较灵活。民间金融同业拆借业务由江汉区民间金融业协会组织开展。

市场参与主体:民间金融机构、江汉区民间金融业协会。

市场定位:民间金融同业拆借市场定位于打造华中地区最大的民间金融业短期资金拆借市场。

市场功能:民间金融同业拆借市场主要用于调配民间金融机构短期资金的余缺,提高民间金融机构的资金使用效率。

3. 江汉区正规金融市场

国内外有重要影响力的金融中心建立历史发展过程表明,金融的发展离不开产权交易市场、金融资产交易市场、中小企业私募债券发行市场、中小企业资产证券化市场的构建。这四类正规金融市场有助于提高资金汇聚程度,加速资金流转,提升金融资源的配置效率和定价话语权。

四、江汉区民间金融机构体系建设

江汉区民间金融机构体系是以民间金融机构为主要构成、正规金融机构为有力补充、新型金融机构为亮点、全方位服务中小企业和个人的完备金融机构体系。江汉区民间金融机构体系将呈现“三化”:专业化、多元化和国际化。专业化是指江汉区民间金融街引进从事某一领域贷款业务的专业化公司,例如商贸类小额贷款公司、物流类小额贷款公司、民间金融担保公司等。多元化是指江汉区民间金融街引入纯民营为主,兼顾国资控股和国资参股的民间金融机构。国际化是指江汉区民间金融街突破性引进跨国经营的民间金融机构。

江汉区民间金融机构体系设计首先打造了民间金融的产业链,其次设计了民间金融企业间的组合服务,再次突出了民间金融产品间的协作,最后重视了民间金融机构间的合作。

1. 民间金融产业链

民间金融产业链的上游是正规金融机构，例如银行、证券、保险等。正规金融机构在民间金融创新研究院的帮助下设计出各类金融产品，例如中小企业私募债券、中小企业资产证券化产品，并由各类正规金融市场去实现流通。民间金融产业链的中游是民间金融机构，它们在民间金融业协会和民间金融创新研究院的帮助下实现金融产品的深加工，由此产生各类民间金融产品，此外民间金融机构间通过行业协会可以进行资金短期拆借。民间金融产业链的下游是中介和服务机构，中介服务机构利用其信息优势将产品推介给投资者，投资者购买产品获得收益。此外，在融资服务中心内可以实现个人投资间的民间借贷，由此形成了完整的民间金融产业链。

2. 民间金融企业组合服务

江汉区民间金融机构、正规金融机构间提供的是组合服务，机构间功能互补，相互配合，例如小额贷款公司、担保公司、评估公司、征信公司给中小企业融资方提供组合服务。首先小额贷款公司给中小企业提供资金，担保公司为中小企业提供信用担保，评估公司为中小企业提供资产估算、征信公司为中小企业提供信用查询。例如 P2P 借贷公司、征信公司、公证处、律师事务所为投资者提供组合服务。P2P 借贷公司为投资者提供资金借贷信息匹配，征信公司为投资者提供信用查询，公证处为投资者提供公正，律师事务所为投资提供司法援助。

3. 民间金融产品协作

民间金融产品设计由于授信额度不同、授信时间不同、授信对象不同，所以产品间存在相互协作空间。例如快速抵押贷款、小额担保贷款、应收账款产品组合可以提高企业资金需求者的授信额度，一方面中小企业可以用符合法律规定的实物抵押贷款，另一方面可以用资信状况和代偿能力以及应收账款用来贷款。再例如小额信用贷款和二手房住房贷款可以提高个人资金需求者的授信额度，一方面个人可以凭借稳定的工作收入取得贷款，另一方面还可以凭借现有住房获得二手房住房贷款。

4. 民间金融机构间合作

现有的民间金融机构，例如小额贷款公司、投资公司、担保公司、信用评级公司都是分业经营模式，因此很多企业的自身经营要受到其他企业发展的限制。国外民间金融机构发展的历史经验表明,未来民间金融机构经营模式会慢慢由分业向混业经营转变。混业经营下,小额贷款公司、担保公司、信用评级公司、评估公司、中介公司均可以相互参股、控股,机构间的运行效率、将大大提高,而企业经营成本则会逐步下降。此外,民间金融机构间还可以通过短期资金拆借达到效益的最大化。

五、江汉区民间金融政府平台建设

江汉区民间金融服务平台是一个符合未来民间金融服务平台发展趋势的,集社会金融服务资源、民间金融机构资源、高校资源、法律资源,高效、完备、有序的政府民间金融公共服务体系。在利用社会金融服务资源上,我们构建江汉区民间金融融资服务中心。中心提供登记备案、信息发布、征信查询服务;在利用民间金融机构自身资源上,我们构建民间金融业行业协会,协会提供权益维护、交流合作、考评等服务;在利用高校资源上,我们构建民间金融创新研究院,研究院提供学术研究支持;在利用法律资源上,我们构建民间金融法庭,法庭提供民间金融纠纷处理的绿色通道。

1. 江汉区民间金融服务平台的功能

江汉区民间金融服务平台提供的是功能齐全的政府公共服务。民间金融服务平台的功能主要包括个人服务功能和企业服务功能。个人服务主要包括登记备案、信息发布、征信查询和法律援助。企业服务主要包括企业权益维护、企业交流合作、企业考评和企业产品开发创新。其中,登记备案、信息发布、征信查询由江汉区民间融资服务中心实现。企业权益维护、企业交流合作、企业考评由江汉区民间金融业协会实现。企业产品开发创新由江汉区民间金融创新研究院实现。法律援助由江汉区民间金融法庭实现。

2. 江汉区民间融资服务中心

江汉区政府可以牵头成立国有独资企业江汉区民间金融街投资管理有限公司、金融街管理有限公司,全面负责民间金融街的产业规划、资产运营、招商引资、物业维护、配套服务等工作。江汉区民间融资服务中心由江汉区民间金融街管理有限公司设立,以有限公司形式进行运作,属于非营利性机构。江汉区民间融资服务中心主要负责登记备案、信息发布、信用查询等服务。

3. 江汉区民间金融业协会

江汉区民间金融业协会是自律性的社团法人。江汉区民间金融业协会可以由武汉市工商联、武汉市金融办主管，协会采取会员制。创立初期由民间金融街内各类有代表性的民间金融机构组成，后期将逐步吸纳华中地区的民间金融机构为会员单位。

首先，江汉区民间金融业协会的成立可以对江汉区乃至武汉市、湖北省、华中地区的民间金融业进行规范化和标准化，这将有利于今后进行从业人员的准入、行业标准的制订等工作的开展。然后，江汉区民间金融业协会的成立可以增加民间金融机构的话语权，使得民间金融机构团体可以更方便地维护自己的合法权益。最后，江汉区民间金融业协会的成立可以加强民间金融机构间的合作与交流。

江汉区民间金融业协会有三大职能。一是交流促进职能。行业协会将定期召开会议和举行座谈，及时了解民间金融机构在发展中面临的问题和困境。二是权益维护职能。针对行业面临的整体或个别特殊性的问题，协会有义务主动向政府相关部门进行反映并且寻求解决方案。三是考评职能。江汉区民间金融业协会有义务制定对入驻金融机构的考评标准和体系，依托民间金融第三方信用评级机构对入驻企业进行评估，并配套建立诚信合规经营“红黑榜”，对企业进行星级评级、奖优罚劣。

4. 江汉区民间金融创新研究院

江汉区民间金融创新研究院由江汉区政府和武汉市高等院校共同组建。江汉区民间金融创新研究院主要有四大研究方向。

一是民间融资动态监测，主要研究项目为湖北省民间融资规模监测、湖北省民间融资资金来源与流向监测和湖北省民间融资风险预警信号监测。

二是金融组织、金融产品、金融服务体系创新研究，主要研究项目为民间融资组织形式改革与创新研究；新型金融产品与服务形式探索研究和新型金融服务体系构建研究；创新型政府服务平台研究。

三是地方性资本市场建设与江汉区经济发展，主要研究项目为构建多层次地方性资本市场研究；创新型市场研究；服务业与江汉区民间风险投资相关性研究；创业投资基金的融资与退出机制创新研究；民间资本海外投资和国际化路径研究。

四是金融创新法律监管问题研究,主要研究项目为民间借贷规则的立法与司法问题研究;新型民间金融组织监管法律问题研究;地方金融监管体制改革研究;地方性资本市场建设法律问题研究;社会信用体系法律问题研究。

5. 江汉区民间金融法庭

民间金融由于具有信用低、抵押物质量不高、借贷利率高、借贷期限短等特征,因而参与民间金融交易的双方道德风险较大。因此,江汉区民间金融街会在街内设立民间金融法庭,专业化处理涉及民间金融纠纷的民事案件,提高该区域民间金融交易的公信力。

第九章　省域大宗商品交易市场建设

大宗商品交易市场是我国现货交易的重要平台,在形成价格和控制风险方面有重要的意义。在我国省域经济中,现货商品交易有着重要的地位。随着科技、网络以及物流的发展,大宗商品交易市场有了更丰富的内涵。本章延续前一章的结构,首先介绍大宗商品市场相关概念,其次分析大宗商品交易市场的交易模式选择,最后提出了武汉农畜产品交易所的具体建设方案。

第一节　文献综述

一、大宗商品的内涵

广义地说,大宗商品即大批量交易的标准化商品。"标准化"是指同一单位的某商品之间是无差异可转换的。根据联合国贸易和发展会议、世界银行和国际货币基金组织的统计分类,大宗商品主要包括农产品、金属及金属矿、能源产品三大类。

二、大宗商品交易市场内涵及建设

在我国大宗商品交易市场现状方面,现有研究多数集中于对我国大宗商品交易市场发展历程以及未来发展方向进行分析。洪涛(2008)认为,我国商品交易市场的发展分为六个阶段,商品交易市场分为十四个类型,并细分为九大功能。通过对我国商品市场建设现状的分析,肯定了我国商品交易市场发展的成绩,并指出了未来我国商品交易市场的发展方向。王爱华(2013)分析了我国建设大宗商品交易市场体系的必要性,指出建设完善现代化大宗商品的市场体系,有利于提高经济效益。同时建设完善现代化大宗商品市场体系,有利于整合物联网,降低流通成本,并对我国大宗商品市场体系的建设提出了具体的建议。汪然(2013)认为,我国大宗商品电子现货市场目前是采用B2B商业模式,结合电子交易与现代物流配送信息化,来实现大宗商品集成交易的高效化,同时改造与提升现货商品交易市场。因此,大宗商品电子是我国未来大宗商品现货交易市场的发展方向。大宗商品电子交易市场是介于传统现货市场与期货市场之间的独特市场形态,它一方面是现货市场的补充和延伸,另一方面是期货市场的发展基础。

在风险方面,不少学者指出了现阶段我国大宗商品交易市场存在的弊端。韦大宇(2012)认为我国大宗商品电子交易市场存在法律法规不完善、风险较大、投资建设市场成本较低、投资主体鱼龙混杂等现象。应完善相关法律法规,加强监管,规范市场运作,规范交易主体。石晓梅、冯耕中(2010)认为大宗商品交易市场中的交易对象一般价格波动频繁并且波动幅度较大,存在交易中心风险与交易商风险。通过解释结构模型分析了各风险之间的层次关系,发现价格波动风险是大宗商品电子交易市场的关键风险,而法律性风险是影响市场发展的基础风险。

第二节 理论框架

一、省域大宗商品交易市场的内涵

1. 省域大宗商品交易市场的概念

省域大宗商品交易市场是在省域的范围内构建的提供大宗商品交易的场所。省域大宗商品交易市场要立足于省域大宗商品电子交易平台,并连同全国和世界各地市场,推动市场向国际化方向发展。总体以商品交易平台为中心,最终形成涵盖多种交易方式并且可靠、安全、开放的电子交易系统。

2. 大宗商品交易市场的特点

目前,国内外大宗商品交易市场主要呈以下几个特征。

(1)以农产品、石油、煤炭、钢铁等为主要交易对象

国外大宗商品交易主要在期货市场进行。除了金融期货和期权期货外,农

产品、金属和能源，是期货市场的主要交易品种。世界著名的交易所，如伦敦金属交易所的交易对象主要是铜、锡等有色金属，芝加哥期货交易所经营的主要是农产品，鹿特丹商品交易市场则以石油交易为主。而国内的石油类产品、煤炭类产品、化工类产品等，需求量巨大，与日常生活、加工制造业密切相关，成为主要上市品种。

(2)以电子商务、批发、现货买卖为主要市场类型

从国外大宗商品交易市场的发展来看，借助现代信息技术，电子化特征明显，现货交易和期货交易并存。一部分国内大宗商品交易市场目前以电子交易市场为主，如余姚塑料城、上海大宗钢铁电子交易中心等；还有一部分以现货交易为主，不仅提供即期现货交易，还提供远期现货交易，所有交易通过网络完成。作为一种有组织的集中竞价市场，通过大批量高密度、高频率地集中撮合交易，大量买家与卖家在集中交易平台上进行交易，以实现价格发现的功能。

(3)市场化特征明显

伴随经济发展，商品种类增多以及现代信息技术的革命，市场要求交易更加灵活广泛，“把现货搬到网上做”自然成为重要的发展机制，并且以此为依托，大宗商品市场的影响力扩大，超出区域边界，走向国际化，成为国际的采购中心、销售中心和定价中心。我国的大宗商品电子交易市场是一种介于现货市场与期货市场之间的交易市场，交易中心直接面对交易商。

(4)交易形式多样化、多层次化

一般认为，现代商品交易市场可以分为现货市场、远期电子交易市场和期货市场三个层次，其中期货市场是市场发展的最高级形态。与期货市场采用标准化合约的交易模式不同，大宗商品电子交易市场通常有两种交易模式——现货即期交易与远期交易。现货即期交易就是当天成交，当天或较短期限内进行现货交收的交易，一般采用一对多或多对一的定价模式，是较为简单的交易形式；现货远期交易通常是交易双方在将来某一时刻和地点实行现货交收的交易，它采用的交易模式也是多对多的动态撮合交易，现货远期交易的合约期限通常为 6 个月以内，在交收日前，远期合约可以通过交易平台转让(石晓梅，2010)，这是介于现货与期货交易形式间的一种特定交易形态。大宗商品交易市场可以在此基础上选择仓单模式、电子盘或预约模式等，选择具体灵活的盈利模式。如渤海商品交易所创新现货连续交易方式，满足市场主体的投资、保

值和实物交割需求。

二、省域大宗商品交易市场建设的整体构架

省域大宗商品交易中心以会员大会为其权力机构，由全体会员组成。理事会是会员大会的常设机构，设理事长1人。理事会由若干名理事组成，其中会员理事与非会员理事各占一部分。理事会的常设办事机构是理事会办公室，并下设监察、交易、结算、会员资格审查、调解、财务等8个专门委员会。

总经理为交易所法定代表人。交易所内设研究发展部、交易部、市场部、清算部、技术部、新闻信息部、产品创新部、会员服务部、合规部、监察部、财务部、人力资源部、综合部13个职能部门。

三、省域大宗商品交易市场交易模式设计

1. 各交易模式简介

(1)拍卖交易模式

拍卖是指以公开竞价的形式，将特定物品或财产权利转让给最高应价者的买卖方式。当大宗商品产生两个以上意向受让人时，采取拍卖方式确定。在大宗商品交易平台进行的拍卖活动应遵循公开、公正、公平和诚实信用原则，由交易所提供场所、设施、信息等服务以及负责拍卖活动的统筹、协调和监管工作。拍卖的委托人相当于产品的转让人，竞买人是指参加竞购拍卖标的的意向受让人，买受人是指以最高应价购得拍卖标的的竞买人，拍卖人此处为交易所。

(2)协议交易模式

协议交易模式是指大宗商品交易双方依据大宗商品交易平台发布的转让或受让信息进行配对或自行配对，以双方协议价格成交的交易方式。在该方式下，大宗商品交易市场提供信息服务平台并收取服务费。

(3)做市商交易模式

做市商交易模式针对于竞价模式，由做市商不断地报出买卖价格，交易者根据提供的买卖价格与做市商交易。做市商凭借其自由资金，同时依靠买卖价差来获得利润。在交易过程中，投资者之间并不能直接交易，需通过做市商来实现交易，做市商在其中充当了交易中介的作用，发挥了活跃市场的功能。做市商在提供价格的过程中面临一定的不确定性，承担了一定的风险，也获得了

利润。与竞价交易相比,做市商参与的市场更加活跃,但是增加了交易成本。

(4)竞价交易模式

竞价交易模式与做市商交易模式不同,它采用的是撮合的交易方式,即由买卖双方提供报价,根据价格优先、时间优先的原则,撮合成交。竞价交易可以分为集合竞价与连续竞价。在市场开盘时,较多用到的是集合竞价的交易模式,之后的交易一般采取连续交易的方式。

2. 交易模式选择

在以上四种交易模式中,拍卖以及协议均适用于现货市场。在做市商模式下,不仅原有产品的投资者变现成为了可能,而且新的投资者也可购买做市商手中的商品。做市商交易模式通过回购的方式增强了产品的流通性。竞价交易模式适用于流动性非常强的市场,由电子系统自动撮合交易。

对于大多数省域大宗商品交易市场而言,都可以采用混合交易模式,具体构成如图 9－1 所示:

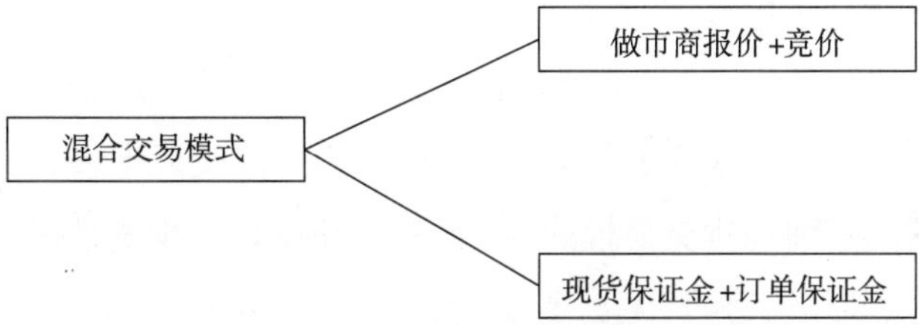

图 9－1　混合交易模式示意图

(1)做市商报价＋竞价

价格形成的方式一般可以称为市场模式,通常根据价格形成方式的不同,可以分为竞价交易与做市商交易两种。由于竞价模式对于交易的流动性要求较高,如果在交易所开设初期就使用竞价的交易模式,在交易不活跃时可能会出现交易停滞。因此,交易所采取混合交易制度。

(2)现货保证金＋订单保证金

现货保证金加订单保证金的交易方式不同于传统的交易方式,这种交易方式是传统现货交易的创新,既保证了交易所不触碰交易,又通过加入保证金制度来控制交易风险。现货保证金交易的现货体现为一种即期交易模式。订单保证金是指在产品买卖业务中,市场参与者不需对所交易的产品进行全额资金划拨,只需按照交易总额支付一定比例的价款,作为产品实物交割时的履约保证。通过交易方式与保证金的结合在控制风险的同时也利于交易活跃度的提高，本质上既有交易方式的创新，又能控制住新型交易方式的风险。

3. 交易方式及其实现

大宗商品交易市场的交易采用现货交易与订单交易相结合的交易方式，具体分类如图 9 –2 所示：

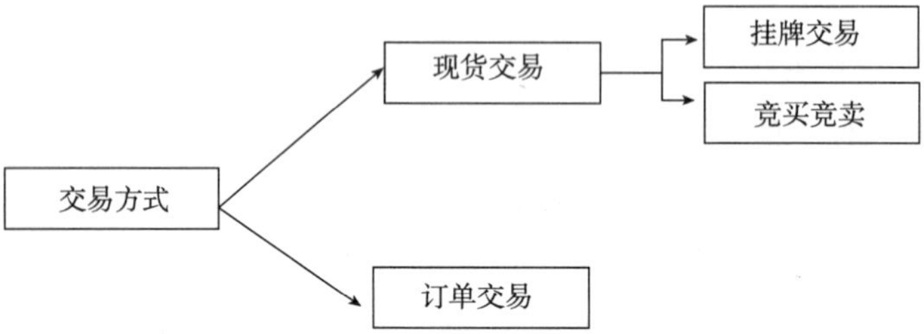

图 9 –2　交易所交易方式分类图

(1) 现货挂牌交易方式与实现

现货挂牌交易是指卖方通过交易所现货挂牌电子交易平台将包含厂家、品牌、交货地点、质量等级、销售价格等信息的标的商品挂牌出售，买方会员在挂牌出售信息中选择所要采购的标的商品进行买入，成交后即视为买卖双方签订现货购销合同的一种现货交易模式（如图 9 –3 所示）。现货挂牌交易模式具有价格由市场自发形成、透明、买卖操作方便容易、过程简单、交易效率高、交割时间短、回款快的特点。

现货挂牌交易的竞价过程：买方出价后，按照“价格优先、时间优先”的方式成交，一旦成交后立即宣布摘牌成功。

(2) 现货竞拍卖交易方式与实现

竞拍交易是一种重要的交易方式，能够与其他交易方式互补。竞拍分为竞买和竞卖两个方面。竞买是指卖方将所卖商品的详细资料通过交易市场预先公告后挂牌报价，买方自主加价，以最高买价成交，生成电子交易合同并进行实物交割的交易方式。

竞买交易的具体实现方式是：首先卖方报单，交易所负责进行审核，并公示。确认通过后，对于竞拍者收取履约保证金。对于拍卖交易，交易所应提前通过电子交易系统公示拍卖货物信息。

竞买的价格形成机制是：买方在交易时间内对拍卖货物进行竞价，买方应在卖出底价以上按最小加价幅度的整数倍(但不高于最大加价幅度)递增加价。分若干交易节,每一交易节 10 分钟。在交易节前 9 分钟期间,买方可以进行报价,当有新的报价时,前一报价自动失效。第 10 分钟开始倒计时,倒计时为 1 分钟,在倒计时时限内,当有新的报价时,重新开始倒计时,倒计时时间仍然为 1 分钟;在倒计时时限内,若没有其他买方出价,以最后的报价为成交价,拍卖交易结束。

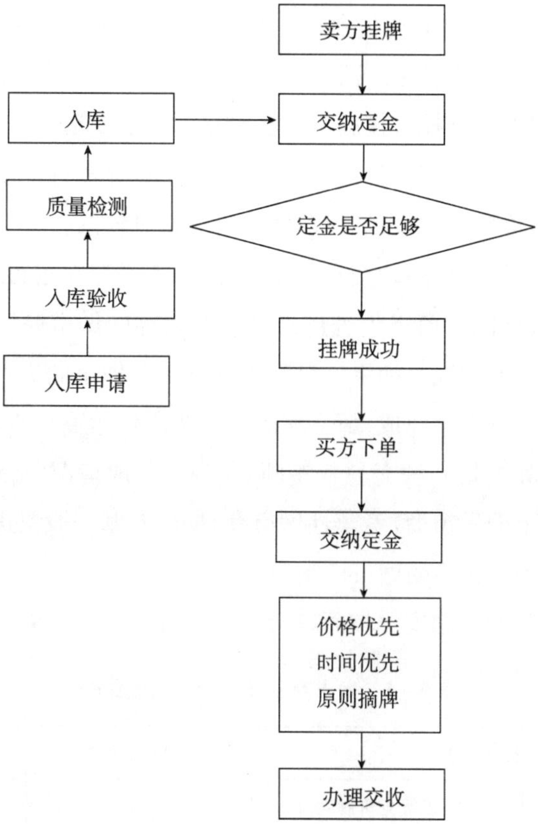

图 9-3　挂牌交易模式图

(3)订单交易方式与实现

交易所的订单交易是指买卖双方在签订订单合同后,可以转让或申请在交易所指定的工作日实现交割。订单合同是指由本市场统一制定的合同。主要条款包括:合同名称、交易品种、交易单位、报价单位、最小变动价位、每日价格最大波动限制、交割方式、交易时间、交割申报时间、交割品级、交割地点、交易定金、交易手续费、交易代码。

订单的电子交易方式采用混合竞价模式。在交易前5分钟采用做市商报价与离散集合竞价结合的模式形成开盘价格，在开盘后采用做市商报价与离散集中竞价结合的模式进行交易。

4. 价格形成机制

(1) 做市商与竞价的比较

价格形成方式是区分交易制度的主要依据。一般而言，根据价格形成方式的不同，交易制度可以分成竞价制度和做市商制度两种。竞价制度也称指令(委托)驱动交易制度、双向拍卖制度，主要特点是遵循"价格优先、时间优先"的原则，由买卖双方的委托直接决定交易价格。竞价制度又分成连续竞价制度和集合竞价制度，前者适用于日内连续交易，对市场流动性的要求较高；后者适用于确定开、收盘价格等，对市场流动性的要求相对较低。

做市商制度又称报价驱动交易制度，主要特点是存在进行双向报价的做市商，买卖双方都根据做市商报价进行交易。在纯粹的做市商制度下，不存在仅有一名垄断做市商的情况。如果一只股票只有一个做市商进行报价，并且所有交易都必须通过该做市商完成，那么理论上该垄断做市商可以通过无限扩大价差来牟利。这实际上是一种交易权垄断。因此，一般情况下，做市商制度下会有两名或两名以上的做市商(竞争性做市商)同时对某一股票进行报价，例如纳斯达克中(NASDAQ)典型的做市商制度。

做市商制度和竞价制度比较而言，具有如下特点，见表9－1：

表9－1 做市商制度与竞价制度比较

<table>
<tr><th colspan="2">交易制度</th><th>流动性要求</th><th>交易成本</th></tr>
<tr><td rowspan="2">竞价制度</td><td>连续竞价制度</td><td>高</td><td>低</td></tr>
<tr><td>集合竞价制度</td><td>中</td><td>中</td></tr>
<tr><td colspan="2">做市商制度(竞争性)</td><td>低</td><td>高</td></tr>
</table>

对于交易制度优缺点的理论研究，目前还存在着较多争议。一方面，在承认做市商制度可以提高市场流动性的同时，对竞价制度的优越性进行论证；另一方面，是对于混合交易制度的特殊性研究，并将其与做市商制度和竞价制度进行比较。

(2)混合交易制度的实现

对于交易所价格形成制度的设计,需要与交易所具体开展交易的实际相结合。目前我国大宗商品交易市场的交易制度主要是竞价类型的交易制度,具体包括离散竞价和连续竞价。由于竞价模式对于交易的流动性要求较高,如果在交易所开设初期就使用完全竞价的交易模式,在交易不活跃时可能会导致交易出现停滞,商品价格的形成机制出现问题。因此,结合我国大宗商品交易市场的特点,我们认为,现有条件下既能维持市场流动性又能适当降低交易成本的混合交易制度是一种适合农畜产品交易系统采用的交易制度。

省域大宗商品交易市场采用新型混合交易模式(见图9-4)。它包括竞价模式、做市商双向报价模式和协议转让交易模式。农畜产品交易系统将对单个交易日内竞价和做市商双向报价两种模式下完成的每笔交易的价格和数量等信息进行实时滚动公告,以确保交易过程的透明。协议转让交易适合于大宗的商品交易,由买卖双方通过向交易所申请进行协商议价。

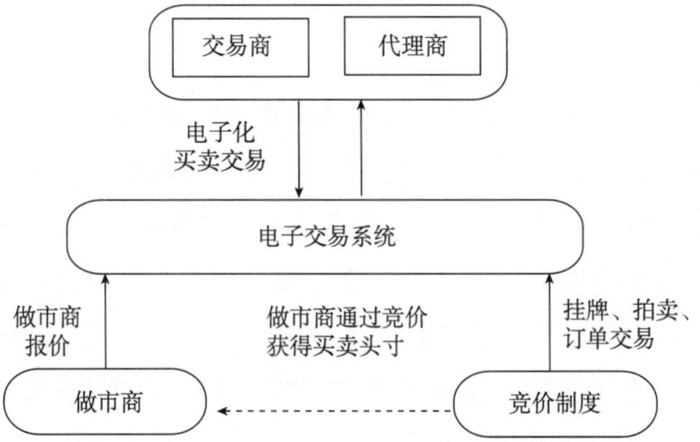

图9-4　省域大宗商品交易系统的混合交易模式

①集合竞价的报价模式及其实现。在单次的集合竞价中,交易价格的确定遵循在规定的集合竞价申报时间内的成交量最大原则。成交量最大原则表述如下:

第一,成交量最大的价格 P_d 即为成交价格。

第二,高于成交价 P_d 的买进申报和低于成交价 P_d 的卖出申报全部成交。

第三,与成交价格相同的卖出申报和买入申报,依照其成交量的多少,按成交量少的一方成交。

当存在两个以上的成交价位时，则选取最接近上一次成交价的价位作为成交价格；若依然存在两个成交价位时，选择价位较高者成交。做市商和其他合格投资者都可以直接参与离散集中竞价。

在单次的集合竞价中，每次交易价格申报被描述为(P_i, Q_i, D_i)，其中P_i为此次商品交易的申报价格，Q_i为此次商品交易的数量，D_i为此次商品交易操作的方向，D_i只能取两个值，卖出或者买进。在规定的竞价申报时间内，交易者可以对目标商品进行价格申报，其中P_b为买入价，P_s为卖出价。对每次交易申报价格，根据满足$P_b > P_d \cup P_s < P_d$时的申报全部成交和满足$P_b = P_s = P_d$时按照$D_{min}(Q_b, Q_s)$，即成交量少的一方成交的原则，对不同的交易价位按成交价进行交易量的统计累加，便可得到集合$S = [(P_1, Q_1), (P_2, Q_2), \cdots, (P_n, Q_n)]$。对于每组$(P_j, Q_j)$，$P_j$为交易报价的价位，$Q_j$即为若以$P_j$作为成交价相应的总成交量。对集合$S$中的所有元素按照$Q_j$的数值排序，得出$Q_j$取最大值时的一组元素$(P_k, Q_{max})$中相对应的$P_k$即为成交价格。若$Q_j$取最大值$Q_{max}$时，有两组或者两组以上的$(P_{ki}, Q_{max})$存在时，对$(P_{k1}, P_{k2}, \cdots, P_{ki})$取算术平均值，选取接近该平均值的价位作为此单次集合竞价的成交价；若无法确定，则继续选取接近于上一成交价格的申报价格作为此单次集合竞价的成交价。

②做市商双向报价模式与实现。做市商报价协商配对模式是基于做市商制度而构建的（如图9－5所示）。在交易系统中，交易商根据做市商对于商品的买入报价和卖出报价进行选择性交易。做市商双向报价模式下分为两个子市场——做市商内部交易市场和做市商双向报价市场。做市商内部交易市场中的交易主体仅为做市商，它是做市商之间用来完成平衡其头寸风险的内部市场。做市商双向报价市场也就是做市商面向合格交易商提供双向报价的外部市场，合格交易商根据做市商提供的商品买卖双向报价，选择成交。

③协议转让交易模式与实现。协议转让是指交易双方在交易所主持下通过洽谈、协商以协议成交的交易方式。当交易的某一方要进行大批量的交易时，可以向交易所申请进行协议转让交易，此时交易所应帮助其联系相匹配的交易对手，同时撮合双方达成协议。通过交易所的主持，协议签订后即按照协议内容进行交易。

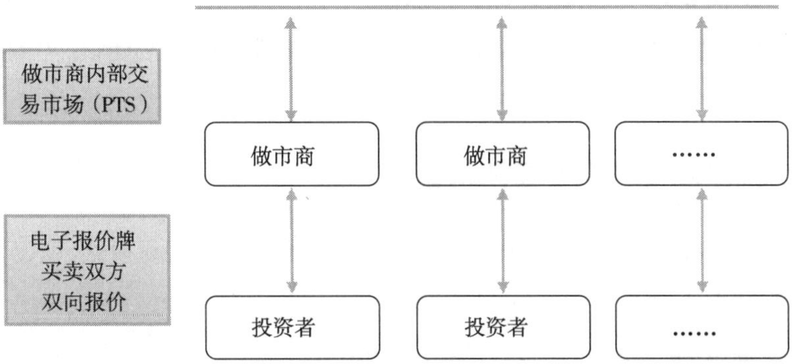

图9－5　省域大宗商品交易系统的做市商交易模式

第三节　湖北省大宗商品交易市场建设案例

一、武汉农畜产品交易所定位

1. 建立背景

改革开放以来，我国商品市场迅速发展。现阶段商品市场可以分为三层，包括现货市场、期货市场和大宗商品交易市场。传统商品交易方式已经远远不能适应当前市场经济条件下的需要，必须改革已有的贸易形式，发挥市场在商品资源配置中的基础性作用，完善价格形成机制，健全商品市场体系，同时建立符合社会主义市场经济要求和我国国情的商品市场交易机制，促进国民经济持续、快速、协调、健康地发展。

2. 交易所宗旨

武汉农畜产品交易所宗旨为：立足湖北、涵盖华中、辐射全国、着眼世界。具体而言，交易所要立足于建立湖北省农畜产品电子交易平台，并连通全国和世界各地市场，推动市场向国际化方向发展。总体以商品交易平台为中心，最终形成涵盖多种交易方式并且可靠、安全、开放的电子交易系统。

3. 设计思路

武汉农畜产品交易所总体上建立流程简约、管理严格、运作规范、风险可控的农畜产品交易系统,搭建交易中心、信息中心,为区域内农畜企业提供风险控制渠道,促进湖北省农畜产业发展,推动武汉区域性金融中心建设,为湖北的经济和社会发展以及我国农业的稳步发展做贡献。

二、武汉农畜产品交易所构架

武汉农畜产品交易所组织构架主要包括交易品种、交易模式、交易方式和市场组织四个方面。

1. 交易品种

以生猪作为首个规范化的交易品种,逐步发展成为多品种的交易所。

2. 交易模式

农畜产品交易系统采用做市商报价、离散集中竞价和协议价格相结合的混合交易模式。

3. 交易方式

农畜产品交易系统采用现货保证金和订单保证金的交易方式,既保证了合规性又增加了交易的活跃性。

4. 市场组织

参与农畜产品交易系统的市场主体主要包括市场监管机构、交易所及其各部门、审核委员会、会员、交易商、登记托管结算部银行、做市商、交割仓库、质检机构和其他服务机构等,市场组织结构如图 9 –6 所示。

市场监管机构:从交易的品种来看,武汉农畜产品交易所交易的主要为农畜产品,属于金融要素市场的范畴,受湖北省金融要素市场风险控制委员会监管。

交易系统审核部:交易系统审核部是农畜产品交易系统的直属部门,负责对拟交易企业或者个人提交的申报材料进行初审,并提出反馈意见。交易商应当是在中华人民共和国境内依法注册的,具备相关行业背景的法人或其他经济组织。

交易商:交易商即参加交易的买方和卖方,包括国际和国内具体从事农畜产品生产、贸易、采购、加工企业以及下游产品的法人或消费者,还可以包括套利投机商。除发展交易商外,还可以发展交易代理商。

登记结算部:卖方交易商在进入系统前需先在登记结算部进行全部商品的

登记。当单个交易日结束后，登记结算部将集中完成对交易的过户及结算工作。交易者通过农畜产品交易系统的账号进行商品交易。

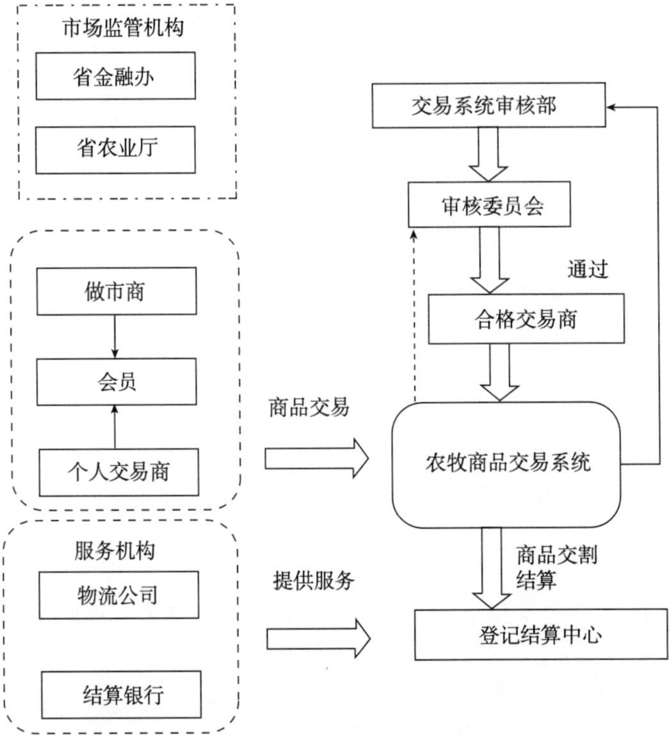

图 9－6　武汉农畜产品交易所组织结构

会员：会员是指经交易所审核批准，在授权范围内从事交易所授权业务的企业法人或者其他经济组织。会员分为特别类、综合类和专业类三种。

做市商：做市商指在交易市场上，具备一定实力和信誉的不断地向公众交易商报出某些特定的买卖价格（双向报价），并在该价位上接受公众交易商的买卖要求，以其自有头寸与交易商进行交易的特许交易商。做市商通过这种不断买卖来维持市场的流动性，满足公众交易商的投资需求。

交割仓库：交割仓库由交易所认定，是交易商品的存放地，交割仓库负责对商品进行保管，对其品质进行检验。交割仓库以及武汉市以外地区建立的分支仓库，既能满足外地的需求，又能为形成国家级的市场做铺垫。交割仓库不仅拥有便捷的地理位置，还能妥善地保管商品，并且与物流公司对接。

服务机构：农畜产品交易系统的服务机构主要包括结算银行和物流公司。

结算银行负责交易平台现金流的运作，除建立在线支付系统以外，每天要对资金进行清收与结算，同时结算银行还应该保证交易商资金的安全。物流公司是一个多功能的企业，职能包括运输、仓储、配送，主要负责集货、理货、库存、配送。随着交易市场规模的扩大，对于物流公司的要求会逐渐提高，有可能选择多家物流公司作为交易市场的服务机构。

三、武汉农畜产品交易所功能设置

武汉农畜产品交易所将农畜产品的现货交易给予拓展，充分发挥交易所发现价格、规避风险的功能，对于促进农民和相关企业稳定增收、农畜产业规模化、湖北省金融及经济的发展有重大意义。

1. 业务范围

武汉农畜产品交易所提供农畜产品挂牌、报价和交易、交割、结算、市场的信息披露、相关的咨询和培训服务以及对于交易商、会员的专项服务等。

2. 参与主体功能实现

武汉农畜产品交易所参与主体为农户、养殖(生产)企业、贸易商和加工储运企业、消费者等。

(1)农户

农户利用交易所价格发现功能，可促进养殖农民稳定增收。农畜产品价格波动具有周期性特点，目前农畜产品价格波动较大，众多农民往往在农畜产品价格上涨阶段盲目扩大生产，结果在供大于求、价格下跌时，陷入亏损困境。通过交易所的电子交易，可以帮助广大农户通过交易行情及时了解未来的市场价格走势，合理调整种植规模或养殖规模，利用交易市场“先卖后养”规避风险，从而降低生产经营的盲目性，实现稳定增收。

(2)养殖生产企业

生产企业把交易市场作为套期保值的场所，有利于农畜产品相关企业避险。建立新型现货交易和订单交易市场后，相关企业可以在交易所选择合适的交易方式，在合适的时机买入或者卖出，将企业面临的风险控制在一定的范围内，规避价格大幅波动产生的风险，保持企业收益长期稳定的增长。

(3)贸易商

收购商把交易所作为稳定的销售渠道，降低了收购的风险。在传统的收购销售模式中，收购商上门收购农产品，然后卖到外地。现在收购商可以通过交易市场进行大量的无风险买卖。同时，交易所不仅是一个交易中心，还是一个信息中心，收购商通过交易市场公布的信息可以及时调整自己的收购策略，通过市场的供需情况来确定收购的数量和价格。

(4)加工储运企业

加工企业通过交易市场可以稳定加工原料，促进企业规模化。畜牧养殖业易于朝着产业化的方向发展，目前我国也正在此进程中，但产业化程度不高。农畜产品交易所的出现，为大宗农畜产品的交易与保值提供了重要的市场，对于促进整个农畜产业的规模化有重大意义。交易所实行订单交易与现货交易相结合的现代化交易模式，为农产品的产销对接、产需直供提供便捷通道，减少流通环节、降低流通成本。

(5)消费者

消费者可以利用交易所提前锁定采购成本，减少仓储费用、资金成本，同时可应对通货膨胀。

3. 业务流程

参与主体进入农畜产品交易系统交易的流程如图 9 - 7 所示：

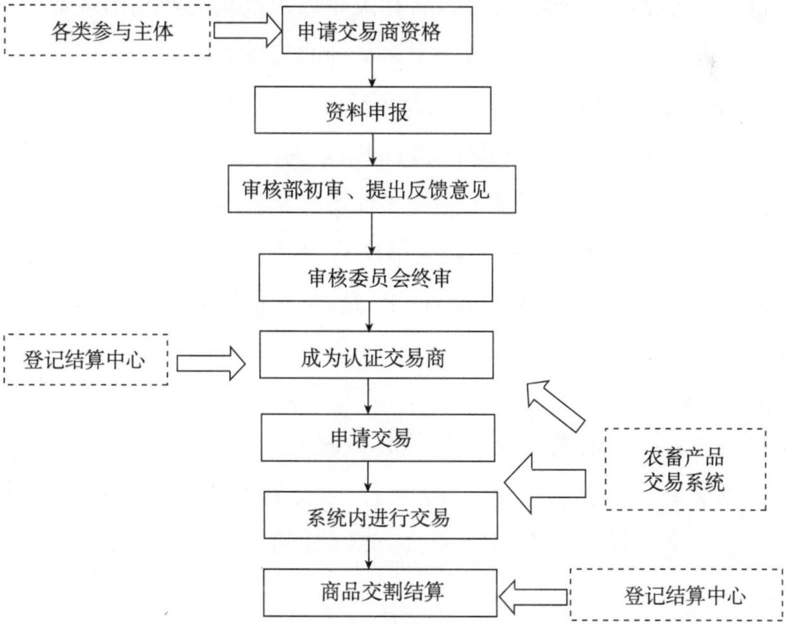

图 9 - 7　农畜产品交易系统业务流程

四、武汉农畜产品交易所特点

武汉农畜产品交易所按照我国构建多层次商品交易市场的目标，成为期货市场与现货批发市场外的另一种电子交易市场。与期货市场相比，武汉农畜产品交易所的交易方式更加灵活、交易品种更为多样，为农畜企业提供了广阔的市场及风险控制的场所。与传统的现货批发市场相比，武汉农畜产品交易所采用电子化的交易方式，在节约交易成本的同时也能有效规避道德风险，灵活的交易模式解决了纯现货对于风险控制的缺陷，在提供杠杆效应的同时又能规避履约风险。与已有的农产品大宗商品交易市场相比，武汉农畜产品交易所能够提供多品种、多方式的交易，采用现货加保证金、订单加保证金交易方式，为农畜产业提供服务。

1. 武汉农畜产品交易所创新点

(1)全品种交易

目前，我国的商品期货交易所采用标准化交易，所有的交易商品均是标准化的产品，导致上市交易的商品品种有限。与此同时，我国的现货批发市场采用非标准化的交易，交易的集中化程度与规模化程度都有所欠缺。而武汉农畜产品在进行规范化产品交易的同时，将相关难以规范化的产品用现货加保证金的交易方式进行交易，最终可形成一个多品种的交易市场。

(2)现货加保证金与订单保加证金交易方式

现货加保证金交易方式不同于传统的大宗商品交易，这种交易方式是传统现货交易的创新，通过加入保证金制度来控制交易的风险。

订单农业是现行农业中常见的产销模式，政府提倡，农民安心。订单加保证金的交易方式带有衍生品的性质，订单与保证金的结合在控制风险的同时也利于提高交易活跃度。

(3)混合交易模式

交易模式的设计需要与交易所的具体背景相结合。我国现行的大宗商品交易市场交易模式多以竞价方式为主，当交易不活跃时交易可能出现停滞。实行混合交易模式可在实行竞价方式的同时，引入做市商制度，增加交易活跃度。

2. 与国内商品期货交易系统的比较

(1)市场定位不同

商品期货市场定位于多层次商品体系中的顶端,是在现货市场基础上发展起来的高度组织化和规范化的市场形式。这种形式违约风险小、管理完善,但同时也使得期货市场交易品种有限,交易方式较为单一。武汉农畜产品交易所定位于大宗商品交易市场,处于传统现货批发市场与期货市场之间,能够兼有纯现货市场与期货市场的优点,形成多品种、多种交易方式的交易所。

(2)价格形成方式不同

目前,我国商品期货交易市场的价格形成方式主要为竞价模式。开盘集合竞价在某合约每一交易日开市前5分钟内进行,集合竞价阶段完毕后采用连续竞价的方式形成价格。我国三家商品期货交易所面向全国汇聚了大量的资源,交易量比较大,能够满足竞价交易模式所需条件。武汉农畜产品交易所在起步阶段影响力不能与现有的三家商品期货交易所相比,采用竞价与做市商兼有的混合交易模式,在交易所的起步阶段能够解决流动性不足的问题。

(3)交易品种不同

我国商品期货市场的交易品种主要包括农产品、金属与部分工业品,其交易品种的设计需要考虑众多的因素,包括规范化、交割以及与国际商品期货市场的关系问题等。武汉农畜产品交易所能够开设期货市场难以设立的交易品种,对于期货市场形成良好的补充。

3. 与已有农畜产品交易所的区别及特点

武汉农畜产品交易所与已经正式运行的已有农畜产品交易所一样,同属于大宗商品交易市场,并且交易的品种也都是农畜产品类。与已有农畜产品交易所相比,武汉农畜产品交易所主要在以下几个方面有所不同:

(1)交易方式

已有农畜产品交易所主要采用三种交易方式:中远期交易、竞拍交易、要约交易。其中,中远期交易是交易商通过竞价而达成电子成交合同的交易模式。竞拍交易类似于武汉农畜产品交易所的拍卖交易,要约交易类似于挂牌交易的模式,但是武汉农畜产品交易所的挂牌交易品种更为丰富。武汉农畜产品交易所交易方式的核心是现货保证金和订单保证金的交易方式。

(2)交易模式

已有农畜产品交易所主要采用竞价交易模式,包括离散竞价与连续竞价。而武汉农畜产品交易所不仅存在竞价的交易模式,还引入了做市商,形成了一种混合型的交易模式。在交易所成立初期,此种交易方式能够较好的保证流动性,在交易不活跃时实行做市商制度,即混合交易模式。

(3)行业背景

湖北省拥有农业大省的行业优势,目前正在向农业强省跨越。特别是在生猪的生产以及加工商,有更明显的行业优势,此外湖北省拥有众多的优势农畜产品,如蜂蜜、菜籽油、淡水鱼等,未来交易所拓展交易品种拥有较大的选择余地。

五、交易品种

武汉农畜产品交易所旨在建立多品种、全方位的交易市场,起步阶段以生猪作为首个交易品种,随后加入其他交易品种。

1. 生猪

湖北省历来是全国生猪主产区之一,是全国生猪优势区域布局规划中重要的商品猪生产基地,也是我国种猪培育与现代养猪新技术、新模式研究与开发的科技强省,种猪生产大省、强省,无论种猪质量、人才和科研优势均位居全国前列,在全国具有较强的竞争优势。生猪产业已经成为湖北省畜牧业的重要支柱产业,也是促进我省农民增收致富的重要途径。随着生猪产业的转移越来越快,北京、上海等大城市及广东沿海地区正逐步退出畜禽养殖,畜禽养殖正在向中西部汇集。生猪价格波动较大,养殖成本快速上升,特别在我国通货膨胀的背景下,市场对于生猪的避险需求也很大。

2. 菜籽油(菜粕)

菜籽油是我国主要食用油之一,年产量占全国产量的1/6,占全球产量的1/18,连续多年产量居全国第一。随着公众健康用油观念的提升,菜籽油在国内市场前景看好。建立菜籽油、菜粕交易市场对于本省的油脂产业、饲料产业有促进作用。

3. 淡水鱼

湖北省素有“千湖之省”的美誉,淡水鱼资源丰富,品种之多位列全国之首。

虽然其余临江靠湖的省份也出产淡水鱼，但论产量、比口味、拼营养，湖北省存在一定的优势。所以像黄鳝、泥鳅和“四大家鱼”等主要水产品，八成以上都是销往外省。

4. 禽蛋

湖北省是国内传统的鲜蛋生产大省，蛋鸡产业在该省畜牧业中仅次于生猪产业，比较优势明显。同时，湖北省拥有蛋品加工企业聚集的优势，拥有多家大型蛋品加工企业。相比其他省份，湖北省蛋品加工的产业化链完善，有利于在交易所开设禽蛋品种的交易。

六、规范化合约设计——以生猪为例

1. 合约设计原则

(1)遵循现货交易习惯

虽然大宗商品交易在分类上高于一般现货交易，但在合约设计上必须立足于现货交易模式，遵循现货交易已有的交易习惯。特别是合约中的标准度设计中，要与现有交易相一致，以便交易方式能够在短时间内为市场所接受。根据湖北省生猪交易的特点，在合约设计中，采用了与现货交易接近的标准制度，为实物交割提供方便。

(2)满足标准化合约要求

标准化合约设计本身就有一定的要求，需要考虑的因素比较多。大宗商品交易的标准化合约设计应与现有标准化合约的规则一致，在设计上，应该遵从已有的合约设计要求，更加清晰地体现出标准化合约的特点。在这一点上，可以借鉴我国商品期货市场的标准化合约设计方式。

2. 交割制度

武汉农畜产品交易所从遵循现货贸易习惯、降低交割成本、防范交割风险三个方面出发，设计了生猪交割制度(如图 9－8 所示)。

3. 结算

生猪的结算由交易所与结算银行配合进行，结算银行由交易所指定，结算通过专用结算账户进行。

4. 涨跌停板与保证金

涨跌停板和保证金制度是市场最为重要的风险控制手段，这两项制度的科学设计是市场平稳运行的关键。

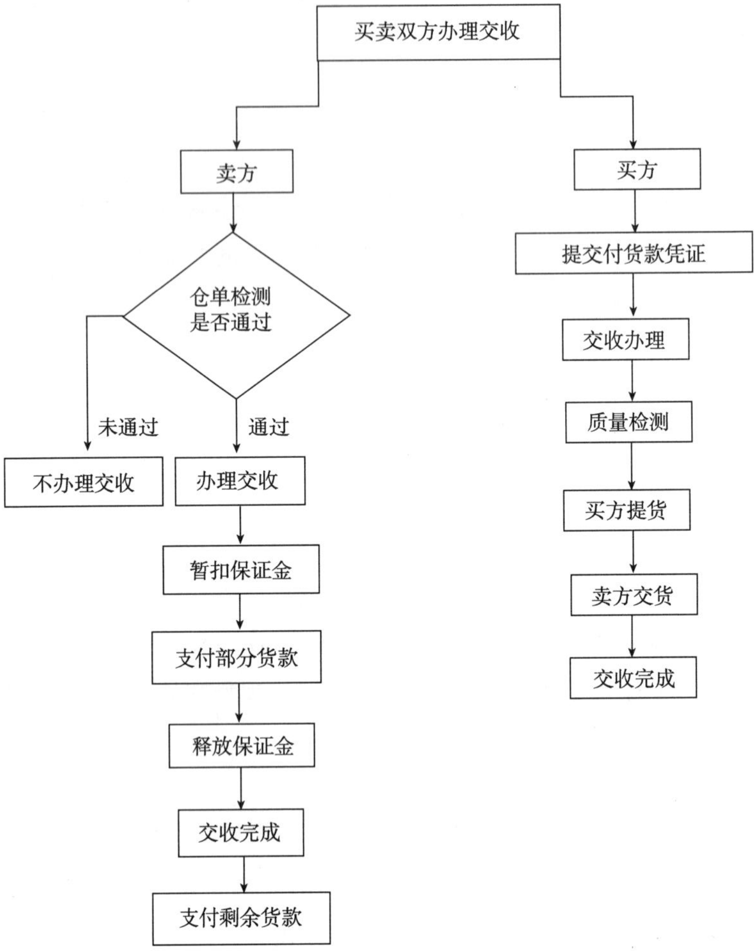

图9-8　交割制度示意图

5. 交易单位

交易单位是一份合约所代表的商品数量，通常与现货交易的习惯保持一致。

6. 最小变动价位

最小变动价位的选择往往关系到交易的活跃度，如果买卖价差的间距太小，无效报价就会大幅度增加，降低了交易效率；间距太大，报价太少，可能会大幅降低合约的流动性。

七、农畜产品交易系统的风险控制与监管

农畜产品交易所的风险主要分为三方面的风险，包括政策风险、监管风险与做市商风险。

1. 政策风险

武汉农畜产品交易所属于大宗商品交易市场性质的交易所，目前国家对于大宗商品交易所的监管法律法规主要有《大宗商品电子交易规范》、《大宗商品交易管理暂行办法》以及《大宗商品交易市场管理办法》，其他的法律如《中华人民共和国公司法》、《中华人民共和国合同法》也有涉及。

大宗商品交易市场虽然含有衍生品的性质，但是国家政策将其与期货严格分开。国家对于变相期货有如下定义：变相期货是指未能纳入证监会监管范围、未经证监会批准或核准的场外交易市场。该市场采用规范化合约和卖空、平仓对冲、集中撮合以及履约保证等交易机制并允许公众交易商将其作为一种金融投资工具而参与。

为了适应国家政策法规有关规定，我们做出如下约束：

(1)行业背景约束

武汉农畜产品交易所建立交易商经营主体资格审查制度。交易商应当是在中华人民共和国境内依法注册的，具备相关行业背景的法人或其他经济组织。

(2)交易方式约束

武汉农畜产品交易所采取的是带有保证金的交易模式，符合目前国家有关法律的规定。本交易所采取的是现货交易模式，与期货交易有所区别，一切交易都是基于现货进行的。

(3)保证金约束

武汉农畜产品交易所的各种交易方式中都采用保证金制度。保证金交易是指在农畜产品买卖业务中，市场参与者不需对所交易的农畜产品进行全额资金划拨，但需按照交易总额支付一定比例的价款，作为农畜产品实物交割时的履约保证。武汉农畜产品交易所严格遵守国家有关规定，保证金额度在20%以上。

2. 市场监管

(1)涨跌幅限制制度

该系统规定系统内交易商品的基准单位交割的单个交易日最大价格偏离值限幅。对价格偏离值的限制能够有效地避免市场的异常波动。根据商品交易市场的实际情况,涨跌幅限制为上一交易日结算价格的5%,单向连续涨跌停等特殊情况除外,交易所有权进行调整。

(2)履约保证金制度

农畜产品交易系统的履约保证金的设立,是为维护交易系统内市场的正常运转而提供的履约担保和弥补因不可控因素造成的违约风险所带来的亏损。

(3)稽查制度

农畜产品交易系统内风险管理的各项规章制度的贯彻落实需要市场监管部门实行严格的稽查制度。一般情况下,稽查的对象主要为做市商,其次是普通交易商和其他中介机构。稽查的内容主要包括交易业务稽查、资金稽查和信息披露稽查等。

(4)会员资格审批制度

在农畜产品交易系统内获得做市商的资格必须首先成为会员。会员资格需要满足相关制度规定的各项条件,经过交易所相关部门的严格审批方可取得。成为会员以后,需要服从农畜产品交易系统相关监管机构的监管。

(5)重仓交易商报告制度

大客户报告是指当做市商和交易商所持有的头寸达到了系统内规定的一定数量时,交易者应向农畜产品交易系统的相关监管部门报告其交易的具体情况,包括交易的资金情况和头寸的持有情况等。连续交易超过系统规定的一定数量时,应向相关监管部门报告。

(6)对其他参与者的监管

对其他市场参与者的监管主要包括对中介服务机构的监管和对交易商及相关第三方的监管。对中介机构的监管主要集中在中介机构提供的相关报告的真实性、合规性、独立性等方面,规避由中介服务机构的因素导致的虚假信息传播和对市场稳定的不利影响。对于交易商及其第三方的监管,主要是为了规避交易商和关联第三方与交易主体联合操控价格,进行内幕交易等行为。

（7）充分公开交易信息

农畜交易系统内进行的交易信息都会集中进行披露，包括交易的时间、交易的商品价格、数量及交易系统持仓量排名靠前的会员、交易商等。交易信息的充分披露，有助于建立一个充分透明化的市场，有利于更好地评估市场运行的稳健程度并有效地估计和控制系统性风险。

（8）进一步完善相关的法律法规

制定和出台一系列相关法律法规和相关制度、规则，为商品交易系统的监管提供法律支持，进一步完善商品交易系统的监管体系，使其行使的监管行为规范、有效。

（9）加大教育力度

加强对交易商的风险意识教育和专业培训，就农畜产品交易的特点、交易制度、风险承担与收益获取等内容及时对交易商进行教育，鼓励、引导交易商利用交易系统进行合理的交易。同时加大对交易商关于农畜产品交易系统的宣传力度，定期进行风险控制的专业培训，以增强各自的风险防范意识和控制风险的能力，实现整个交易系统的平稳持续发展。

第十章　省域农业金融工程建设

农业是我国国民经济的命脉，是省域经济赖以发展的重要力量。目前我国省域农业发展仍然面临一定问题，如农业产业价值链不合理、资金投入不足、真正的农村合作金融和民间金融缺失、金融体系缺乏活力等。现有涉及农业的研究虽然很多，但有关省域农业金融方面的研究成果仍较少见。

本章通过构建省域农业金融工程支持体系，充分整合利用省域农业产业各项资源，运用工程化思想、金融化平台发挥农业资源的最大产能，提高农业发展效率，增加农民收入，最终实现省域农业产业链升级和增值、农业的可持续发展及省域经济的跨越式发展，并以湖北省为例，以期为各省份金融支持农业发展提供范式。

第一节　文献综述

叶永刚、张培和宋凌峰（2012）指出产业金融工程是通过金融工程与产业的融合以促进产业跨越式发展，即使用金融工程的核心思想和方法，充分整合产业资源，使用积木分析法和工程化手段来实现产业价值增值。农业金融工程将金融工程与农业产业相融合，用金融工程的核心思想和方法促进农业产业的跨越式发展。

王化信（1997）对国内关于农业产业化的提法进行了评论，并对农业产业化内涵进行了界定，认为农业产业化主要指农工商一体化或者生产、加工、销售、服务一体化。蔡志强博士（2004）指出，龙头企业是我国农业产业化经营的主体，中国的农民合作组织均是由龙头企业带动而展开的。龙方（2005）指出，财政支持农业产业化实质上就是资金的支持，即资金的投入。资金投入的方式有六种:无偿投入、担保贴息、补贴、投资参股、借给有偿资金、建立风险基金。

在我国农业面临的问题方面,研究主要针对的是我国农业在金融方面存在的问题以及潜在风险,通常这两方面存在深刻联系。任军利、黄春磊(2012)从中国与日本在农业金融体系中的对比出发,认为农业本身的特性决定了我国必须大力发展农业金融才能使农业得到长足发展,我国金融业应该继续坚持对农业的输血机制。王锡桐、冉光和(2002)认为,中国政策性金融在农业发展历程中一直在曲折发展,现阶段有关农业的政策性金融存在的主要问题是运作不规范,主要表现为:机构设置不合理、资产负债失衡与不良资产居高不下。张乐柱(2001)认为,农村金融组织与农业产业化发展的许多不适应、民间金融过于逐利的弊端、对农业金融风险管理措施的缺失、未能把握好支持农业产业化的切入点四个方面,阻碍了金融部门对农业产业化的更好支持。

第二节　省域农业金融工程基本概念

一、农业发展概况

作为国民经济的基础产业和相对弱势产业,农业发展一直是党和国家相当重视的问题。2007 年中央文件提出要发展现代农业,强调用现代物质条件装备农业产业发展,用科学技术改造农业发展,用现代产业体系提升农业发展,用现代经营形式推进农业发展,并用培养新型农民来发展农业。作为全国农业经济的基本构成要素,分析省域农业的发展情况、提高省域农业发展竞争力便是题中之意。

改革开放以来,我国农业得到了比较大的发展。在我国省域经济中,不论经济发达与否,农业都占有十分重要的地位。我国农业发展在技术、资金运用和管理模式上都有巨大的进步。特别是在资金运用上,我国政府十分重视农村金融,逐年加大对农业的支持力度。现阶段,我国政策性银行和商业银行都有针对性地为农业提供服务。在省域经济中,涉农金融机构成为了支持农业发展的主力军,它们为农业的发展提供了大量的资金支持。

二、农业金融工程内涵

农业金融工程是指金融工程与农业产业的融合,而省域农业金融工程即是将农业产业金融工程的思想运用到省域范围内。通过使用农业产业金融工具、构建农业产业金融服务平台、建立农业产业风险控制体系,并依托地区金融支农政策实现省域金融反哺农业的可持续健康发展。

省域农业金融工程基于省域的农业资源优势、农业发展环境特点和农业经济发展现状和问题,充分利用和整合农业发展各种资源,通过资本化运作、金融工程体系构建、制度创新、有效风险管理和控制提高农业相关资源使用效率,覆盖包括粮食作物和经济作物的种植到田间管理、生产等诸多环节的省域农业产业链,最终达到省域农业产业链价值增值最大化。

三、构建省域农业金融工程的重要意义

1. 整合省域特色资源

在大多数省域的农村中,自然资源、劳动力资源、金融资源、政策资源缺乏有效整合,处于各自为战的状态,很难发挥合力,这样就造成了资源的浪费和生产力的流失。并且各省域的资源状况并不相同,不存在完全一致的整合方式。

省域农业金融工程立足于“省域”,将行政辖区作为农业金融工程的研究划分标准,有利于农业产业的规划和发展。因为农业产业与地区资源禀赋、环境特点和地方行政管理联系紧密,而省域农业竞争力的提高涉及对省域资源的配置和利用、对生产要素的重新整合及对地方支农政策的有效协调。省域农业金融工程的这种研究方法便于各省农业特色资源的整合及农业产业发展措施的实施和操作。

2. 推进省域金融反哺农业

构建省域农业金融工程支持体系,包括充分利用金融资源、创新金融工具、构建金融服务平台、协调金融政策等多个方面。省域各产业相关领域和环节中有着丰富的金融资源,但由于各种原因,金融并未能有效反哺实体经济发展,尤其是农业发展。比如,农村信用社、农业银行等信贷机构虽然拥有大量资金,民间也存在大量闲散资金,但这些资金仍不能满足农业发展的要求。

3. 实现省域经济跨越式发展

我国是农业大国，农业仍然是大多省域经济发展的重要支柱，只有各项资源有效整合，农业实现了产业化和现代化，才能真正支撑省域经济实现跨越式发展。

4. 提高全国农业、经济发展水平

我国经济的发展已经到了一个转型期，传统的出口导向型经济增长方式弊端日益显现，国家日益认识到扩大内需的重要性，而中国最大的内需在农村。农村有广阔的消费市场，因此，通过省域农业金融工程支持体系大力发展省域农业，提高省域农民收入水平，对于开拓全国农村市场、扩大全国内需具有极其重大的意义，农业的发展将关乎中国经济下一轮的持续增长动力。

第三节　理论框架

一、农业产业价值链分析

1. 农业价值链现状

省域农业产业价值链与一般农业产业价值链条的基本构成一致（如图10－1所示）仍然由上游的设计研发，到中游的产品生产，至下游的销售服务。从各节点供给者角度来说，上游主要由提供农药、化肥、种子、机械等生产要素的企业组成；中游是以农民为主体的农业生产活动；下游则由农产品加工、销售的企业组成。由于农业龙头企业对省域农业发展的重要作用，根据农业产业链的分布，可将省域农业企业分为四种类型：生产资料提供型、农产品收购加工型、农产品销售型和功能型企业。

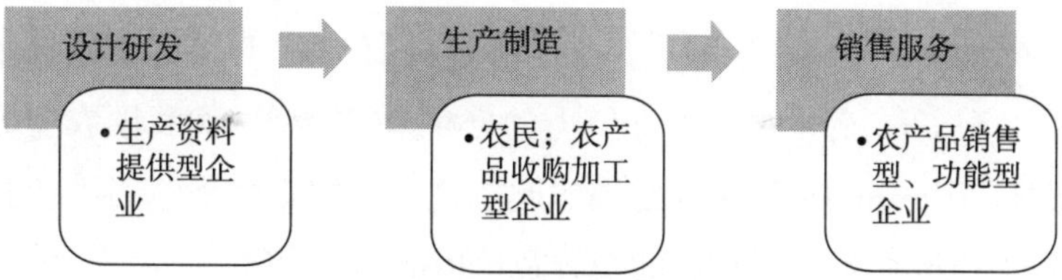

图10－1　省域农业产业价值链

农业和生产制造业一样都是中间环节利润最低，两端的价值最丰厚。没有研发能力只能做代理，农民只能赚辛苦钱；没有市场营销及拓展能力，再好的产品当产品周期过了也只能作为废品处理。相关研究表明，"微笑曲线"可以应用于农业，理想的农业产业链应如图 10－2 中曲线 1 所示，上游和下游比较发达，并且附加值较高，当设计研发和销售服务水平提高后能反过来进一步促进农业产品生产的发展。而我国省域农业价值链的曲线却与理想状况恰恰相反，如曲线 2 所示，大量人力物力均投入到中游的农业生产，不但浪费了地域资源，而且生产效率低下、产品质量也不高，使得产品与市场脱节，价格极不稳定。

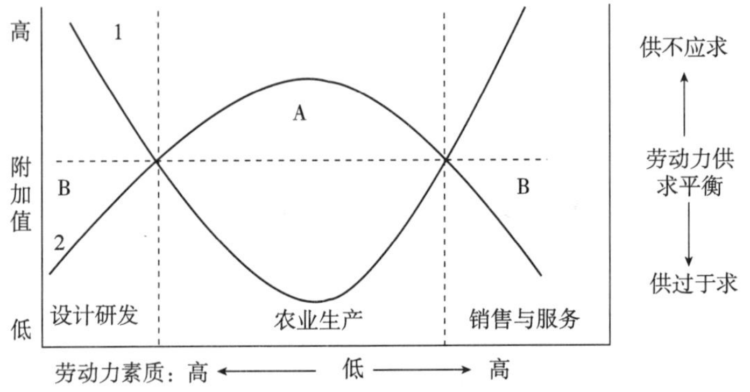

图 10－2　农业产业价值链的"微笑曲线"

（参考来源：张涛，《基于供应链视角的农业价值链分析》，《河南科技》2013 年第 1 期）

2. 产业链存在的问题

（1）农业产业价值链不合理

我国省域农业产业价值链的不合理主要体现在两个方面。一是供应链规划不合理，因此农产品无法顺利流通。农户分散生产和销售，没有规模效应，从而无法促进农业相关产业的发展壮大，这也是我国各省份农产品在市场上缺乏竞争力、流通受阻的原因。二是农业劳动力分布不合理。相关统计资料显示，美国农业劳动力 70% 集中于农产品加工和销售商，生产环节的价值仅占产业链总价值的 20% 左右，劳动力在产业链上的分布呈"U"型。而我国农业劳动力却明显呈倒"U"型分布，各个省份更是如此。这种"中间大，两头小"的分布规律浪费了过多劳动力，不利于农民的增收及价值的提高。

（2）金融支持力度不足

对省域农业的金融支持主要可以从四个方面来看，即政策性金融、商业性金融、合作性金融及农业金融合作组织。目前,我国省域在政策性金融支持农业发展业务方面,农业发展银行、农业银行、农村信用社三者仍有业务混淆和冲突现象:政策性金融作用有限,扶持力度不够,主要表现是农业发展银行资金来源不足,业务单一。在商业性金融业务方面,农业银行由于组织体系和农村业务的萎缩,使其原有的农村金融主导地位不复存在;而农村信用社尽管实力薄弱,但仍充当着农村金融主力军的作用,农村信用社的官办性质、商业性追求使其丧失了合作金融性质,真正的农村合作金融与民间金融基本处于地下或半地下状态。因此,从整体上看,我国省域农业产业化发展尚处于农村金融抑制的环境中。

省域农业金融工程体系通过政府、各类信贷机构、期货公司、保险公司和担保机构等金融机构来构建农业金融工程支持平台,分别为农业产业链上游、中游和下游提供金融支持,从而促进产业链的优化、延伸和价值增值。因此,该体系主要由省域农业金融工程平台和各方参与机构及个人构成,而其作用主要依托于平台进行,首先支持产业链的优化,然后促进产业链的延伸及增值。

(3)省域农业金融工程平台支持产业链优化

省域农业金融工程平台(如图 10－3 所示)是省域农业金融工程支持体系的核心部分。第一,对上游企业的资源整合,将农业发展分散的资源,通过资本化运作充分调动资源,实现资源价值升值和使用效率提高。第二,通过各种专业金融机构的资本化运作后使资源充分发挥效能,为农民提供资金支持、技术指导、经纪业务和政策支持,核心工具是金融工程的工程化思想。第三,管理农业金融工程实施过程中的风险,尤其是下游销售服务企业在运作过程中的风险,为市场提供价格指导,确保价值增值的顺利实现、资本化运作的顺利运转。

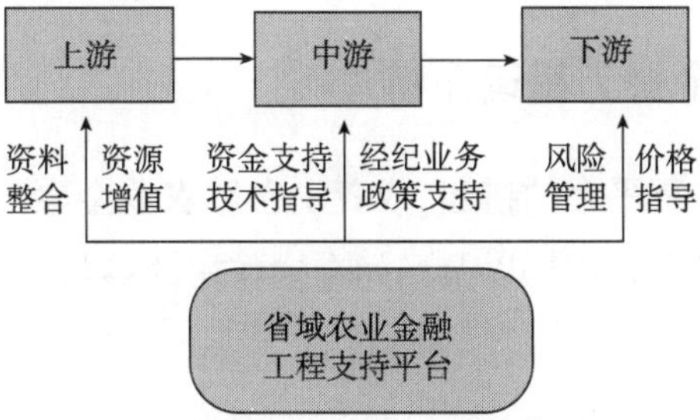

图 10－3　省域农业金融工程平台支持框架

(4)省域农业金融工程平台支持产业链延伸及增值

在省域农业金融工程平台的带动下,省以下(含省)各级政府、金融机构、企业、农户和高校研究所等将形成高效合作平台,充分利用省农业、金融、人力、科技等各种资源改革农业经营方式,充分利用各种资源,提高农业产业化科技含量,完善农业产业链条。农业产业链的完善将带动其附属加工、质检、贸易、物流、资金运作的发展,以此为源头带动省工业、服务业整体产业链的升级(见图10-4)。

具体来说,省域农业金融工程支持平台主要包括政策性金融支持、商业性金融支持和合作性金融支持三个方面。围绕这三类支持形成的体系主要参与者包括政府、农户、信贷机构、期货公司、保险公司、担保机构以及相应金融要素市场等。政府指导农业金融平台的构建;农户主要承担了农作物生产的任务,配合农业金融工程平台做好具体品种的选取及播种量确定等工作,农业金融工程平台可为农户生产所需资金小额贷款做担保;信贷机构指为农业发展以及整体运作提供信贷的金融机构,包括信用社、银行、风险投资等;其他金融机构包括期货公司、保险公司、担保机构等。

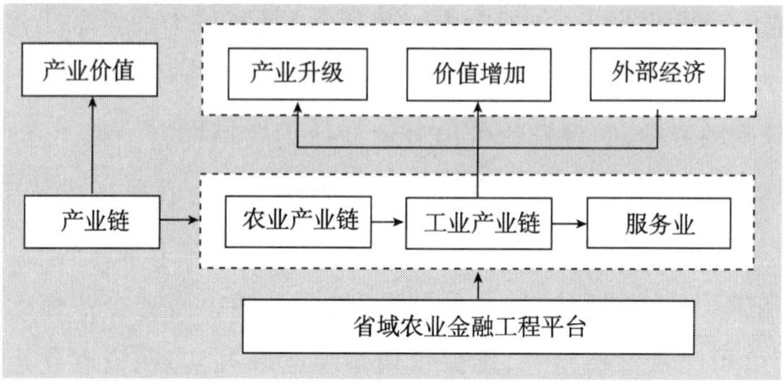

图10-4 省域农业金融工程平台支持产业链增值

二、省域农业金融工程运作模式

省域农业金融工程平台的搭建,或者说省域农业金融工程体系的运作需要政府、金融机构、金融要素市场以及民间金融作用的参与。

1. 政府财政

政府指导农业金融平台的构建,监督平台运营,并进行相关政策扶持,如对农业的相关支持及对期货农业的专项金融支持等；在监督平台及整体建设进展的同时，政府还可以积极推动天气期货等有利于农业发展的衍生金融工具品种的出台，由此进一步推动农业与金融的结合，为农业的发展保驾护航。

考虑国家农业补贴、地方政府扶贫资金和农业中小企业发展资金，以此建立政府专项引导资金，以完善产业金融工程贷款贴息制度、奖励基金制度以及资本金注入制度等。

2. 金融机构

银行信贷具有资金量大、周期较长的特点，一般来说，银行的涉农贷款成本并不高，相对产生的费用也较低。但是，由于农业本身的特点，抵押物缺乏且周期长、存在的风险较大，导致贷款获得审批的难度大、流程长。因此，传统的信贷模式受自身的限制，并不能全力支持农业的发展，也满足不了农业发展所需的资金。

3. 金融要素市场

省域农业金融工程支持体系的搭建包括对金融要素市场的充分利用，而金融要素市场既为企业在资本市场上融资手段，又是提供风险控制的场所。从融资角度来说，对金融要素市场的利用主要包括发行企业债券、发行信托产品、资产证券化、资产股份化、产权交易市场、国内外证券市场上市等。

（1）区域大宗商品交易所

各省农业相关企业可以在交易所选择合适的交易方式，在合适的时机买入或者卖出，将企业面临的风险控制在一定的范围内，规避因价格大幅波动产生的风险，保持企业收益稳定增长。

（2）农村土地交易所

农村土地交易所属于产权交易所中的一环，其设置是为了推动农村土地流转交易，为农民提供筹集资金的手段。通过农村土地交易所，能够在市场的手段下，实现农村各种生产要素的流动，提高农民收入，推动农业发展。

（3）股权交易市场

我国的证券市场除了主板市场与创业板市场以外，未上市股权交易市场也得到了长足的发展。比如湖北省武汉股权托管交易中心的建立为企业的上市提供了一个平台，农业企业在初期可以选择首先在武汉股权托管交易中心上市筹集资金，等到企业进一步发展后，再争取到主板市场或者创业板上市。

4. 期货市场

为了规范农民利益分配模式，借鉴期货金融工程思想，省域金融工程体系的搭建同样可利用期货市场，形成省域期货农业金融工程项目运作模式，使利益分配更趋合理。这从本质上维护了农民的利益，同时将利益分享扩展到整个项目的参与者，使得各方均能获得合理收益。

期货农业金融将期货与农业相结合，利用期货工具的价格发现、风险规避等功能，解决地区农业缺乏规划、传统农业生产与市场需求不匹配、农产品价格不确定、农民家庭式生产与采购商之间信息不对称等一系列问题。在产业链下游，以农业金融工程平台为中心，将农户、期货公司联系起来，锁定农产品价格，进行套期保值。

5. 民间金融

在国外和我国广大农村地区存在的民间金融也叫做民间借贷，借贷双方一般是民间经济主体，也包括一些民间经济主体与非民间经济主体之间的融资。具体形式有自由借贷、银背信用、私人钱庄、典当信用、民间商业信用、民间集资和农村合作基金会等。其中，自由借贷是目前我国省域农业民间金融的主要形式。按照偿还价值不同，自由借贷又分为有偿无息借贷、有偿低息借贷和有偿高息借贷。民间金融在一定程度上发挥了调剂资金余缺、促进农业发展的作用，因此要在加强管理的前提之下正确对待、积极引导、趋利避害。首先，制定明确的浮动利率标准，作为划分正常借贷和高利贷界限的标准；其次，根据不同省域的经济发展特点、资金供求情况；最后，发展农业银行和农村信用社借贷业务，尤其是搞活农村信用社来发挥其对民间金融的制约作用。

6. 农业产业链各阶段金融支持体系的构建

基于省域农业金融工程研究框架，借助政府财政、金融机构、金融要素市场、期货市场和民间金融的力量，构建省域农业产业链各阶段的金融支持体系，以实现产业链本身的优化升级和产业链向中下游及相关产业的有效延伸。本章第四节将以湖北省为例，构建省域农业产业链各阶段金融支持体系。

三、政策支持

1. 出台农业产业发展扶持政策

政府可以引导社会资金流向，促进银行信贷资金、保险机构保险资金对农业生产企业的加大投入和支持力度。

第一，设立农业产业化专项资金。例如，可以设立农业综合开发产业化经营专项资金、农业结构调整专项资金、农产品加工专项资金等，通过一系列贴息、担保、补助、奖励等方式，加大对农业产业化龙头企业开展技术研发、基地建设等的支持力度。

第二，给予税收减免政策。例如，可以对龙头企业和合作组织直接用于农、林、牧、渔业的生产用地免征城镇土地使用税；可以给予企业产品出口业务相应的出口退税、出口补贴和保税区税收优惠，等等。

第三，开展农业合作及招商引资对接会。开展农业产业化、畜牧业等银企合作和招商引资对接会，鼓励龙头企业进行收购、控股等规模扩张，为龙头企业注入新的活力。

第四，给予种养殖农户财政补贴。以农户的种植面积或养殖规模为基数给予农户相应补贴。

2. 加大对技术机构资本投入力度

第一，政府通过设立专项资金支持技术指导机构的建立，设立农业科研机构、技术研发中心、实验室、质检中心、技术服务站等，为农户种养殖提供品种培育、种养技术指导、质量安全检测等服务。第二，鼓励企业投资新项目和技术改造，对于那些投资高新技术项目、重点技术改造项目的企业，可以优先推荐享受国家及省政府贴息、贷款和科技扶持资金。第三，通过聘请专业的科研、技术、农技人员，提高技术水平。

(1)给予龙头农业企业政策支持

第一，采取措施降低企业重组成本。企业在重组工程中，将会涉及工商设立登记、变更登记等事项，有关部门应设立专人负责，开辟绿色通道，提高办事效率。

第二，给予企业重组一些财政支持。大型企业在对特困企业重组后，因处理企业历史潜亏而影响效益的，在对经营者业绩考核时，可视同为实现利润。

第三，给予企业扩大融资方面的政策支持。鼓励符合条件的省内商业银行开展并购贷款业务，给企业并购重组提供贷款支持等。

第四，简化上市程序。政府可在企业上市申报等过程中设立相关查询、咨询等方面的负责人，采取“一企一议”的办法，为后备企业的上市提供全方位服务,简化办理程序。

第五,鼓励企业规范改制。鼓励有限责任公司改制为股份有限公司,对企业改制为股份有限公司,可给予一定金额的奖励。

(2)出台其他金融支农政策

第一,加大金融机构支持力度。企业上市主管部门应与银行做好协调与沟通,向金融机构推荐上市后备企业,引导信贷资金对上市后备企业的支持,对重点推荐的企业,应予以贷款的优先安排、发行企业债券的优先申报等。

第二,设立农业政策性保险。农业政策性保险的设立可以对农户在种养过程中遇到的自然灾害、突发事件提供保险赔偿,提高农户的抗风险能力,解决农户的灾害后顾之忧,提高农户进行农业生产的积极性。同时农业政策保险还需对加工企业提供加工保险,对企业在加工过程中遇到突发灾害给予一定的政策保险补偿。

第四节　湖北省农业金融工程

一、湖北省农业发展情况

1. 湖北省农业发展现状

湖北省是对我国农业贡献较大的省份,其农业产业化的意识形成较早、开展较快、实施情况也比较好,其工业化、信息化、机械化、农业现代化和城乡发展一体化水平不断加深。从20世纪90年代初开始,湖北省委、省政府就直接组织在枣阳、安陆、罗天、京山、襄阳等市县进行了试点,各地也根据自身的实际情况,积极培育农业产业化组织,通过多年努力,全省农业产业化经营组织规模迅速扩大,各类贸工农、产加销、经科教一体化经营均有较大发展。

湖北位于长江中游的洞庭湖以北,地处南北过渡地带,四季分明,日照充沛,雨量充足,拥有众多山区丘陵平原,遍布大大小小的江河湖泊,湖北多个大宗农产品在全国都占有重要位置。

2. 湖北省农业发展瓶颈

与我国其他农业强省相比,湖北省的农业发展仍存在以下问题:

第一，经营方式较粗放，成本较高，资源整合能力较弱。由于规模化程度不高，标准化种植规程和农业机械化推广不足，加上农民的知识与技能存在差异，农业生产成本要明显降低十分困难。劳动生产率、土地产出率不高，导致农业经营方式比较粗放，资源未充分利用。

第二，农业产业化的步伐较慢、程度不高，且缺乏政府支持。湖北是从单一发展农业来抓产业化，根基不牢，起点不高，政府支持力度有限，而山东、河南等农业大省发展农业产业化氛围很浓，起点很高，政府支持力度很大。究其原因主要是因为农作物的产业流程上缺乏系统的安排和衔接，所以农业产业化水平不高。

第三，金融支持力度不够。金融工程支持体系是产业内生的，农业产业发展存在众多的可利用资源，但是由于资源分散化程度较高、整合各环节资源投入成本较大等原因，导致这些资源没能很好地发挥应有的作用，产业链连而不紧，各方主体收益受到不同程度的损失。农业的发展离不开政府农业政策的支持，财政政策、农业扶持政策的引导能够使社会资金向着具有发展前景的企业流动。

二、湖北省农业金融工程支持体系的构建

基于第三节省域金融工程支持体系的理论框架，结合湖北省农业发展的特点，构建金融工程支持湖北省农业发展模式（如图10－5所示）。

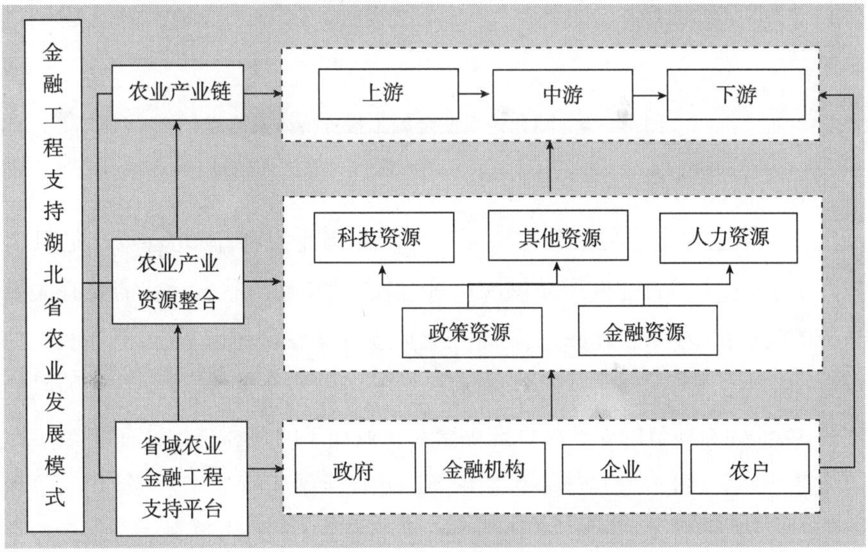

图10－5 金融工程支持湖北省农业发展模式

具体来说，为了实现“湖北省”农业产业链的优化发展，应集合湖北省农业优势资源产业链，建立生产、加工、销售及旅游业四个环节纵向发展，产业、市场、金融三个层面同步协作的金融工程支持体系。在吸收整合自然资源、政策资源、市场资源以及资金资源的基础上，构建由生产环节金融工程支持体系、加工环节金融工程支持体系、市场环节金融工程支持体系以及旅游业金融工程支持子体系为补充的完整的金融支持体系，如图 10－6 所示。

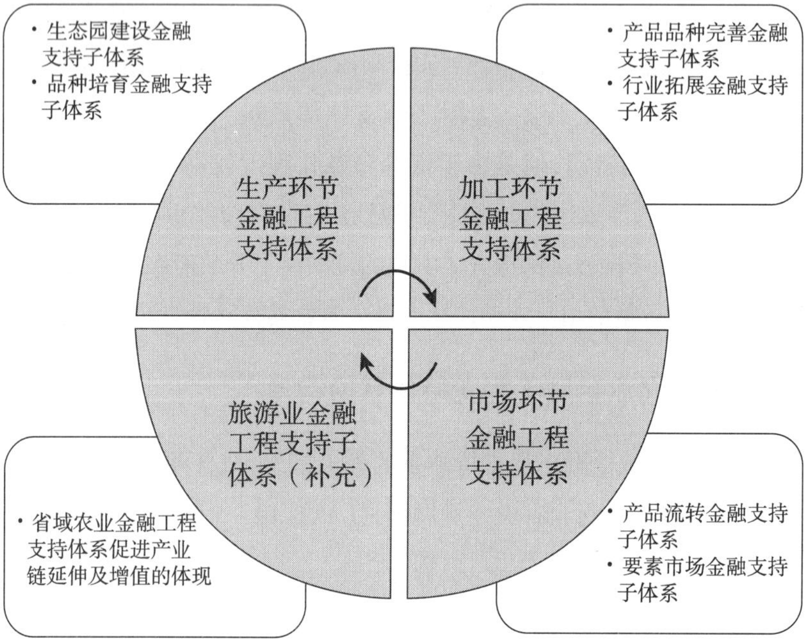

图 10－6　湖北省农业金融工程支持体系构成

1. 生产环节金融工程支持体系

生产环节主要是指种植和养殖环节。以养鸭业为例，湖北省年产亿只肉鸭的生产能力，对上游行业的产品供应量具有较大要求，产品多元化需要有大量的多品种的农业初级产品的供给。整合企业资金设立专项建设基金，引导农户的自有资金和银行信贷资金、保险资金、科研经费等各种资金资源，建立有效的风险控制体系，保证种养环节的农产品稳定供给对企业加工的顺利进行具有重要意义。

生产环节金融工程支持体系包括生态园建设金融支持子体系（图 10－7）和品种培育金融支持子体系（图 10－8）两方面，用于解决生产环节问题的金融资源主要有：企业专项资金、农业发展基金、保险资金、合作基金、科研经费、信贷资金等。

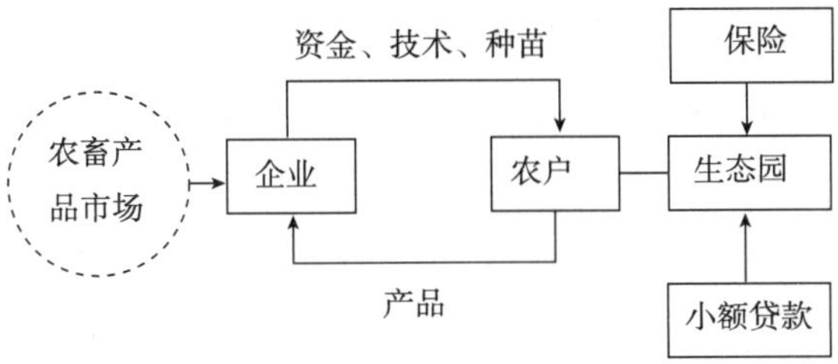

图 10－7　生态园建设金融支持子体系

种养农业生态园的建设需要较大的资金,对普通农户具有较大的困难,所以企业可以设立专项资金,用于帮助农户建设生产场所等。在企业资金的带动下,农户结合自有资金并通过小额贷款的形式组成生态园建设的资金支持链,为园区硬件设施建设提供所需资金。企业通过向农户提供资金建设园区,并通过聘请农技人员提供统一的种养技术、为农户提供种养种苗和统一饲料分配,保证所生产的农产品的质量统一。农户一方面在企业技术指导的支持下,可针对农产品生产购买保险来控制种养过程中带来的减产损失;另一方面,与企业签订最低收购价格降低了农户的产品销售风险,从而对农户的风险进行了有效的控制,增加了农户与企业进行合作的积极性。企业通过参与农户生产的管理,能够准确把握农产品产量和质量问题,有效控制加工原材料的质量风险。此外,在农业产业生态园农产品的供应无法满足全部加工原料的情况下,可以利用农畜产品交易市场的作用,在市场中通过标准化的合约购买所需的初级产品。

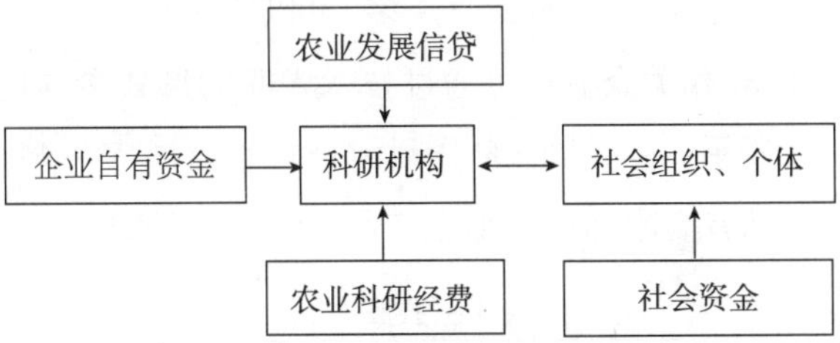

图 10－8　品种培育金融支持子体系

为保证企业加工产品的味美质优,需要对种养殖过程中选用的品种进行培育,统一配发给农户进行种养殖。对品种的培育,在企业自有资金和农业科研经费的基础上,通过农业发展银行较低利率的农业发展信贷,设立内部附属研发机构或者聘请农科院等科研机构进行新品种的培育。有通过社会组织、个体技术入股的方式与科研机构进行合作,可以节约研发费用,提高研发效率。

2. 加工环节金融工程支持体系

湖北省农业金融工程的发展需要合理利用银行信贷、债券资金、股票融资、风险投资基金等众多的金融资源来为产品多元化发展提供支持。各种资金的有效整合,能够帮助企业增加产品生产线,完善产品品种。

加工环节拟解决的问题主要有:产品品种完善金融支持子体系和行业拓展金融支持子体系。加工环节金融工程支持体系的构成要素主要包括:银行信贷、保险资金、金融租赁、PE/VC、产权市场、债券市场和股票市场等。

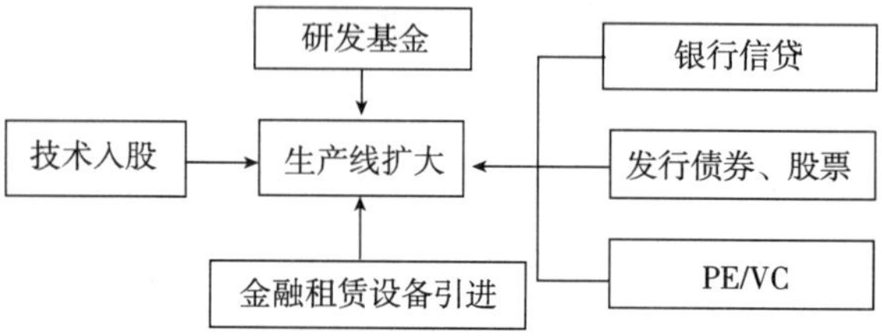

图 10 - 9　产品品种完善金融支持子体系

企业可通过设置研发部门,留存研发基金进行其他农产品品种的加工研发,提升加工工艺;可以技术入股的形式吸收其他具有加工技能的技术人员扩大企业加工生产线;同时可通过金融租赁等形式引进新生产线所需设备。此外,可充分利用金融市场进行融资扩建,如从银行进行贷款,通过发行债券、股票筹集生产扩大所需的资金,或者通过引入 PE/VC 来为公司融资。

湖北省主要从事食品加工的企业众多,可以通过参股、控股的方式与相关性生产企业进行合作,相关企业也可通过技术入股的形式参与此类产品的加工制造(如图 10 - 10 所示)。一方面充分利用全省水禽屠宰的剩余材料,另一方面通过跨行业生产具有高附加值的加工产品,为企业带来巨大的经济效益。

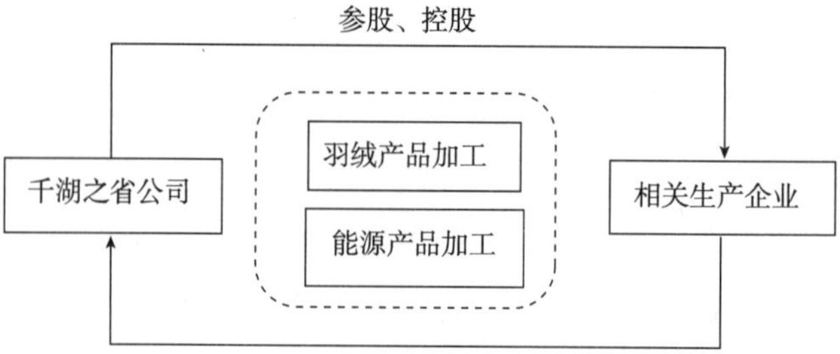

图 10 - 10　行业拓展金融支持子体系

3. 市场环节金融工程支持体系

农业产品的多元化最终需要销售网络和销售渠道的支持，在现有的销售网络的基础上，还应该充分整合物流金融消费信贷等各项金融资源以及农产品销售市场的作用，集中市场资源，扩大销售渠道，提高销量。

为了农产品的有效流转和与要素市场营销网络的充分对接，市场环节金融工程子体系包括产品流转金融支持子体系和要素市场金融支持子体系。构成市场环节金融工程支持体系的要素主要有：加盟资金、信贷资金、保险、物流金融等。

（1）产品流转金融支持子体系

通过提供消费信贷，促成相关商品的成交。在自有销售网络的基础上，吸引其他加盟销售厂商的加盟，一方面在节约资金的同时扩大了现有销售网络，另一方面通过加盟费的收取，为企业融入部分资金用于其他生产经营活动。通过物流金融的运用，将物流费用进行分解，可以有效缓解企业的物流费用压力，有效降低短期物流成本。

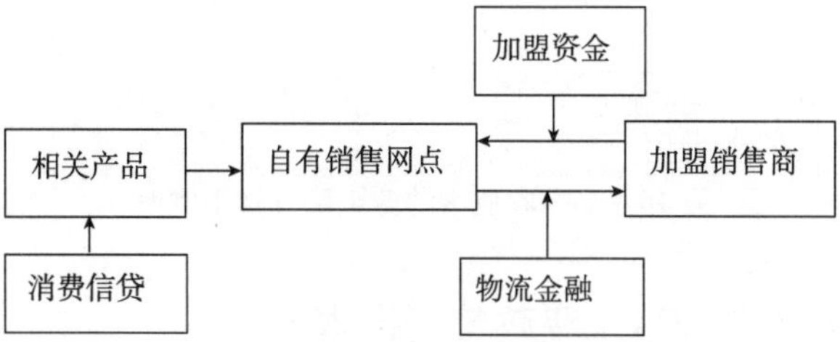

图 10－11　产品流转金融支持子体系

（2）要素市场金融支持子体系

仅通过与农户合作建立生态园的方式可能无法满足加工原材料需求，可以通过在农畜产品交易市场等要素市场进行标准化的交易购买水禽、淡水鱼、农作物等加工材料；同时也可以将生产的产品进行标准化设计，通过相关市场进行标准化产品的销售。此外，还应充分利用网上电子交易系统进行交易，加大交易的覆盖范围，弥补部分地区无法开设销售网点的不足，同时网络交易还可以增加企业的销售量。

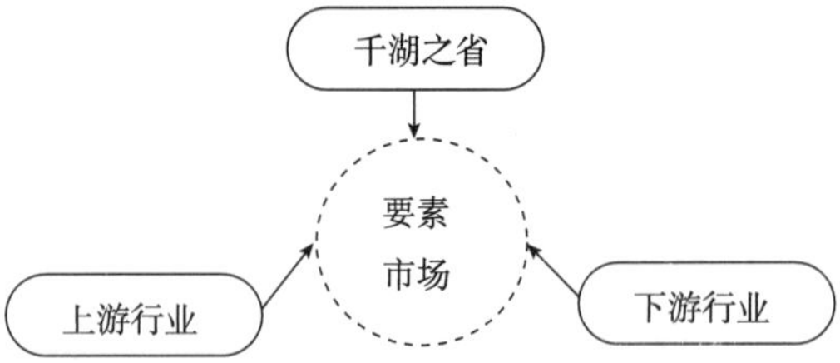

图 10－12　要素市场金融支持子体系

4. 农业、旅游业金融工程支持子体系

湖北省旅游产业可以基于农业生态园区和产业链上游的生产种养环节打造现代的旅游产业。生态园区凭借自身的自然环境和独有的旅游资源，促进旅游业的形成，而旅游业的发展对于带动集团其他行业的发展有着巨大的推动作用，这正是省域农业金融工程支持体系促进产业链延伸的表现。

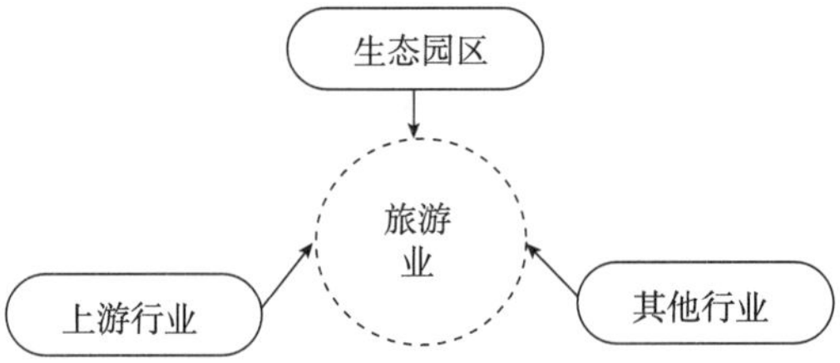

图 10－13　农业旅游业金融支持子体系

三、湖北省农业金融工程政策支持体系

1. 与大宗商品交易所对接，支持农产品期货市场发展

(1)构建完善的金融要素市场

大力发展金融要素市场，是农业金融工程中至关重要的环节。由于农业的特殊性，银行体系受制于自身的管理模式，难以充分发挥作用。金融要素市场通过市场的手段来提高资源的配置效率，在为农业提供资金的同时，更重要的是形成一个市场化的农业体系，真正实现农业的转型升级。金融要素市场的类型有很多，能够活跃各种生产要素的流通。在省一级的行政单位中，一般都具有条件设立区域性的金融要素市场。通过构建一系列的金融要素市场，形成一套比较完整的金融要素市场体系，能够充分调动省内的金融资源，从优化资源配置的角度来解决农业发展过程中面临的问题。这是一种全盘性的改革，发挥

市场在资源配置中的作用,提高经济中各环节的运行效率。

(2)政府与市场相结合

农业作为一个较为弱势的产业,离不开政府的支持。但是,单独依靠政府的财政资金,不可能满足我国农业的所有需求。并且,从未来的发展趋势来看,财政资金的支持能力相比于农业发展的资金需求会出现较大的滞后。所以,必须引入市场中的资金来发展农业。在引入市场资金的过程中,又需要政府的参与。由于农业本身资金周转周期长、面临的风险较大,没有政府的支持,市场的资金本身很难大量进入农业产业。一般而言,采用政府资金与市场资金同时进入的方式,会产生比较大的合力效果。

2. 对金融工程平台参与者的政策支持

(1)公司

对公司建立适当的优惠政策,包括减税免税的政策、农业补贴等方面。金融工程平台是新式农业平台,其盈利性和可操作性还有待实践检验,其运行过程中尚存不确定性,因此,在其创立初期应该有相应的优惠政策以支持平台的发展。

(2)农民

对农户提供耕种荒地的奖励。由于许多农民工离乡,造成许多农田闲置,如果能对开垦荒地的农户进行奖励或补贴,能提高农民种植的积极性,增加农业产量。

3. 风险管理政策

(1)加大农业保险的推广

农业由于本身的特点,较工业而言风险较大,因此农业风险成为限制农业发展的关键因素。为了解决在融资过程中的风险问题,可以引入农业保险机制。采用政府补贴的方式,提供相应的农业保险,以保证保险公司的盈利性。农业保险可以与农业订单生产方式相结合,积极鼓励农民参与农业订单保险。

(2)通过市场进行风险管理

金融要素市场的一个重要功能就是提供风险管理的场所。在农产品的交易中,采用大宗商品交易市场的订单交易,可以在当前就锁定未来的商品价格,通过这种方式来进行套期保值,降低农业的风险。在金融资产交易过程中,也可以通过交易所的交易来进行资产管理,降低整体资产的风险。利用金融市场来进行风险管理,相比于农业保险,所需的成本较低。

(3)利用担保公司降低风险

农业企业在筹集资金的过程中,往往会因为农业的风险问题而导致融资不畅。在此过程中,如果能够比较顺利地引入担保公司,则能够解决这一问题。在银企之间,通过担保公司的担保,银行的风险一定程度上转移给担保公司,企业只需要支付担保费,就可以顺利得到贷款。如果在后期并没有出现风险事件,那么通过担保公司的引入就可以实现银行、企业、担保公司三方获利的结果。

第十一章　省域工业金融工程研究

在当今世界，工业一般在各国经济中起着主导作用，特别是对于发展中国家，工业的发展是整个国民经济的基础。我国工业在近几十年来发展迅速，基本形成了较为完整的现代化工业体系。加快推进新型工业化，是带动三大产业提速、协调发展的关键所在，是扩大就业和改善民生的重要载体，是推动城镇化的根本途径，是加速发展、加快转型、推动跨越的必然选择。在省域经济中，工业也是各省最为重视的产业，“工业立省”、“工业立市”的地区不胜枚举。这是因为在省域经济的地区生产总值中，工业占到的比重往往是三大产业中最大的，工业的发展速度在很大程度上决定了地区经济的增长速度。当前我国工业的发展过程中，不仅仅受到了资源、技术约束，同时在大部分地区也受到了资金的制约。其原因在于工业项目，特别是大型项目建设需要在短时间内投入大量资金，容易造成一定时期资金不到位的情况。省域工业金融工程的研究就是要打破资金瓶颈，在控制资金风险的前提下，帮助省域工业实现跨越式发展。

第一节　文献综述

现有研究对于工业金融的分析主要集中在具体的行业，如汽车行业、军工行业等。吴启迪、江上舟(2008)分析了我国民用航空业的金融服务体系，最终认为在不同阶段，可以采用不同的方式对民航业进行金融支持。同时，建立多层次的资本市场对于民航业的发展也具有重要的意义。范肇臻(2008)在分析我国国防业科技金融的基础上，认为其瓶颈因素来源于金融抑制的制度安排。应该加大金融的市场化程度，以追求市场效率为主要目标，构建多渠道、多层次的国防科技工业金融支持体系。蒋兴明(2013)从工业史的角度分析了工业金融的发展过程,从三次工业革命中金融发挥的作用可以看出,金融作为工业发展的血液,推动资本积累在时间和空间的优化配置,使工业实现了简单再生产和扩大再生产。

第二节　省域工业发展现状及问题

工业现代化是四个现代化的基础,中国工业在现代化的过程中,生产规模迅速扩大同时技术进步明显。目前,省域工业有着明确的发展路径,我国每个省份基本形成了特有的主导工业体系。随着我国经济的快速发展,产业转型升级的需求日益迫切,省域经济的主导产业也面临一大批转型升级的压力。总的来看,我国工业目前整体上发展态势平稳,但是仍然存在部分结构性问题。

一、省域工业发展现状

工业是我国大多数省份最重视的产业,省域经济与省域工业发展水平有着直接的联系,目前来看,我国每个省基本都确立了几个产业作为工业的主导。以下分析从引入我国各省、自治区和直辖市(不包括港澳台地区)的主导工业情况出发归纳出了我国省域工业的特点。

1. 各省工业主导产业基本为重工业

汽车制造业、电气机械和器材制造业、电力、热力生产和供应业、金属冶炼产业和石油化工产业在每个省的主导产业中出现的频率都很高,这说明在我国的工业构成中,以上几种重工业占据了相当大的份额,我国工业的支柱也就是上述的几种重工业。这种格局与我国的工业发展格局有着直接的关系,在相当长的一段时期内,我国大力发展上述传统重工业。随着中国经济的发展,对于上述产业的需求很高,造成了重工业在我国全面铺开的现象,重工业得到了优先发展机会。

2. 各省工业主导产业均基于自身优势建立

每个省的主导产业均是基于各个省份的优势而建立的,这种优势包括资源优势、产业基础优势及区位优势。例如，贵州的烟酒工业、江苏的制造业、浙江的纺织业和青海的盐湖化工产业。在充分利用本身优势的基础上，突出发展、重点支持，是多数省份发展工业的思路。在发展初期，借助于这种比较优势可以帮助各省的主导产业在较短时间内实现跨越式发展，但是随着各地区产业的发展和竞争的加大，部分产业的地域优势不再明显，会导致部分产业发展滞后。

3. 产业分布存在明显的区域特征

我国东北的主导工业是钢铁、石化产业，东部发达省份是以通信、电子及装备制造产业为主，中部地区以化工、有色金属冶炼为主，西部地区以煤炭、金属冶炼及压延加工业为主。总体来看，东部发达省份的主导产业代表了我国最先进的制造业技术，东北以及西部的工业主要以能源资源加工为主，重工业的色彩较为浓重，中部地区各省份的差异比较明显，区域特征稍弱。这种分布格局虽可以使得产业形成部分地区聚集的优势，但对于我国国家整体产业转移来说并不是特别有利。

4. 工业结构与经济发展水平明显相关

我国经济总量较大的省份中，其主导产业一般为电子通信、装备制造以及汽车制造业，既有传统工业也有新型产业。而经济总量较小的省份，往往以传统重工业为主导产业。这种产业结构与经济发展水平相关的特征十分明显，造成了我国产业的转型升级在经济发达地区较为容易进行，而在迫切需要转型升级的经济不发达省份，反而更加不易进行。这种经济上的不平衡反映到了工业结构上，对于我国未来工业的整体发展不利。

二、省域工业发展面临的问题

中国的工业在改革开放30多年来取得了巨大的成就，但是整体上来看仍旧呈现的是粗放型模式，特别是新兴产业亟待发展。这些问题的解决不仅仅需要资源、技术的支持，也不能缺少金融的支持。

1. 传统重工业比重较大

从对我国各省主导工业的分析中可以看出，我国工业中传统重工业的比重相当大，大多数省份的主导工业仍旧是传统的重工业，只有部分经济发达地区的工业是以通信电子、装备制造为主的新型工业。这种分布格局导致了我国工业存在较为明显的结构问题。新兴工业的发展不足,使得我国工业在整体上技术提高缓慢,同时效益不高。由于多数省份重视进行大规模的重工业开发,导致了我国出现了产能过剩的问题,同时资源瓶颈日益凸显,这一系列的问题都需要通过工业的转型升级。

2. 省域工业发展与资源环境矛盾凸显

我国工业经历了几十年的粗放式发展,由于在发展初期不太注重与环境的统一,造成了当前工业增长与环境资源水平的矛盾,特别是在以重工业为主的省份体现得比较明显。能源、资源、环境都制约着我国许多省份传统的工业发展,对于这种制约,如果短时间内没有新兴产业来代替传统工业,那么会导致区域经济发展变缓的趋势。现实的情况是,我国工业转型升级需要一个过程,工业发展与环境的矛盾在短时间内很难得到彻底解决,在这个过渡时期,如何保持工业的稳步发展是当前省域工业发展面临的一大问题。

3. 省域工业的利润空间增长压力大

工业的发展需要依靠大量的工业企业,省域经济中的大量企业面临利润空间缩小的趋势。这种趋势由以下几种原因共同造成:一是原材料和人力成本的上升;二是技术改进能力较差;三是部分行业的需求出现阶段性的萎缩。工业企业利润空间得不到提升带来的后果是工业企业利润下降,甚至出现亏损的状况。工业企业的发展步伐直接影响着整个地区的经济发展速度,工业企业利润空间有待提高是我国省域工业面临的又一大问题。

4. 省域工业发展资金缺口较大

工业的生产需要大量的生产要素,这就决定了要发展工业需要比农业更大的资金投入。当前省域工业转型升级的压力较大,部分产业出现资金不足的问题,特别是部分新兴产业在发展初期盈利能力不强,不能在短时间内带来大量利润,还缺乏金融支持。银行信贷是解决我国工业资金缺口的主要渠道,但由于银行贷款数量有限,导致金融支持未能跟上我国工业发展的迫切需要。我国金融有待发展,工业企业解决自身资金需求问题的能力不强,较大的资金缺口已经成为制约我国工业发展的瓶颈。

总的来说,我国工业目前发展势头良好,省域工业已经形成了较为完整的体系。但是我国工业仍是粗放型的发展,特别是我国工业存在较大的结构性问题,这些问题明显制约了我国工业的发展。要想解决这些问题,金融支持是必不可少的。由于工业所需的生产要素较多,导致工业所需的资金量较大,只有充分地调集金融资源,拓宽企业的投融资渠道,吸收社会资金,才能保证我国工业的稳定发展。

第三节　省域工业资金工程

省域工业资金工程是省域工业金融工程的核心部分,它所要解决的是省域工业的资金来源问题。一般来说,由于工业投入的生产要素较多,所以工业对于资金的需求量较于农业来说更大,超大型的工业项目需要举国之力才能进行。目前我国工业发展面临的一大问题就是融资渠道不畅,资金跟不上产业发展要求。因此,省域工业资金工程应当立足于我国的经济金融发展状况,来解决工业企业资金融通的问题。

总的来看,产业资金的融资工具可以分为内部融资工具和外部融资工具。外部融资工具可以进一步细分为债权融资、股权融资、项目融资、政策融资和其他新型融资方式。

1. 内部融资

内部融资主要是指企业通过公司的自有资金作为企业发展的资金来源,与外部融资相比,企业进行内部融资具有风险小、自主性强、成本低的特点。一般来看,在企业的发展初期,内部融资是企业融资的重要渠道。内部融资可以细分为以下几个方面:

(1)留存盈余融资

企业在纳税后,会形成一定的留存盈余,在股份制企业中,这部分利润会以未分配利润的形式留在企业中,事实上成为企业的追加投资。留存盈余的形成与企业的股利分配政策有着直接的关系。因为股利与留存盈余两者之间是此消彼长的关系,由于公司在股利分配政策上具有相当的自主性,所以在平衡股东利益与公司长远发展的利益后,会提出一个合理的方案来解决这一问题。留存盈余融资能够以较小的成本方便地筹集到企业的发展资金,通常情况下会成为企业融资的首选方案。

(2)票据贴现融资

票据贴现融资是目前比较流行的企业短期融资方式之一,其方式是将票据转让给银行,银行根据相应的票据金额和贴现率将资金给予收款人。票据贴现融资的主要功能是为企业提供短期的流动性,票据贴现的金额与企业市场的销售额有很大的关系,不用担保且方便快捷。通常来说,票据融资的成本相比其他融资方式较低,这也是票据融资受到广泛欢迎的重要原因。目前流行的票据贴现融资方式有三种:银行承兑汇票贴现、商业承兑汇票贴现和协议付息票据贴现。目前我国票据融资的主要对象是初具规模的大型企业,对于中小企业来说,进行票据融资在现行制度下还比较困难。

(3)资产典当融资

资产典当融资与一般典当类似,均是用实物作为抵押,通过实物所有权的转移来取得临时性的贷款。资产典当融资的最大特点是方便灵活。与其他融资渠道相比,典当融资对于客户的信用没有特别要求,只是对于抵押物会有严格的审查。并且商业银行的贷款担保通常是土地、房产等不动产,而典当业务对于动产也能进行融资业务。典当业务还有一个特点就是对于典当抵押物的价值没有限制,并且能够比较方便快捷地获得资金,不像办理银行贷款手续复杂、审批周期较长。

2. 债权融资

(1)银行贷款

银行贷款是目前我国规模最大、最重要的外部融资方式。银行贷款的优点是资金量大、还款周期较长,并且相对于从民间资本进行融资,银行融资的成本较低。目前我国的银行大体上分为政策性银行和商业银行,两者的设立目的和涉及领域有所区别,但是都能够发挥融通资金的作用。政策性银行的目的是能够承担国家的政策性金融业务,按照国家的方针政策,进行金融资源的配置。商业银行贷款是最常见的贷款方式之一,具有可操作性强、手续简便、可发挥财务杠杆作用、节税等优点。银行贷款虽然在我国规模巨大,但是仍然有继续进步的空间,目前我国银行业的金融创新业务正在迅速发展,未来能够开辟出更多的金融业务,更好地起到配置金融资源的作用。

(2)民间金融

民间金融是相对于国家依法批准设立的金融机构融资而言的,泛指非金融机构的自然人、企业及其他经济主体(财政除外)之间以货币资金为标的的价值转移及本息支付。民间融资是游离于国家正规金融机构之外的、以资金筹措为主的融资活动。正常的企业间商业信用不在民间融资范畴之内。

民间金融具有正规金融机构不具备的优点:第一,民间金融方便快捷。与商业银行贷款相比,民间金融贷款简单灵活,如果民间借贷双方达成共识,那么只需通过形成相应协议就可以取得资金,免去了烦琐的审批环节。现阶段我国的民间金融借贷有一半是私下达成的交易,所以,当企业急需资金而银行缺乏抵押物时,民间融资是企业家选择的主要手段之一,正是民间金融方便快捷的特点促使了这一现象的形成。第二,民间金融覆盖面大。正规金融机构由于受到营业网点和相关法规的限制,对于业务的经营范围和合作对象有着明确的限定,所以正规金融机构的覆盖面是有限的。而民间金融表现出来的特点是融资主体的多元化,各种类型的企业以及绝大部分个人都能够参与到民间金融当中,涉及面很广。在我国,不论是大型城市还是农村,都存在着民间金融,特别是在正规金融机构触及不到的地区,民间金融有可能发挥出重要的作用。第三,民间金融效率很高。正规金融机构受到相关行业的监管,往往在经营业务范围上受到限制,有时候并没有发挥资源配置的作用,而民间金融的特点有些类似于金融市场,运行时能够发挥市场的机制进行资源配置,在办理相关业务时手续简单、方便快捷,能够有效的运转,效率往往会高于一般的金融机构。

民间金融在拥有上述优点的同时,也具有借贷成本高、风险大和不受监管的弊病,这些弊端限制了民间金融的发展。但是我国目前正在大力发展民间金融并促进民间金融市场的规范化,在未来,这种融资方式很有可能比现在更容易为相关企业筹集到资金。

(3)信用担保

信用担保融资最大的特点是有担保公司的介入,对于抵押物不足的企业来说,这种融资方式具有一定的便利性。通常在银行申请到信用贷款都需要有抵押物,所以中小企业在银行得到的贷款数量非常有限,但是通过担保公司可以解决这个问题。当担保公司为企业提供担保后,贷款的风险转移到担保公司,此时银行就可以为企业提供贷款,放大了企业在银行的贷款额度。目前担保公司在我国已经有了非常大的发展,担保机构也非常多,信用担保融资是解决中小企业抵押物不足的重要融资方式之一。

(4)融资租赁

融资租赁是将实物租赁与金融结合起来的现代融资方式,对于有大型设备使用要求的企业来说,融资租赁业务非常有效。对于中小企业来说,由于融资租赁的门槛较低,同时对于企业的担保要求也不高,所以可以方便地办理融资租赁业务。融资租赁的主要功能是为企业更新设备提供融资手段。其特点是融资期限长,还款方式较为灵活。目前我国已经广泛开展了融资租赁业务,但是尚未完全发挥融资租赁业务的潜力。

(5)债券融资

债券融资与银行贷款融资相比是一项直接融资业务,其发行规模和发行利率都是可控的,具有自身的优势。在我国,企业债的发行不及银行贷款和证券市场融资应用广泛,但是对于企业的中长期资金需求而言,债券融资是一个非常合适的融资手段。目前债券融资主要受限于我国相关法律法规的约束,所以业务量并不算很大。但是已经有不少企业尝试在银行间市场发行债务融资工具。对于企业特别是民营企业来说,债券融资能够降低企业的财务成本,发行债券能够有效地解决企业地中长期资金需求问题。

3. 股权融资

股权融资是另外一种重要的直接融资方式,主要手段是利用出让公司的股份来获得资金。这种融资方式的优点是融资者不用还本付息就可以得到一笔资金,只是自己未来获得收益份额会减小。股权融资具有长期性和不可逆转性等特点,对于股权融资的发起者来说,采用股权融资的成本会远远低于其他多数融资手段。目前股权融资是在我国非常受欢迎的融资方式之一,通常来说,可以将股权融资粗略的划分为公开发售和私募发售两种。

(1)公开发售

通过公开市场发售的形式进行股权融资就是一般人说的"上市",这是我国目前企业最向往的融资方式之一。企业通过出售自己的股份,股东可以在短时间内得到一大笔财富,同时企业募集到大笔的资金。上市的好处不仅存在于资金层面,上市企业特别是在我国主板市场上市的企业,其知名度和认知度要远远高于一般的非上市企业，对企业来说这也是一笔重要的无形资产。同时，企业上市必须要完成现代的公司法人治理结构，能够形成一套完善的管理体系和约束机制，这对企业未来的发展具有重大意义。上市企业的信息透明化也能够促进企业降低经营风险，虽然限制了企业获得不正当利润的机会，但是对于企业的长期发展来说，接受市场的监督利大于弊。

在资本市场上公开发售股权融资是目前我国企业所青睐的融资方式之一，但是就我国现行的资本市场状况来说，能够在主板、中小板以及创业板上市的企业数量很少，绝大部分企业很难利用公开发售的股权融资方式募集资金，这也是股权融资在我国发展面临的困境之一。主要的解决方法就是大力发展我国的多层次资本市场，除了发展现有成熟市场外，也要注重发展三板、四板等地方性股权交易市场，为更多的企业提供公开股权融资的机会，缓解我国中小企业融资贵、融资难的现状。

(2)私募发售

私募发售股权融资是多数企业，特别是有发展前景的民营企业能够真正利用的融资方式之一，虽然吸引力不及公开发售，但是难度及成本会低于在公开市场发售。与公开发售相比，私募发售不受众多部门监管和审批，能够降低交易成本。目前，私募发售股票融资在我国进行得十分活跃，不少民营企业都通过这种手段募集到了资金。

投资者包括个人投资者和投资机构两大类。个人投资者在企业的发展初期可以起到关键性的作用，企业可以获得重要的启动资金。这类投资者既可以选择参与企业的经营管理，也可以选择只作为股东的身份来分享企业成长所带来的收益。通常来说，个人投资者与企业的所有者有着密切联系，这种联系降低了投资者对于企业未来面临风险时发生损失的担心。机构投资者主要是风险投资机构和各种类型的投资者。风险投资机构由于在高科技投资中的出色表现引起了全世界的关注，他们为企业提供大量资金的同时也获得了企业的股权。一般来说，风险投资机构不会参与企业的经营管理，他们追求的是企业快速发展带来的利润。实现利润的手段一般是上市、转让和并购，所以风险投资机构十分重视企业未来的发展前景和发展机遇，在进行投资前会对企业进行完整的调查和评估。

私募发售股权融资对我国企业的发展给予了资金支持，特别是对于我国的民营企业来说,走公开发售之路非常艰难,而对于资金的需求又相当迫切,所以私募股权融资可以起到关键性的作用。

4. 项目融资

项目融资是指贷款人根据特定的项目给借款人提供资金的融资方式。其中项目的未来现金流是项目融资能否成功的关键因素,在现阶段,我国许多地方的大型项目多采用项目融资进行,已有许多成功的案例。目前来说,项目融资的主要方式有信贷融资和债权融资。

(1)项目信贷融资

项目信贷融资是指资金需求方依托项目本身,从银行或其他金融机构采用贷款的方式来获得资金。这种信贷融资的方式与一般的信贷融资不同,采取的不是抵押物的形式,而是通过项目的资产和未来的现金流作为偿付能力的保证。一般来说,项目信贷融资的资金来源是商业银行、政策性银行和国外金融机构贷款。有的项目还可以争取到产业基金、投资基金和银团贷款提供的资金。对于项目信贷来说,剔除政府的基础设施项目,一般来说提供资金的机构看中的是项目未来能够产生的现金流,如果机构认为未来的现金流是可靠的,那么就会有动机来提供资金承担相应的风险。项目融资和其他融资相比具有一定的灵活性,对于企业的项目有一定的要求。在我国经济发展过程中,项目信贷融资曾是大型项目建设最重要的资金来源,但在发展过程中逐渐暴露出风险问题。根据目前的发展趋势,未来对项目信贷融资的管理会逐渐严格,那么项目本身的收益性则是项目信贷融资是否能够达成的关键。

(2)项目债券融资

项目债券融资与项目信贷融资相对应,指的是资金需求方以项目为依托,通过发行债务的方式来募集资金支持项目建设。发行的债券主要包括企业债和可转换债。与一般的债券融资相比,项目债券融资依托于项目的未来现金流而不是企业的信用。企业债券融资依照既定的程序发行并且按期还本付息,而可转换债券融资除了可以起到普通债券的作用外,还能够起到期权的作用。按照事先的规定,债券的持有人可以将债券转为公司的普通股。这种可转换债券融资能够以比债券更低的成本来获得资金。

项目融资中非常重要的一部分是基础建设的项目融资,也是我国目前项目融资应用最广泛的领域。基础设施项目融资的方法有 BOT、TOT、PPP 和 ABS

等,针对不同基础设施项目的特点,可以采用不同的方法制有定针对性的设计融资方案。

5.新型融资方式

(1)信托融资

信托融资即依托信托公司进行融资,是一种间接融资的方式。信托公司通过出售信托产品来向社会募集资金,然后将募集到的资金贷给企业。这种融资方式与项目信贷融资类似。这种融资方式的核心是企业的偿还机制问题,即企业如何设计一套可靠的方案来保证在未来有充足的现金流来偿还投资者的借款。信托产品的设计是另外一个重要的方面,由于投资者是根据信托产品来决定是否进行投资,所以信托产品的设计需要有专业背景的机构来进行。对于信托产品的风险评估也是借贷双方关心的内容,风险问题是信托融资是否能达成的关键问题之一。

(2)产业基金

产业基金又被称作产业投资基金和产业发展基金,与风险投资基金类似。这类基金一般而言是对产业中存在发展潜力企业进行投资,而投资的主要手段是股权投资。根据企业发展的一般规律,在企业发展初期进行投资,然后在企业成熟期后通过股权转让的方式实现收益的投资方式是可行的。这里的关键问题是产业基金管理者对于企业未来发展空间的判断。产业基金的运行需要多个参与者,包括投资者、基金股东、基金管理人以及会计、律师等中介服务机构,其中基金管理人是负责整个基金的投资运行和日常管理的部门,与基金的效益有最直接的关系。

(3)政策性融资

政策性融资是指依托国家的政策进行融资,特点是不以盈利性为目的,成本较低。一般来说,政策性融资的渠道包括政策性银行、政府控股的投资平台以及政策性担保、财政贴息等。政策性融资由于含有国家政府的帮扶成分而成本较低,一般而言,企业有机会都会尽力争取政策性融资。当前,我国政策性融资已经广泛开展起来,许多企业都从政策性融资中受益,未来的发展过程中,政策性融资会注重提高效率,保证政府投资渠道的畅通。

第四节　省域产业风险管理工程

资本是企业发展的核心问题,那么企业在经营资本的过程中,风险关乎企业资本运营的安全。研究产业风险管理问题,不仅可以规避产业风险,还能够提高银行资金的运作效率,避免银行产生不良贷款,防止系统性的金融风险给经济的平稳发展带来负面影响。

一、产业风险的分类

1. 研发风险

研发风险是指由于各种原因导致研发终止,未能实现预期成效的风险。其中导致研发风险的原因很多,包括研发者本身的实力、研发本身难度、研发资金不足和外部环境的干扰。在现代企业的发展过程中,研发是关乎企业长期盈利水平的重要因素,所以对于技术风险的管理是产业风险管理的重要方面,通常来说,技术风险的发生因素有些是可控的,而有些因素是难以控制的。

2. 生产风险

生产风险是指企业无法按照预期完成生产所产生的风险,这种风险产生的原因是由于材料、设备、技术人员、生产组织和生产工艺方面存在不确定因素,导致生产未能正常进行。不同类型的企业,容易产生生产风险的环节是不同的。例如高科技企业,生产风险主要来自于技术人员,而加工类型企业的生产风险则可能来自于生产的工艺。一般来说,成熟的企业都会有一套应对生产风险的方法,或者说是安全生产的管理规定。

3. 销售风险

销售风险,即企业在从事销售活动中面临的风险。由于在销售过程中,消费者的偏好、市场环境和竞争对手都存在很大的不确定性,推销产品的过程中很可能会有不及预期的情况发生。由于销售工作在一定程度上是不可完全控制的,市场又是瞬息万变的,所以销售风险发生的可能比较大。研究如何控制销售风险,可以使得销售人员在出现销售风险时能够迅速应对,将损失降低到最小的程度。

4. 自然风险

自然风险是指由于自然环境的变化造成的风险，例如地震、洪水、旱灾等自然灾害造成的风险，这类风险一般来说难以有效地控制。对某些产业来说，这类风险容易造成较大的损失，例如种植业和养殖业，这些产业对自然条件有着比较高的要求，同时抵御风险的能力也比较弱。因此，目前广泛采用的方法就是应用农业保险来应对自然风险。

5. 人为风险

人为风险指的是由于人为的规定或者变动造成的风险，这类风险通常具体表现为：政策的变动或者消费者偏好的变化。这种变化往往是不以生产者的意志为转移的，但是带来的影响有可能很大。对于这类风险，企业需要对市场有敏锐的判断力，同时及时调整经营策略，力争将损失降低到最小。

上述是对产业风险粗略的分类，在省域产业金融工程中，讨论的主要是上述风险中有关金融风险的层面，例如经营风险中的价格变动导致的风险。这类风险与微观金融风险有着相似的特征，所以能够采用金融风险管理的方法来研究。

二、产业风险的度量

产业风险的度量是指采用数量化的方法计量产业风险。我们这里要度量的产业风险指的是金融方面的风险。产业风险的度量方法可以分为流量风险和存量风险。对于单个具体产业来说，有很多有针对性的风险度量方法，本书主要采取的是宏观金融工程中的风险管理办法。宏观金融风险度量的主要是错配风险，例如期限错配风险和资本结构错配风险。

1. *VaR* 方法

度量产业风险的 *VaR* 方法与微观风险管理中的 *VaR* 方法在思想上是类似的，其定义也是基于一定时间、一定置信度下产业的最大可能损失。例如对投入品的价格变动风险，即生产要素的价格 *VaR*，指的是生产要素价格可能发生的最大变化幅度，可以利用公式表示为：

$$P(\Delta P \leqslant VaR) = a$$

其中,P 表示的是概率,a 表示的是事先给定的置信水平,ΔP 表示的是价格的变化量。这种定义的方式与微观风险管理中的定义方式类似,具体的计算方法也与微观风险中的类似,目前主要采用模拟的方法来计算 VaR,包括,历史模拟法、方差—协方差法和模特卡洛模拟法。

通过度量关键变量的最大变化范围,产业中的企业可以对未来的价格走势以及市场的变化情况做出一个最极端的判断,对企业的策略调整和对未来风险的控制中能够起到有效的作用。

2. 资产负债表方法

产业风险度量中的资产负债表方法包括账面资产负债表和或有权益资产负债表,这两种表的编制方式虽然有所不同,但都可以起到度量产业风险的作用。

账面资产负债表的方法与一般的企业中资产负债表风险管理方法类似,将产业中企业资产负债表进行加总,得到产业的账面资产负债表,然后按照财务指标的方式得到一批财务指标,例如资产负债率、流动比率等,通过对这类指标进行分析,就可以得到企业的财务风险状况。这其中对于产业总体风险比较重要的一个指标是产业的资产负债率,计算方式使用产业的总负债除以产业的总资产,反映的是一个产业总体上的资本结构错配风险,如果这个指标值过高,表明这个产业存在过度负债运营的情况。

或有资产负债表方法是在账面资产负债表基础上的一个发展,采用的资产与负债的市场价值,能够更加敏锐地发现产业的风险。或有资产负债率方法的基础是期权定价方法,核心思想是把企业的资产与负债都看做是期权,然后采取期权定价的方法度量出企业资产与负债的市场价值,并得到产业的或有资产负债率,还可以进一步得到产业的波动率和违约距离等指标、度量产业的风险变化情况等。

三、产业风险管理

产业风险的管理从原则上要将产业的收益与风险结合起来,既要保证产业中企业能够有稳定的盈利能力,又要保证不出现大的风险问题。这两者之间是存在一定矛盾的,克服这种矛盾的关键是提高产业风险管理的意识,建立一套健全的产业风险管理办法。这样才能在产业发展过程中很好地平衡产业的风险性与收益性。具体来看,产业风险管理的方法可以从以下三个层次入手。

1. 微观金融工具

金融业的发展创新为产业风险管理提供了多样化的工具,可以为产业中的企业控制风险提供帮助,衍生金融工具和保险是其中应用最为广泛的两种金融工具。期货最重要的两大功能就是套期保值与价格发现,这两点对于企业来说都具有重大意义。企业的投入品和产出品都可以考虑在期货市场上锁定价格,控制价格风险。除了期货以外,现在许多创新型的金融工具(例如订单)同样可以达到期货的作用,并且在应用上比期货更加方便、广泛。在我国农业中,订单农业被广泛采用,有效地解决了交易中道德风险问题的同时,还锁定了价格,控制住了风险。保险是另外一类有效的风险管理工具。目前我国农业保险已经得到了多年的发展并且被广泛应用,实际上,农业保险是产业保险中的一种。产业保险能对自然灾害和意外事故造成的经济损失提供赔付,保障产业的顺利发展。

2. 产业经济资本

产业经济资本的概念是由宏观经济资本的概念发展得到的,其定义是为了缓冲风险损失的权益资本。事实上,产业经济资本并不是真实存在的资本,而是一个假定的资本值,如果可用资本小于产业经济资本时,那么就产业本身抵御风险的能力不足,需要增加企业的资本。产业经济资本描述的就是产业所需要的最小风险准备金。

在计算方法上,产业经济资本的计算基于产业资产市值的 *VaR*。资产市值的 *VaR* 与上述价格 *VaR* 计算方法类似,通过得到产业资产市值的分布,再进一步得到产业资产市值的 *VaR*,即得到产业经济资本。

3. 产业风险监控体系

与前面两种风险管理方法不同,产业风险监控体系是对整个产业的风险进行监测和控制,其中最重要的指标就是产业综合风险指数。这个指数的建立是将表示各种风险因素的风险指标进行加权平均。通过建立以产业综合风险指数为核心的产业风险监控体系,可以将产业风险划分为相应的等级,通过不同的等级反映出产业风险的变化,并且当产业风险增大时,提醒有关人员注意防止产业风险带来的危害。

上述的三种风险管理方法是分别从项目、企业和产业三个层面对产业风险加以控制,能够有效地进行风险管理。产业风险管理保证了产业资金工程的安全性,对于产业的稳定发展有着重要的意义。

第五节 湖北省大冶市矿业金融工程

大冶矿业金融工程是产业金融工程的具体应用,其设计是根据大冶市矿业发展现状、结合矿业发展规律完成的。在矿业的融资过程中,一般来说不存在一种理想的金融机构承担全部的融资任务,所以,大冶矿业金融工程的核心是建立适合于矿业的多层次融资渠道。

一、矿业价值工程

矿业价值工程同样遵循产业金融工程的特点,从矿业产业链入手来分析矿业问题。总的来看,矿业价值工程分析包括两个阶段:一个是矿业产业链分析,另一个是矿业价值链分析。

1. 矿业产业链分析

从矿业的生产经营过程来看,矿业产业链粗略来看可以分为三个阶段:勘查阶段、开发阶段和经营阶段。其中,矿业勘查阶段与矿业开发阶段是矿业所特有的产业环节,而矿业的经营阶段就与一般工业的产业链类似,包括加工与深加工。所以,这种矿业产业链的分类方法充分考虑到了矿业生产经营的特点。

矿业产业链的三个阶段具有不同的特点。矿产勘查阶段的资金需求相对较小,但风险最高;矿山开发建设阶段的资金需求量最大,资金回收期也较长,风险居中;矿山经营阶段所需的资金量也比较大,但是此阶段的企业与普通企业的风险已没有太大的差别。不同的产业链阶段需要配合不同结构、风险的资金,才能满足产业链各个阶段对资金的需求。

2. 矿业价值链分析

从价值链的角度来说,在矿产勘查和矿山经营阶段,矿业价值有了一个比较大的提升。在矿山开发阶段,其价值的增加要少于以上两个阶段。对于矿业企业来说,由于矿产勘查阶段的风险较大,这种风险的存在,在金融市场与金融机构方面很难进行规避,所以想通过金融手段在矿产勘查阶段提高矿业的价值,存在较大的难度。因此,矿业价值链的拓展应该将主要精力放在矿山经营阶段。

在矿山经营阶段,可以配套矿业发展多个加工产业,特别是具有核心技术的深加工产业。通常,矿业的深加工包括冶炼和加工。在加工阶段,可以形成不同的产品。除了要在矿业深加工上下文章,还应该将矿业与其他产业结合,特别是与当地的其他加工业结合。如果能够通过矿业的发展带动其他产业的发展,那么在矿山经营阶段就能够创造出更多的价值。与其他产业相比,矿业具有更大的后续效益。

二、矿业资金工程

矿业资金工程指的是对矿业投融资体系的建设。总的来看,矿业资金工程以金融市场为核心,建立发达的金融市场以满足市场上各类资金的投资需求,用市场化的行为匹配到矿业产业链的各个阶段和不同规模的企业中去,综合考虑了资金的风险及收益特征,力争实现资金使用的高效性。矿企可以在金融市场上选择发放债券或股权融资等方式融资,市场上的融资额占到矿企融资需求的绝大部分。多层次、多元化的融资是指在金融市场无法触及的高风险阶段,或者在融资需求较大的阶段,利用政府的政策性融资和金融机构的融资产品进行有效的补充和调节,使矿业的各个阶段都能得到充足的资金支持。

1. 大冶市矿业融资体系构想

从融资方式的角度来看,该融资体系以政府提供的政策性融资为基础,以金融市场的股权融资为核心,带动债权融资,支持大冶市矿业的发展,全面提供融资服务(见图 11－1)。

矿业发展首先需要政策性金融的支持。政策性金融包括政府的财政投资、相关税收优惠政策、政府成立的产业发展基金、贴息贷款等;还包括各种政策性金融机构的贷款,主要来自各级国家开发银行、进出口银行、亚洲发展银行等;还可以利用当地的各种优惠政策、发展基金,如利用澳大利亚为国外矿企提供的各种优惠、中非基金等。政策性金融承担矿业开发的高风险阶段,为矿业开发筑起一道屏障,解决了单个或多个矿企不能承担的风险问题,可以保证整个矿业产业的健康发展,在矿业产业融资体系中起到基础性的作用。政策性金融资金越雄厚,矿业发展的保障性越大,开发的程度就越深。

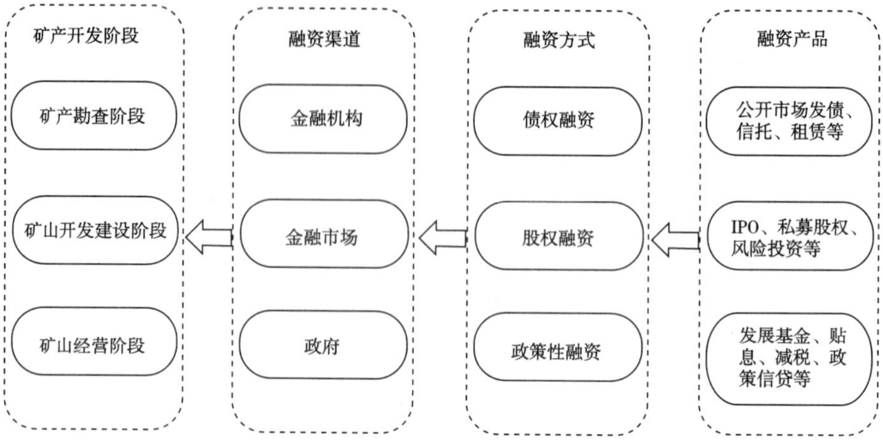

图 11-1　大冶市矿业融资体系总体构想

矿业产业融资的第二层次为股权融资。股权融资主要由金融市场提供，包括风险投资、私募股权融资、企业公开上市、股权型信托等方式，是最适合高风险矿业融资的方式，也是融资体系的核心。居于最上层的股权融资模式不仅可以覆盖矿业权产业链，给矿业融资注入市场化的活力；还可通过各级股权交易市场（包括武汉股权托管交易中心、上交所和深交所、香港证券交易所、加拿大多伦多证券交易所等），甚至全球范围内融得大量资金，促使大冶市发展成为全国乃至全球矿业交易中心。

最高层次为债权融资。债权融资可以是金融市场提供，也可以由相关金融机构提供，主要包括银行信贷、公开市场发债和债权型信托、融资租赁等其他债权融资方式。债权融资是融资体系中不可或缺的部分，是股权融资的有效补充。它依托相对风险较小的资产融入资金，是相对安全的资金来源，可以为矿业带来相当可观的资金。

三层融资之间也不是孤立的，存在既有债权又有股权性质的融资方式，利用债权融资风险隔离的特点减少股权融资风险；也存在联合政策性融资和债权融资的方式，利用政策性融资规避风险的优点在债权市场融资。各种融资渠道共存，发挥各自优点，既有区别又相互补充，形成了完整的矿业融资体系。

2. *矿业不同阶段融资方式的选择*

结合产业链融资相关研究成果、大冶市金融体系的现状以及小型矿企的特殊性质，我们将股权、债权和政策性融资匹配到产业链的各个环节，设计出现阶段理想覆盖整个产业链的融资体系结构（如图 11－2 所示）。

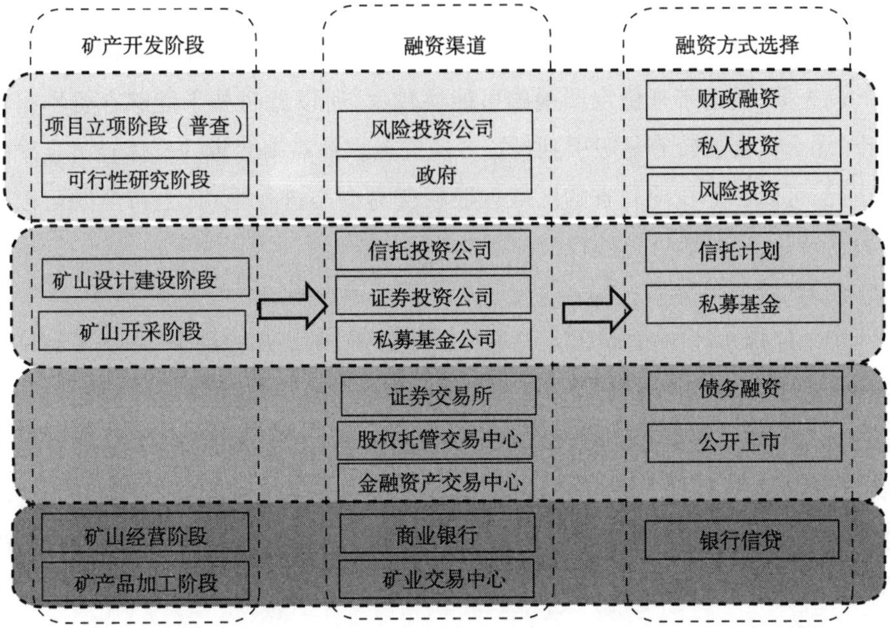

图 11－2　大冶市矿业企业融资体系设计

（1）矿产勘查阶段融资方式

根据这个阶段的“高风险、高收益”的特点，建议该阶段主要以财政融资、私人投资和风险投资为主要融资手段。

大冶市政府的政策支持和财政投入都对当地矿业有着重要的意义，其对象广泛，功能显著，最主要的功能是支持前期矿产勘查的高风险阶段。

矿企私人投资也是矿山前期勘查开发的主要融资方式之一，高风险同样也伴随着高收益，适合经验丰富、资金充足的企业主。

风险投资在大冶市矿业产业中还没有介入，却是矿产开发前期阶段最为市场化的融资方式，也是发展到后期成熟阶段最为理想和广泛的融资方式。

（2）矿山开发阶段融资方式

矿山开发阶段是一个长期的过程，适合项目融资的各种手段，包括信托计划、私募基金、租赁融资等，掌握矿山开发的大型企业可以考虑依托矿山资源培育上市，或者在资本市场上发行债务。

在矿山开发阶段，其风险与收益均处在一个适中的水平，可以考虑进行市场化的资金运作，信托、债券、私募与区域股权市场是最主要的融资方式。由于在此阶段,矿山的质量已经能够确定,所以有助于市场化的金融机构对矿山项目进行分析,来决定是否提供资金。特别需要强调的是,在这一阶段直接融资,特别是资本市场可以发挥重要的作用。由于这一阶段已经经历了矿业风险最大的勘查期,后续带来稳定回报的可能性较大,所以此时如果能够在资本市场上市,那么将会比较容易吸引到投资者的资金。针对湖北省的具体经济金融发展情况,可以考虑在湖北省的区域性股权交易中心进行上市,上市后既可以进行股份转让,还可以通过股权质押融资获得资金。

(3)矿产品开发阶段融资方式

该阶段逐步趋于市场化,产品开发风险较小,市场相对较大,且企业的运作特殊性较小,非常适合银行介入。在此阶段,矿业企业的经营模式与面对的风险环境与一般企业无异,同时矿业企业也具有一定的规模,进行各种融资的灵活性比较大。在矿业产业链的前两个阶段以直接融资为主,在矿产品开发阶段则以间接融资为主,原因是企业发展已经较为成熟,拥有一定量的固定资产,能够达到间接融资的门槛。

除了间接融资,在矿产品开发阶段还有一个更重要的融资方式是建立矿产品交易市场。通过建立矿产品交易市场,不仅仅可以帮助企业解决市场的销路问题,还能够对矿业企业的套期保值提供场所,降低产业风险,间接帮助企业融资。矿产品交易市场最大的作用是带动当地产业的发展,通过金融市场带动各种金融要素的重新配置,充分发挥市场在资源配置中的决定性作用。

三、矿业风险管理工程

风险管理是矿业金融工程中的重要环节,相对于其他的工业来说,矿业前中期的风险较大,如果不能有效地对矿业风险进行管理,就容易导致矿业风险问题,限制矿业的发展。处于矿业产业链的不同阶段,针对不同的风险点,应该采用不同的风险管理方法。

1. 矿业勘查阶段

矿业勘查阶段的决定性因素是技术与经验。在选矿环节,如果能够找到高品位的矿体,那么对于后续的开采与开发都会奠定很好的基础。在矿业勘查阶段,在金融上能够控制的就是分散风险,除了可以在矿种上能够进行比较灵活且有针对性的处理外，最好是能够多地多次进行勘查，即投资于多个有前景的矿床。在投资的过程中，一定要注意资金的进出渠道问题，在能够确定矿床的质量后，要尽力将其他矿床的投资撤出，将资金投入已经探明的矿床中。

除了注意分散投资外，在矿业勘查阶段还要注意与后续阶段的结合。一个矿山的持续生产周期是有限的，所以为了保证企业能够持续的运行，一定要注意矿山勘查与矿产经营的连续性，保持一个矿山开采与勘查的平衡，尽量做到一个统一规划。

2. 矿山开发阶段

矿山开发阶段的主要工作是矿山的开采。此时已经确定了矿山的质量，所以在开采过程中面临的风险比前一阶段要小，这一阶段的主要风险点在于矿山开采的持续性与市场风险。风险管理的原则就是在保证市场的前提下，能够持续的开采。

矿山开采的持续性主要注意两个问题：一个是企业的资金链，另一个是矿山开采带来的外部性，特别需要考虑矿山当地的自然与人文环境。在现阶段，环境保护受到高度重视，在矿山开采过程中，要保证在环境承载能力的范围内进行开采，以免中途受到有关部门的处罚。市场风险主要指的是矿产价格波动带来的风险，如果市场价格波动太大，就会降低矿山开采的利润，甚至会发生亏损，导致企业资金链的断裂。

3. 矿山经营阶段

在矿山经营阶段，企业风险管理方法与其他产业基本相同，着重考虑市场风险、技术风险、政策风险与资金风险。对于市场风险，要采取有效措施对矿产品的价格波动进行防范，可以运用衍生品或者类衍生品进行套期保值；对于技术风险，可以考虑引进有经验的技术人员来应对；对于政策风险，要注意矿山的经营与当地经济发展与环境保护相结合；对于资金风险，要在确保企业资金链不断裂的基础上，平衡各种不同收益的项目。

四、矿业政策支持工程

针对大冶融资体系的问题，应该从产业链的角度来考虑其促进和完善，建立充分覆盖产业链的全融资体系。

在矿产勘查阶段,一方面,需要积极与政府沟通,争取更多的财政支持和政策支持;另一方面,需要帮助构建风险投资机制,使产业链前期融资趋于市场化和成熟。在矿山建设阶段,积极引入信托公司、私募基金公司等非银行金融机构;积极构建直接融资市场,大力发展债券融资渠道,丰富融资产品;同时与股权交易托管中心对接,着手准备大中型矿企的上市工作。在矿产品开发阶段,除了借助资本市场以外,坚持完善间接融资渠道,建立银行等金融机构与企业融资需求对接;此外建立矿产品交易中心,建立矿企与金融市场的对接平台,以创新性的融资方式为中小矿企服务。

在扶植中小企业方面,要充分利用矿企之间的信任关系,利用矿业商会的组织能力以及资源共享优势,着重开发互助互保的融资模式,包括联合信托、联合债权、产业链上下游互相担保的融资渠道及产品。

1. 构建融资体系基础层面,积极争取政策性资金

财政融资的支持分为三个层面:一是争取大冶市政府在税收及政策支持上的便利。争取政府资金投资于矿业项目,并积极联系引进相关的金融机构,给予矿业开发更多的税收优惠等。二是争取湖北省政府及中央政府对大冶矿业的重视,争取更多的财政拨款等。三是争取各个政策性金融机构及发展基金的大力支持,融入优惠性贷款,支持大冶矿企到海外投资等。

2. 利用证券交易市场为大型企业融资

覆盖产业链中后端的矿企通过在资本市场首次公开发行股票(IPO)、已上市矿企定向或非定向增发和配售股票等方式是针对大型矿业企业的有效融资方式。大冶市矿业企业基本为中小型矿业企业,缺乏大而强的企业带动整个产业集群的发展,品牌效应不明显。而在股票交易市场公开挂牌上市无疑是做大做强企业的必经之路。加快培育大型矿业企业,帮助其上市融资势在必行。

3. 构建产业基金

建立产业发展基金是财政融资的一种市场化的运作方式。不仅可以遵循市场的要求,引导财政资金进入产业,支持相关重点企业的发展;还可以发挥政府整合资源的优势,带动社会资金进入行业。

首先,矿业产业前期的高风险性非常需要类似产业发展基金的政策性金融产品的支持,所以产业发展基金的产品需求可以得到保证。

其次,建立产业发展基金。矿业是大冶市的支柱性产业,产业发展可以极大地带动当地经济的发展;且大冶市正处于产业转型升级的关键时期,如果可以有效地推动矿业的发展无疑会给大冶市政府带来巨大的收益。

最后,考虑到大冶市较为发达的银行体系以及武汉股权交易托管中心和金融资产交易所的建立,基金的融资渠道和退出渠道均非常的畅通,这也有利于该产业基金的管理。

第十二章　省域服务业金融工程

服务业一般也被称为第三产业，国际上指的是除了农业、工业与建筑业之外的其他所有行业。在现代的经济社会中，服务业是三大产业的核心。通常，一个经济体的发达程度越高，服务业所占的比例也就越高。在西方发达经济体中，服务业的占比达到70%左右。2013年，中国的第三产业增加值超过了第二产业，但占经济总量的比值仍然不足50%，这表明服务业在中国有相当大的发展潜力。可以预计，在未来的几十年中，中国服务业将会出现一个快速增长期。

第一节　文献综述

服务业中的产业类型比较多，分类方法也比较多。按照产业出现的先后顺序，可以将服务业大体分为传统服务业与现代服务业。传统服务业指的是留存已久的诸如餐饮、住宿等行业；而现代服务业指的是通过经济发展，在传统服务业基础上衍生出来的服务业，如金融、科技产业等，这类产业在整个经济体系中占有重要地位，能够很好地体现一个国家的服务业发展水平。按照服务业的服务对象，可以将服务业分为生产性服务业与生活性服务业。生产性服务业是指为第一产业和第二产业提供支持的服务业，如科技产业与教育产业，这类产业对于整个国民经济的快速发展起着支撑所用；生活性服务业针对的是居民的日常生活，如餐饮业与家政服务业。

庄树坤(2008)分析了金融支持生产性服务业发展的现状以及存在的问题，认为金融支持对于服务业不可或缺，但我国金融结构不合理对生产性服务业的发展存在较大制约，需要进一步深化金融改革。周建村(2009)从银行的角度来讨论金融支持服务业发展的路径问题，认为除了在信贷上做文章外，应该加大仓单质押、订单融资、应收账款等融资方式的应用力度，丰富服务业融资工具，拓展金融支持服务业发展的路径。卜银伟（2011）从商业银行的角度对服务业的金融支持进行思考，认为商业银行是服务业的主要承担者，应该从战略高度认识到自身进行转型的必要性和紧迫性，商业银行应该在服务业金融市场中实现规模化、品牌化的经营。祝新（2011）分析了生产性服务业与区域经济增长的关系，认为某些生产性服务业已经成为经济发展中增长最快的部分，通过对我国生产性服务业特点的分析，最终得到结论：在不同地区我国生产性服务业的发展有不同的特点，应该根据当地经济发展的要求和产业结构特点，选择恰当的生产性服务业发展政策和措施。

第二节　理论框架

一、省域服务业金融工程支持框架

1. 省域服务业金融工程内涵

产业金融工程是通过金融工程与产业的融合促进产业跨越式发展，即使用金融工程的核心思想和方法，实现产业价值链的整合升级，充分整合产业资源，使用工程化手段来实现产业价值增值。

服务业是一个较为特殊的产业，其种类繁多。传统的生活性服务业直接为人们的生活提供产品，产业链短甚至是横向发展；而生产性服务业更是不能单独形成产业链，而是渗透到各行各业和各产业的每个环节中，成为产业发展的助力。故省域服务业的金融工程指的是立足于省域的区位优势及资源优势，通过金融工程与服务产业的融合，利用金融工程的思想和方法，使服务产业形成集群或在各产业链中实现充分覆盖，以此带动产业链的价值增值，实现产业的全面发展。

2. 省域服务业金融工程支持框架

省域服务产业金融工程是以产业价值链研究为基础，以产业融资体系为核心，以风险控制体系和产业管理体系为保障的产业发展支持体系。该体系重点突出政府及市场对其的综合作用，为服务业提供政策支持、资金融通、金融服务、产业风险管理等服务，帮助生活性服务业产业链和生产性服务业所在的制造业产业链延伸与升级（见图 12－1）。

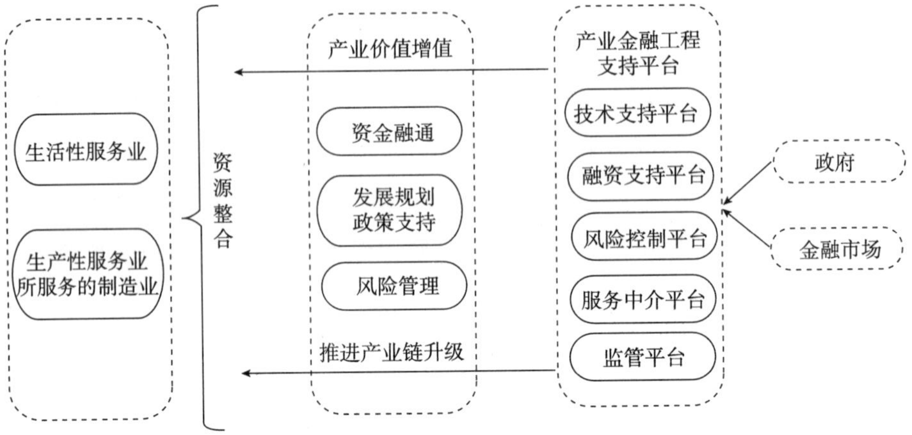

图 12－1　省域服务产业链金融工程支持框架

服务业金融工程主要包括五个部分，即政府、信贷组织、风控机构、金融中介机构和服务开发企业。以服务产业金融工程支持平台为中心，重点将服务产业与政府联系起来，通过制定适合服务产业发展的产业发展规划和产业政策，调节省域服务业发展资源，推动服务产业快速发展；将服务企业与金融机构、市场联系起来，为服务产业提供覆盖全产业链的资金支持；将服务企业与保险机构、期货市场联系起来，利用保险和期货产品等金融工具的价格发展和风险规避功能来发展服务产业。

政府是最大的推动机构，指导服务产业金融工程支持平台的构建，并监督平台的运营，进行产业发展规划和相关政策扶持。首先，政府可以提供政策支持组建金融工程支持平台，整合省域范围内甚至争取省域和国家的政策支持、技术指导、金融资源等，形成完整的产业助推体系。其次，政府结合省域经济及金融发展状况，制定切实可行的产业发展规划，指导未来三至五年内该产业的发展。最后，政府制定包括法规、条例的法律政策支持，贷款投向、贷款优惠和财政扶持的金融政策支持和人才、技术和社会服务等一系列的政策支持，力争与市场相结合，快速推动产业发展。

信贷组织就是为服务产业发展和金融工程支持体系的运作提供信贷和相关金融服务的金融机构和市场，主要是指政策性银行、商业银行、证券公司、风险投资机构和证券交易所等构建的一个全方位资金服务体系。

风控机构是指为服务产业发展提供风险控制和规避的相关金融机构和组织，主要包括保险机构、能源稳定基金等。其配合政府的一系列风控政策，利用风控体系安排为产业发展提供保障。

服务开发企业作为服务产业的主体，主要承担了服务产品的开发和生产任务，配合金融工程平台做好技术改造、资源整合和企业管理等工作，积极发挥企业的自主性，利用相关政策资源做强做大。

通过以上五大主体的相互配合，在金融工程平台的沟通联系的作用下，以政府为主导，以市场为补充，积极做好产业发展的配套支持工作，通过产业资源整合，实现产业价值升值和产业链的升级。

二、省域服务业金融工程支持体系

1.服务业产业链体系

(1)服务业产业链分析

由于服务业中的产业繁多，很难找到具有一般性的产业链来囊括服务业中所有产业的特点。不过可按照服务业的划分，将服务业分为生产性服务业与生活性服务业。前者最终指向的是第一产业与第二产业，而后者直接指向居民的生活。按照这两个划分，可以概括出服务业的一个产业链条体系。以下将按照产业上、中、下游的结构来分析这两类服务业的产业链条。

对于生产性服务业，其产业链上游应该是这些产业自身发展所需的后台支持，产业链中游是这个服务业自身的发展，而产业链的下游则是该服务业支持的对象。产业链上游支持产业链下游的发展。如果提到一个特定的产业，那么在该产业链的内部，还可以进行更进一步的细分。按照这种分类，产业链的上游与中游一般隶属于服务业(第三产业)中的产业，而产业链的下游则是第一产业和第二产业。

对于生活性服务业，其产业链的划分与生产性服务业类似。产业链的上游和中游分别是该服务业的后台支持与此服务业本身，产业链下游针对的是直接服务于居民的行业末端。生活性服务业较之于生产性服务业，产业链涉及第一产业与第二产业的部分较少，涉及产业融合的部分不多，一般来说生产性服务业相比于生活性服务业对于整个国民经济的影响力更大。

生产性服务业与生活性服务业在产业链的上游与下游基本相似，不同的是生产性服务业为产业链下游提供各种有形和无形的产品，而生活性服务业为产业链下游提供无形的服务。

(2)服务业价值链分析

服务业中的行业各自差别较大，对于价值链条并没有一个通用的增长模式，不过仍然可以按照生产性服务业与生活性服务业的分类，分析服务业的价值链条。

对于生产性服务业，其价值链条的分析可以从其产品的价值实现过程入手，这个产品指的是生产性服务业最终提供给第一产业和第二产业的成果。从产品价值实现的角度来说，生产性服务业的上游投入的是产品的各种生产要素。在第三产业中，生产要素主要指的是资本与人力。在产业链的中游，需要将初级产品转化为能够面向一、二产业的市场化产品，这是一个将产品转化为成果的阶段。而产业链的下游则是最终成果在社会中实现其价值的阶段。从价值的角度来看，产业链的上游与中游是付出成本的阶段，而产业链的下游才是最终产品实现价值的阶段。对于生活性服务业，其价值链条与生产性服务业类似，同样是产业链的上游与中游进行投入，在产业链下游通过服务被居民购买而获得价值。虽然两者在产业链上略有不同，但是在价值链上两者的价值转化过程基本相同。

通过分析服务业的价值链可以看出，要改善服务业的价值链可以从两个方面来考虑。一个是在产业链的上游与中游考虑降低产业的生产成本，另一个是在产业链的下游提高成品或者服务的实现价值。实际上，这是一种降低成本与提高收入并行的方法。但是一个产业与一个企业并不相同，要做到大幅度的降低成本与提高收入，应该从产业的融合与市场的构建出发，来实现服务业的增值。

具体来说，产业的融合与市场的构建正好对应着服务业产业链的拉长与拓宽。通过产业的融合，可以很好地延伸服务业产业链，当一个产业做到一定规模，可以与上、下游的产业进行深度融合，形成一条复合型的产业链。在产业链的前端，通过产业链的融合，可以减少产业前端不必要的中间环节，加强部门之间的交流，有效降低成本。在产业链的末端，通过与最终市场的融合，可以提高产研结合的程度。通过提高成品或者服务对市场需求的贴合度，能够扩展市场的覆盖面，从而增加最终服务在市场的实现价值。通过市场的拓展，可以为产业上、中、下游本身提高竞争力。特别是服务业实现价值的环节,通过构建市场,可以有效地促进服务业产品的交易,提高最终价值的实现。在三大产业中,服务业由于其本身的特性,更有利于构建起市场,同时市场的聚集效应能够更好地体现出来。

2. 服务业融资体系

产业资金的融资工具可以分为内部融资与外部融资。对于科技服务业企业来说,企业发展初期,内部融资与外部融资均具有重要意义。特别是对于中小型科技企业来说,内部融资较其他类型的企业更为重要。

第三节　湖北省科技服务业金融工程

科技服务业指的是凭借科学技术提供服务的产业,这是一门新兴的产业,通过提供智力支持,来实现产业的最终价值。随着国民经济的快速发展,科技服务业的重要作用逐步显现。在产业升级的背景下,科技服务业的发展快慢在部分程度上决定了一个区域产业升级的速度。湖北省科技产业有着比较好的基础,众多的科技园区与多所全国一流高校,为湖北省的科技服务业发展提供了有利的条件。近年来,湖北省科技服务业发展迅速,与背后的金融支持有着很大关系,金融的支持加大了科技实力向经济实力的转化力度。

一、科技服务业特点

科技服务业属于一个新兴的产业,其核心是利用科学技术来实现产业最终的价值。与其他的产业相比,科技服务业在发展初期需要的资金支持较大,对于整个经济的推动作用较强,同时在发展过程中面临的风险也较大。正是由于科技服务业的这些特点,对科技服务业的金融支持与其他产业有所不同。

1. 发展初期资金需求大

科技服务业凭借的是人的智力来实现最终的经济价值,在整个科技服务业的生命周期中,在发展初期需要一定量的初始资金,并且在研发过程中,由于最终的产品并未形成,导致发展前期资金量较为紧张。正是由于科技服务业这种循环中存在的不确定性,使得小规模或者处于初创期的科技服务业企业经常面对融资难、融资贵的困境。

2. 行业风险较高

科技服务业存在较高的风险,尤其是在企业发展期。科技产业通过将人的智力转化为最终的经济价值,在转化的过程中有可能面临一定的风险。通常会存在以下的两种情况,一种是投入了大量的资金并没有实现最终的科技成果,另一种是虽然投入资金实现了最终的科技成果,但是成果并不能为社会所利用,导致最终未能成功将科技价值转化为经济价值。这种高风险性在很多时候抑制了科技服务业的大力发展,成为了科技服务业发展的瓶颈。

3. 对经济推动力大

科技服务业对于经济的推动作用是其他的行业所不能比拟的,科学技术是第一生产力,经济跨越式发展的实现离不开科技服务业的应用。科技服务业的发展不仅能提高本身的产值,还能成倍提高其他产业的发展速度。现阶段我国正处于产业转型的关键时期,科技服务业出现了一个较好的发展机遇,未来科技服务业势必会得到更高的重视。从这个角度来说,虽然科技服务业存在上述的两个发展瓶颈,但是其整体快速发展的势头是不会被遏制的。

现阶段,我国中小企业融资难的问题很大程度地体现在科技服务类的企业上。所以,为了推动科技服务业发展,必须解决这一问题,发挥科技服务业对国民经济的强大推动作用。

二、科技服务业价值工程

科技服务业的产业链与服务业类似,可以直接应用服务业产业链的改造方法。同时,科技服务业的价值链比产业链更值得关注。科技服务业隶属于服务业,其价值链与服务业整体上是一致的,只是在科技服务业的发展过程中,可以更加具体的阐述。如果将科技服务业划分为种子期、初创期、发展期与成熟期,那么相对应的就是产品形态就是创意、科学方案、商业技术、市场产品。

从这一角度来讲,一般类型的科技服务业发展经历了以下的过程:在最初只是提供一个构想,其目的可能是未来解决社会中存在的某一个问题。通过将问题变为一个可解的方案后,可能就会诞生一个小型的科技服务类企业。形成企业后的研发过程就是将科学方案具体实现的过程,其目的是将科学方案转化为一种商业技术。而最后的阶段,就是企业实现最终价值,将商业技术转化为成熟的市场产品，实现科技服务业的经济价值。

在整个发展过程中，科技服务业的价值虽然实质上是在随着产业链向前逐渐递增，但是在没有资金注入的情形下，其资金流确实只能在最后阶段得以实现。从这个角度来说，科技服务业的价值链与资金存在时间上的一种脱节。所以要想对科技服务业的价值链进行改造，就是要将科技服务业的价值链与资金链做到一定程度的匹配，通过这种手段，可以有效解决科技企业发展过程中面临的资金困境，同时降低面临的风险。

价值链改造遵循的原则就是将整个科技服务业发展周期的资金平滑。在一般发展的过程中，其资金的流入与流出完全处于两个时期。如果能够将科技服务业成熟期的资金流入一部分转化到初创期和发展期，那么在一定程度上就可以缓解资金在企业发展时的压力。所以，科技服务业可以通过在发展初期引入资金的方法，明显平滑其整个资金的收支过程。在接下来的资金过程中，就是遵循这个方法为科技服务业提供强有力的资金支持。

三、科技服务业资金工程

在科技服务业的金融工程中，资金工程应该是核心部分。在科技服务业的发展历程中，资金始终是困扰产业发展的最大问题。由于科技服务业面临的不确定性较高，导致了科技产业面临的资金瓶颈比较大。在科技服务业的资金工程中，以下将设计出一套针对科技服务业发展的资金工程，包括产业发展周期融资与科技服务业孵化器。

1. 基于产业发展周期的融资体系

科技服务业中的企业具有非常明显的生命周期形态，在企业的发展过程中，这种周期性体现得十分明显。由于在各个周期中企业的融资条件各不相同，所以企业处于不同的时期，应该选择不同的方式为企业融资，这可以称作是一个基于产业发展周期的融资体系。

（1）种子期与初创期

在科技服务类企业的种子期与初创期，由于企业面临的融资环境差不多，所以可以将这两个时期的融资选择一起讨论。在此时期，由于企业只是一个雏形，在未来面临的风险较高，同时企业也并没有能够抵押的实物资产，所以股权投资是最主要的形式。以风险投资、创业投资和天使基金为代表的投资方式均是一种股权投资。

上述的三种股权投资方式在具体形式上有所区别,但是其实质均是一种股权投资。通过在初期投入资金,投资方获得科技服务型企业的部分股权,以期在未来企业发展壮大后,通过出售股份来获得高额的回报。在这种投资过程中,投资方有可能提出参与企业经营管理的要求,也有可能为企业提供一定的资金作为支持,其目的均是在企业发展成熟后,购入的企业股份能够大幅度的升值。虽然这种投资包含了一定的风险,但是由于在未来能够得到大笔的回报作为补偿,所以只要科技服务类企业能够有成熟且有创造性的方案,那么就很有可能得到股权投资。

(2)发展期

在科技服务类企业的发展期,此时企业已经具有一定的规模,拥有了具有商业价值的技术,所以投资方式除了继续采用上述的股权投资方式,还可以利用资产证券化以及企业的自有资金。

利用资产证券化,能够将科技服务类企业的项目转成一个资产证券化的信托或者融资计划。通过这种手段,采取信托融资的方式获得资金,同时,规范科技服务类企业的项目运作机制,更加紧密地与市场进行合作。在资产证券化的过程中,往往需要专业的投资银行介入。在发展期,企业的前景已经比初创期更加清晰,此时可以考虑采取内部融资的方式(例如发行企业的股票期权)获得资金。股票期权是指一个公司授予其员工在一定的期限内(如 10 年),按照固定的期权价格购买一定份额的公司股票的权利。行使期权时,享有期权的员工只需支付期权价格,就可得到期权项下的股票。这种期权除了能够起到融资的作用,还具有比较强的激励效应,能够将员工与企业更好地连接在一起。

(3)成熟期

在科技服务类企业的成熟期,可以采用获得规模较大的融资方式,主要包括企业上市融资、银行融资与企业债融资。由于企业的规模提升,所以企业在上市、信贷以及债券市场都具备融资的条件,在这种情况下,企业可以结合自身的发展情况选择相对应的融资方式。

从以上三种融资方式来说,理论上企业上市融资所需的成本最小,但是难度较大。信贷与债券融资均需要企业支付一定的成本,但是成功的几率会稍高。特别是发展成熟的科技服务类企业,在国家产业转型升级的大背景下,获得银行贷款的概率是很大的。

通过构建基于产业发展周期的融资体系,能够使企业的融资达到一个工程化的效果,在不同时期选择不同的融资方式,有利于企业合理的规划自身发展计划,提高资金的利用率同时降低投资者的风险。

2. 科技服务业孵化器

科技服务业孵化器是针对行业特点的融资工具,随着我国科技园区的快速发展,孵化器已经成为科技服务产业的重要融资工具。从根本上来说,孵化器是一种服务类的平台,通过为科技企业提供资金、技术和人才等方面的支持,对各种类型的科技型企业进行孵化。孵化的过程就是通过培育企业,当企业达到孵化器认定的标准后,顺利从孵化器中毕业的过程。孵化器是一种包含有多种元素的高科技企业培育工具,在其中融资是其功能实现的一个重要方面。

(1)科技服务业孵化器特点

孵化器与其他融资工具最大的不同在于其能够提供一个全方位、多元化的服务平台,从这个角度来说,通过配置更多的资源,能够提供企业融资的可能性。基于孵化器这个平台,企业能够得到更多的支持。孵化器的服务主要体现在企业的政策制定、技术支持以及企业管理方面的援助,这些都是科技服务类企业在发展初期所最需要的。

孵化器能很好地将政府与市场相结合。现阶段,我国的孵化器有很大一部分是由政府所支持设立的,政府在孵化器中提供资金支持、用地支持以及建设支持等,政府能够更好地在这些资源的配置中起到协调作用。同时,孵化器在资金以及技术上也会采取相应的市场化手段,通过引入市场化的资金来帮助企业实现最终的融资。从这两方面来看,政府与市场能够在孵化器中很好地结合起来,发挥各自的作用。

孵化器的资金来源面广。通过孵化器的组织,资金有多个渠道进去企业,不论是直接融资还是间接融资,企业都利用孵化器得到资金支持。在间接融资中,有了孵化器的存在,银行的资金能够更加容易地进入中小企业。在直接融资中,天使基金、风险投资等都能够进入孵化器中的企业。除了上述的融资方式外,民间资金也能够进入孵化器,这得益于孵化器中比较灵活的机制与利益分配机制。

(2)科技服务业孵化器运作方式

首先,孵化器应决定其组建模式。目前,依托于政府、高校、企业、科研机构等存在的孵化器,都有各自的优势。依托政府的孵化器能够更好地配置各方面的资源,依托高校与科研机构的孵化器在技术研发上更加突出,而依托企业的孵化器在资金与市场上能够更有经验。具体孵化器的选择,需要根据当地产业具体发展情况来决定,选择最适合当地实际情况的孵化模式,能够更有效地推动企业发展。

其次,孵化器应构建服务体系。孵化器的服务体系主要包括资金支持、政策支持、技术支持和管理支持,这些支持应该是孵化器所必备的。资金支持主要是为企业提供多种资金渠道,特别是在中小企业的发展初期,能够引入企业发展所必需的资金;政策支持在于为企业发展提供一个良好的环境,特别是公共服务环境;技术支持在于为产业内的企业提供合适的技术服务,特别是依托于高校与科研机构的孵化器,要充分发挥技术上的优势;管理支持是指帮助企业进行规范化、公司化的管理,完善企业的管理制度。

最后,孵化器应该完善日常管理制度。由于孵化器的主要职能是培育企业,所以孵化器的日常管理制度应该以孵化企业为导向,建立起完善的企业进驻与毕业机制。对于孵化器中的企业应该定期进行评审,选择出最具有发展前途的企业或者项目,这样可以将有限的资金资源投入到最有效率的位置,发挥好孵化器的作用。对于不同类型的企业,应该针对企业的发展状况,选择合适的支持方式。

四、科技服务业风险管理工程

在讨论完科技服务业资金工程后,紧接着需要解决的就是科技服务业的风险管理问题。科技服务业除了面临资金瓶颈以外,风险也是一个比较大的问题。可以说,科技服务业的融资难与其风险较大有着直接的关系。要想让科技服务业真正地实现快速发展,必须处理好科技服务业面临的风险。

1. 风险识别

科技服务类企业的风险有以下三种:

(1)研发风险

研发风险指的是科技服务类企业在技术研发过程中面临的风险。这种风险表现为以下的两种情况：一种是投入了资金与人力后，由于科研人员能力不足或者科研条件限制，最终并没有研发出具有商业价值的成果；另一种情况是，虽然研究出了成果，但由于市场的变化导致成果并不能被市场所认可。这两种情况都会导致科学研究没能实现商业价值，研发风险产生的不确定性，最终会引起科技服务类企业市场获得投资减少，竞争力下降。

(2)资金风险

资金风险指的是科技服务业企业在发展过程中面临的资金短缺带来的风险。一般而言，由于中小型科技服务类企业融资较难，在研发过程中易于出现资金短缺的现象，特别是在企业的种子期与初创期，此时所需资金量较大。但是科技服务类企业由于现金的流入主要是在成熟期，这种期限上的错配就会导致资金短缺，容易引发资金风险。

(3)经营风险

经营风险指的是在企业运营过程中，由于自身管理不善而给企业带来的风险。这种风险主要表现在企业发展初期，由于企业管理者没有经营管理经验，导致企业在发展过程中存在管理上的漏洞，进而引发经营风险问题。从这个角度来说，经营风险容易导致投资者对小型科技企业产生不信任，进而造成中小型科技服务类企业的融资难问题。

2. 风险度量

财务指标是评价财务状况和经营成果的相对指标，对于企业的风险特别是财务风险有一个很好的度量。财务指标主要从三个方面度量：盈利能力、资产运营能力和偿债能力。科技服务类企业的风险度量可以从财务指标与非财务指标两个角度考虑。非财务指标主要针对科技服务类企业的特点，强调企业的创新能力，主要包括技术人员比重、新产品研究开发费用率和新产品贡献率。财务指标与非财务指标之间形成良好的互补，能够反映科技企业的风险。

(1)财务指标

盈利能力指标：营业利润率、成本费用利润率、盈余现金保障倍数、总资产报酬率、净资产收益率、资本收益率。

资产运营能力指标：存货周转率、存货周转天数、流动资产周转率、总资产周转率。

偿债能力指标：流动比率、速动比率、资产负债率、产权比率。

(2)非财务指标

技术人员比重=研发人员数/总工人数

新产品研究开发费用率=已获成功的新产品研究开发费用/研究开发费用总支出

新产品贡献率=新产品的贡献/全部产品的贡献

3. 风险管理

针对科技服务业的特点,其风险主要存在于科技资源转化为经济价值的过程中,只有将这个过程顺利实现,才能降低科技服务业风险。科技服务业的风险管理可以从以下三个方面来考虑。

(1)制订合理的企业发展计划

科技服务类企业由于其发展的阶段性比较明显,所以应该在企业发展初期就有对于企业整个生命周期发展的设想。主要包括未来企业主营业务、市场动态以及投融资选择。特别是在投融资方面,一定要慎重确定企业的主要资金来源与资金流向,制订合理的企业发展计划。

(2)建立财务管理体系

科技服务类企业在发展初期由于规模不大,往往容易忽视企业财务制度的建立,成为财务不规范的企业。虽然在企业发展初期节约了成本,但是为企业未来的成长带来不利影响,最终得不偿失。从这个角度来说,科技服务类企业应该在企业成立之初就建立规范的财务管理体系。

(3)完善公司管理制度

科技服务类企业的重点在于科研,但是科技型企业的管理层不应该全部是科研人员,而应该有熟悉企业运作的专职管理人员,对于企业的重大决策提出建议。通过对于企业的长期规划制定阶段性目标,可以在一定程度上减小企业的管理风险。

五、科技服务业制度设计

在科技服务业金融工程中,制度设计主要指的是各种政策的搭配使用,其目的是能够顺利地实现上述的三个工程。在科技服务业的制度设计中,主要包括绩效考核与政策体系构建。

1. 绩效考核

科技服务业的绩效考核主要采用的是经济增加值的方法，经济增加值方法是一种有效的企业绩效财务评价方法，其核心是基于税后营业净利润和产生这些利润所需资本投入总成本。公司每年创造的经济增加值等于税后净营业利润与全部资本成本之间的差额。具体计算公式如下：

EVA = 税后净营业利润 − 资本占用 × 加权平均资本成本率

= 税后净营业利润 − 资本成本（机会成本）

对于科技服务类企业来说，经济增加值方法不限于会计成本，而是采用了机会成本的概念，这种方法能够显著减小经营和财务风险。

2. 政策体系构建

（1）政府与市场并行

在科技服务业的发展中，一定要注重政府与市场并行。企业应该以市场为导向，做好研发与产品设计工作；同时，政府应该给予中小型科技服务类企业政策支持，建立平台帮助中小企业融资。只有做好政府与市场的结合，才能比较好地克服科技服务业自身的弱点，保证产业的稳定发展。

（2）完善多层次资本市场

科技服务类企业的融资是其发展面临的关键问题，由于企业本身的特点决定了间接融资容易存在局限性，所以大力发展直接融资渠道才是解决问题的途径，这其中股权融资则是比较适合于科技服务类企业的融资方式。应该构建完善的多层次资本市场，特别是三板市场与四板市场，中小型企业的融资才能够发挥其功能。

（3）积极探索产业发展模式

科技服务业的发展在我国比较迅速，孵化器、高科技园区和高新技术开发区都是较为成熟的发展模式。这些新制度对于科技服务业的发展起到了强大的推动作用。在未来的一段时间里，应该继续探索利于科技服务业发展的新制度，营造科技服务类企业良好的发展环境。

第十三章 省域经济发展战略管理体系

省域金融工程的核心是在风险可控的条件下实现省域经济的跨越式发展，所以省域经济发展战略管理体系是省域金融工程研究的一个重大问题。随着我国经济的市场化与金融业的逐步发展，金融风险问题已经成为社会关注的焦点。省域经济作为一个相对独立的经济体系，在近年来的运行过程中部分环节也出现了风险隐患。目前，已有的研究多集中于国家金融风险与区域金融风险，对于省域金融风险问题并没有进行大规模有针对性的分析，也没有提出系统性的控制方法。本章主要使用了资产负债表方法，来研究省域经济面临的金融风险问题，并在控制风险的前提下，制定省域经济发展战略，实现经济的跨越式发展。

第一节 文献综述

一、经济资本理论研究

在经济资本理论研究方面，David Rowe(2004)分析了《新巴塞尔协议》与经济资本的关系，指出为了评估和管理风险，商业银行必须有效地决定适合的资本量来化解各种非预期损失，包括信用风险、市场风险和操作风险。此外，各类业务活动利润评估必须同能够抵御风险的资本联系起来。John S. Walter(2004)介绍了经济资本的发展历程，介绍了经济资本、RAROC 等概念。

国内在此方面的研究也较多，章彰(2002)认为经济资本是由银行的管理层内部评估而产生的配置给资产或某项业务用以减缓资本冲击的资本，从理论上讲，银行内部分配的经济资本应该涵盖银行面临的所有风险，分配经济资本的目标是使非预期损失耗尽经济资本的概率低于事先设定的水平,如配置信用风险经济资本的体系建立在银行信用风险损失概率密度函数基础之上。文章还研究了美国大银行在经济资本方面的做法,对我国建立信用风险模型有一定的借鉴意义。闫龙光(2003)详细区分了账面资本、监管资本和经济资本的区别。认为由于有关各方的利益或代表利益不同,对银行所持资本的目标也不同,从银行机构自身角度出发,存在一个符合市场要求的理想的资本结构目标——经济资本,而从社会福利改进的角度观察,存在一个使社会福利最大化的最适资本水平。监管者按照《新巴塞尔协议》要求银行机构持有一个最小资本。从银行监管目标看,最终要实现三种资本目标的统一,即社会利益最大化的最适资本目标。账面资本、监管资本、经济资本概念代表三种不同的资本目标,对监管者而言,对这三种不同资本目标的混淆,就意味着不能达到最优的监管效果。陆晓明(2004)从银行资本增值保值的角度出发,认为经济资本是一个经济学概念,它是商业银行实际需要的资本,是银行计量风险、衡量业绩、制定战略、计划业务、计算和配置资本的管理系统,它的主要功能是防御风险和创造价值。武剑(2004)认为经济资本是一种虚拟资本,与银行的非预期损失等额。经济资本并不是真实的银行资本,它是一个"计算出来的"数字,在数额上与非预期损失相等,其计算公式为:经济资本 = 信用风险非预期损失 + 市场风险非预期损失 + 操作风险非预期损失 - 重叠计算损失。

二、经济资本计量研究

在经济资本计量方面, Jeremy Scott(2002)认为对经济资本进行计量时,要量化一段时间内与管理无关的潜在风险及可能性,同时考虑股东风险偏好,进而决定是否从事高风险高回报的项目,经济资本的主要决定因素包括信用风险、市场风险、操作风险及流动性风险等。Araten 和 Michel(2004)分析了现有经济资本计量中存在的问题,并论述了影响经济资本计量模型的因素和关于模型结构存在的问题。赵先信(2004)、刘建德(2004)认为简单的做法是将信用风险、市场风险、操作风险的经济资本简单相加,这样做等于假设三类风险是完全正相关的。这是由于很难确切估计不同风险之间的相关性,简单相加是比较现实可行的办法,也是不得不做的妥协,因为为了获取相关性数据的投入与由此带来的收益可能是得不偿失的。郭战琴、周宗放(2004)讨论了 VaR 方法在银行配置风险资本中的应用，分别基于贷款价值服从不同分布的情况进行讨论并给出针对内部评级法的算例。杨晓东(2004)介绍了内部评级法的风险要素、核心计算、具体应用和最低要求。刘莉亚、邓云胜(2004)分析了进行内部等级评定时所采用的方法，对比了专家判断法、模型法和一些基于专家判断法的其他方法，并重点剖析了不同的模型法在估计违约概率 PD 与违约损失率 LGD 时所表现出的不同特征。

国内外对经济资本的计量中最重要的计量方法——VaR 法的研究较多。VaR 方法由 Baumol(1963)初创，他首次引入“均值—下置信限”的组合选择标准，目的是要对 Markowitz (1952)的均值—方差组合选择理论进行改进。1993年，由 G30(Group of Thirty)支持的“全球衍生工具研究小组”(the Global Derivatives Study Group)在他们出版的《衍生证券的实际操作及其原理介绍》一书中提出交易商要用 VaR 方法度量金融工具的头寸风险。JP Morgan 银行(1994)发表了基于 VaR 方法的 Risk Metrics 市场风险管理系统，迅速得到市场认可和推崇。1996 年，巴塞尔委员会发表了《在资本协议中加入市场风险的补充规定》。在市场风险的计量方法上，该补充规定允许在标准法和内部模型法(VaR 方法)之间进行选择，此后 VaR 方法在银行和其他金融机构中被广泛应用于对市场风险的测量。

Jorion(1997)其中给出了 VaR 明确的统计定义及主要的计算方法，主要包括解析形式的 VaR (Closed Form VaR)、蒙特卡罗模拟 VaR (Monte Carlo VaR)、历史模拟 VaR (Historical VaR)等。针对 VaR 计算，学者们进行了大量的研究，并引入极值理论、混合分布等来解决资产收益分布或损失分布中的肥尾现象。

P. Penza 和 V. K. Bansal 由浅入深地介绍了 VaR 测算方法，基本上涵盖了所有重要的问题(统计的、金融的、监管的)。他们讨论了市场风险度量对银行而言日益重要的原因、VaR 模型的统计学基础、单个资产 VaR 的计算技术和用于测算资产组合 VaR 的模型分析。

Zaik(1996)对信用风险及市场风险的经济资本计量的 VaR 法进行了研究。Kupiec 和 Paul(2004)对信用风险和市场风险的经济资本评估进行了论述，文章指出 VaR 模型经常被用作经济资本分析，不过 VaR 分析并不能解释资金的时间价值或公司债务信用风险所要求的风险溢价，这会导致对经济资本评价的偏差。David R. Koenig(2004)介绍了市场风险经济资本的标准法和内部模型法，并进行了应用举例。Michael Pykhtin(2004)详细介绍了资产证券经济资本的PYKHTIN - DEV 模型和 GORDY - JONES 模型及这两个模型在《新巴塞尔协议》中的应用。

国内对于 VaR 的研究，在逐步引进介绍有关 VaR 的各种模型技术的同时，部分学者也对 VaR 进行了适当的理论研究，有代表性的如王春峰等(2000)提出的基于马尔可夫链的蒙特卡罗模拟方法。在 VaR 的应用领域，国内一些金融机构特别是证券投资基金，已经逐步开始使用 VaR 度量市场风险，进行资产优化配置。一些金融软件开发商也将 VaR 计算方法内嵌于风险管理软件，但由于国内金融市场的欠发达以及风险意识不足等客观因素的阻碍，VaR 方法在国内尚未得到广泛的应用。

三、经济资本的应用研究

在经济资本应用方面的研究最早可以追溯到 Merton 和 Perold (1993)提出的以“边际风险资本”(Marginal Risk Capital)进行银行经济资本分配，决定是否开展或取消一项业务。James(1996)和 Matten(2000)提出了经济资本分配和基于风险调整的绩效评估体系。在以资本分配和绩效评估为主要目的的经济资本框架中，RAROC 是一个核心的关键概念。John S. Walter(2004)对信用风险、市场风险、国家风险的经济资本进行了研究，并进一步分析了美洲银行的经济资本、绩效评价和资本充足性案例，介绍了美洲银行的经济资本体系、公司绩效评价的度量系统及构建经济资本框架的基本原则和风险来源。Gene D. Guill (2004)在 2004 年的风险研究年会上介绍了银行经济资本的实施实践情况，阐明了经济资本对银行资本管理的重要性、经济资本的影响因素等。David Rowe (2004)认为确定经济资本的挑战来自于银行面临的各种风险具有不同的特性，需要用不同的方法进行度量，难以用一个尺度进行衡量；从实施的角度来看，经济资本体系暗示着挑战，它需要建造充分的数据结构和辅助技术并掌握文化观念差异；满足《新巴塞尔协议》资本要求和构建一个经济资本分析系统是同一个硬币的两个面，不应该分割开来看待。

第二节　省域宏观金融风险概述

一、省域宏观金融风险的定义

省域宏观金融风险是宏观金融风险的一个特例，指的是在一个省的范围内来分析宏观金融风险问题。省域宏观金融风险的定义可以参照 Crockett（1997），他认为金融系统性风险是“由于金融资产价格的异常、剧烈波动，或由于许多经济主体和金融机构负担巨额债务及资产负债结构趋于恶化，使其在经济冲击下极为脆弱，并可能严重影响国名经济的健康运行”。在我国，省是一级行政单位，具有一定的独立性，每个省在运行过程中都面临不同的经济和金融环境，所以研究出具有一般性的方法来监管省域金融风险具有重大的意义。

省域宏观金融风险相比其他理论提到的区域金融风险，更加注重风险之间的传导性和对宏观经济运行的影响，即更加注重对系统性风险的分析。省域宏观金融风险相比于微观金融风险更加复杂多样，在一定条件下，微观金融风险能够转化为宏观金融风险，并且宏观金融风险对于宏观经济的作用力更强、影响更大。正是由于省域宏观金融风险具有以上特点，其相应的研究方法与微观金融风险管理的研究方法也有很大的不同，其分析方法必须要站在全省的高度上来分析省域宏观金融风险问题，才能更好地把握整个省的风险情况。

市场风险是省域经济面临的重大风险之一，市场风险指在证券市场中因资产价格（股价、利率、汇率等）的变动而导致价值未预料到的潜在损失的风险。2015 年 6 月发生的股灾，即为市场风险的一种体现。2015 年 6 月 12 日，沪指上涨 0.87% 再创年内新高 5178.19 点。2015 年 7 月 3 日，沪指一度暴跌 7% 现本轮调整新低 3629.56 点。仅仅 14 个交易日，沪指暴跌 29.9%。资产价格的迅速下降会在降低企业及家户部门的权益，这种市场风险属于一种系统性风险。这种风险不能通过分散投资加以消除，会引发大规模的资产缩水。

近年来，维护金融稳定，防范系统性、区域性风险是央行工作的一个重点。我国正处于改革攻坚的深水期，金融市场的稳定是经济安全运行的重要条件。未来的金融改革与创新，必然会伴随着一定的金融风险，相关部门必须高度重视维护金融稳定,维护金融稳定,必须以防范区域性、系统性金融风险为重点,牢牢守住不发生区域性和系统性金融风险这条底线。

在整个宏观金融风险体系中,可以划分为全球、国家、区域、省域、市域和县域这六个层面,省域处在中间的位置。相比于国家金融风险,省域宏观金融容易出现风险问题的环节更加隐蔽,同时风险的管理手段相比于国家金融风险管理要少。相比于县域金融风险,省域风险的影响力更大,在管理过程中必须考虑到省内各区域之间的传导问题。

二、省域金融风险的主要来源

省域金融风险的主要来源可以分为微观层面和宏观层面。在微观层面,省域金融风险可能来自于部门金融中介、企业或者个人,其中金融中介出现金融风险的可能性更高。微观层面的金融风险主要表现为经营风险和操作风险,这种风险是十分常见的。在一定条件下,微观层面的风险可以上升到宏观层面,此时这种风险对于宏观经济会产生比较大的冲击。规模较大的企业在经营不善或者市场不景气时破产以及发生短期流动性风险问题,也属于微观金融风险。

宏观层面的金融风险主要来自于宏观经济金融政策调整、宏观经济环境恶化以及政府对于地方经济不合理的干预。由于我国区域经济发展水平及区域金融政策上存在明显差异,并且相同的金融政策对于每个省的影响程度又有所不同,所以国家层面的金融风险对于部分省份会存在较大的影响。与国家层面的风险来源类似,由于地方政府的经济调控对比省域内的不同地区、不同行业会产生影响,在一定程度上也有可能产生金融风险。省域宏观金融风险针对的是宏观层面的金融分析,重点的分析对象是对经济具有更大影响力的宏观金融风险。

第三节　湖北省宏观金融风险分析

一、湖北省公共部门风险分析

2013 年,湖北省地方一般预算缺口持续扩大,但速度有所放缓,缺口规模及缺口占地方生产总值的比重在中部地区均处于较低水平,如图 13 – 1 所示。湖北省在2013年完成地方一般预算收入2189.98亿元,一般预算支出4330.63亿元,一般预算缺口增至2140.65亿元,同比增长10.53%,增速较2012年下降4.22个百分点。从缺口占地方生产总值的比重上来看,2013年,湖北省的该指标水平为8.68%,较2012年下降0.2个百分点。从整体发展态势上来看,湖北省公共部门风险正逐步降低。

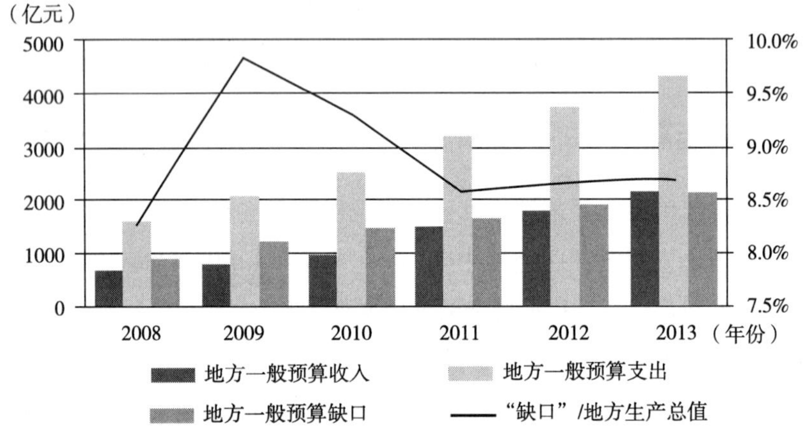

图13-1　湖北省地方财政一般预算收支情况

受到整体经济发展情况的影响,湖北省财政收支增长波动较为明显,如图13-2所示。2013年,湖北省地方一般预算收入增长率为20.1%,较2012年增加0.71个百分点;地方一般预算支出增长率为15.2%,较2012年降低1.75个百分点。在2010年至2013年,一方面,整体经济形势有所改善,湖北省经济进

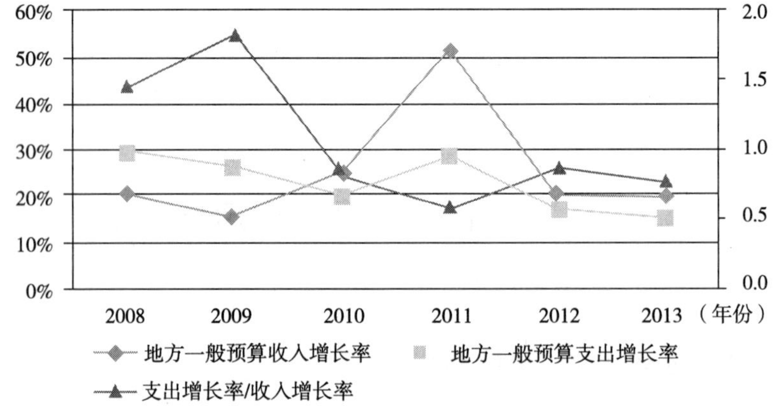

图13-2　湖北省地方财政一般预算收支增长率比较

一步发展，地方一般预算收入稳步增加；另一方面，受到国家宏观调控政策的影响，湖北省在民生支出方面不断增加，而在政府支出方面有所降低，地方一般预算支出增速整体下降。因此，湖北省地方一般预算收入增速均高于地方一般预算支出增速，其中二者的比值指标于2013年达到75.62%。这种情况进一步说明了湖北省地方一般预算缺口的增速放缓，公共部门面临的偿付风险正逐步降低。

二、湖北省金融部门风险分析

1. 银行类风险分析

(1)资本结构错配分析

湖北省银行类金融机构保持稳健快速发展态势，总资产规模和资产质量不断上升，但存贷款增幅均存在减缓趋势(如图13-3所示)。2013年，湖北省银行类金融机构存款余额达到32902.83亿元，同比增长16.44%，较2012年下降了0.58个百分点；贷款余额达到21902.55亿元，同比增长15.08%，较2012年下降了1个百分点。存贷款余额增速不断下降，一方面是受到单位存款下滑和互联网金融迅速发展的影响；另一方面，活跃的民间借贷是造成这种现象的一个重要原因。

从“存贷比”指标来看，湖北省银行业在金融危机之后资产结构不断调整，存贷比指标水平从2009年的68.2%降至2013年的66.57%，体现出湖北省银行业的资本结构错配风险相对较小，如图13-3所示。

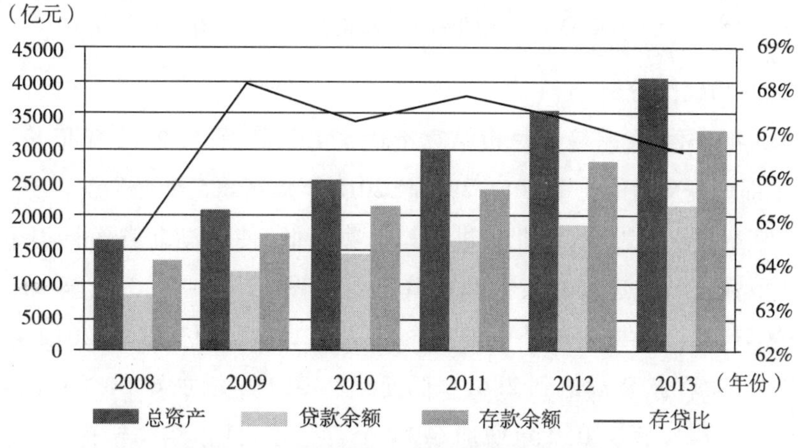

图13-3　湖北省银行类金融机构资本结构

(2)期限错配分析

从湖北省银行类金融机构贷款结构变化态势上来看,贷款短期化趋势明显,短期贷款增速连续三年高于中长期贷款增速,中长期贷款占全部贷款的比重不断降低,这在一定程度上说明湖北省银行类金融机构的期限错配风险有所降低。截至 2013 年年底,湖北省银行类金融机构的短期贷款为 7857.28 亿元,较 2012 年增长 21.84%,远高于中长期贷款的增速 12.04%,如图 13-4 所示。另外,湖北省表外融资总额于 2013 年增加 2405.7 亿元,较 2012 年多增 1023.9 亿元,占社会融资规模比重为 39.9%,较 2012 年提高 10.8 个百分点。湖北省银行类金融机构的表外融资规模不断提高,金融监管部门应加强对该类业务风险的防控。

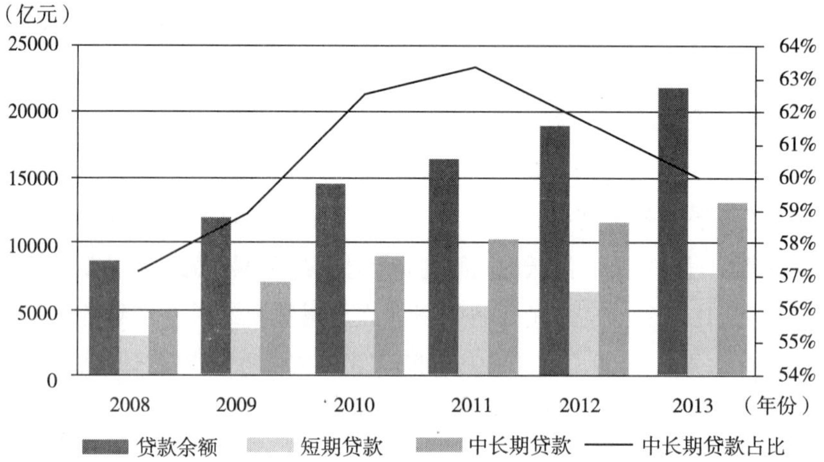

图 13-4 湖北省金融机构贷款期限结构

(3)货币错配分析

2013 年,湖北省跨境人民币结算量达 574.2 亿元,较 2012 年增长了 1.1 倍,占全部跨境交易的比重为 17.2%,较 2012 年提高 8.5 个百分点。受到国内外经济形势不佳的影响,湖北省进出口总额降低,使得湖北省银行类金融机构的外币存贷款增速均有较大幅度降低。如图 13-5 所示,截至 2013 年,湖北省银行类金融机构的外币贷款余额达到 1105.7 亿元,较 2012 年增加 7.59%;外币存款余额达到 266.6 亿元,较 2012 年增加 6.00%;外币存贷比达到414.74%,较 2012 年增加 6.11 个百分点,外币结构错配风险突出,湖北省对外贸易受到汇率波动影响明显。湖北省应加强本外币协同管理,在不断扩大人民币在跨境贸易和投资中的使用的同时，有效控制外币结构错配风险。

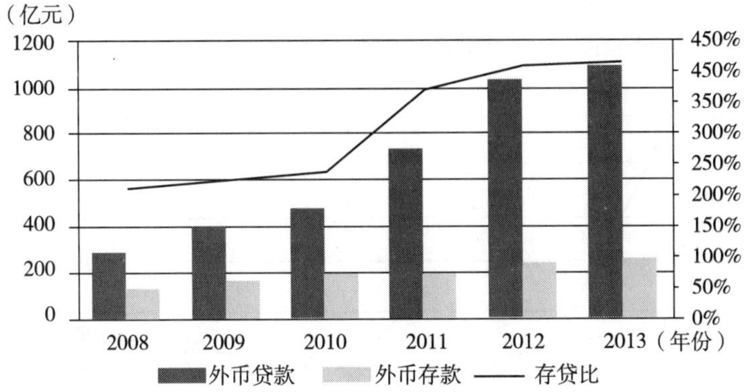

图 13－5　湖北省外币存贷比

2. 保险类风险分析

湖北省保险业在 2013 年中的表现基本平稳，业态规模、业务总量及市场主体数量等持续增长，对地方经济的服务支持作用也日益加强。2013 年，湖北省实现保费收入 712.12 亿元，同比增长 19.6%，较 2012 年增加 11.3 个百分点，如图13－6 所示。保费收入的较大幅度增长使得保险深度指标于 2013 年达到 2.89%，同比增加 0.21 个百分点，但该指标在全国仍处于中下游水平，这充分说明湖北省有待进一步提升保险业发展质量和水平，从而才能较好地服务经济和社会发展。

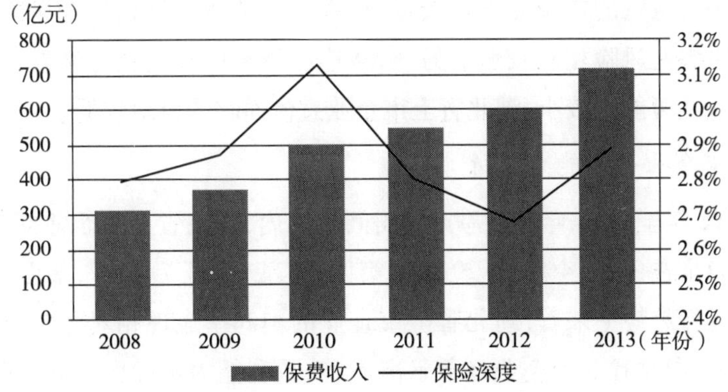

图 13－6　湖北省保险深度

从保费增长率和赔付率的比较来看,湖北省保费增长率与赔付率在2013年均有所上升,分别达到19.60%和26.89%,赔付率高于保费增长率的表现在一定程度上反映出湖北省保险业存在赔付风险(如图13-7所示)。因此,湖北省应在控制风险的前提下,适度进行保险业的扩张。

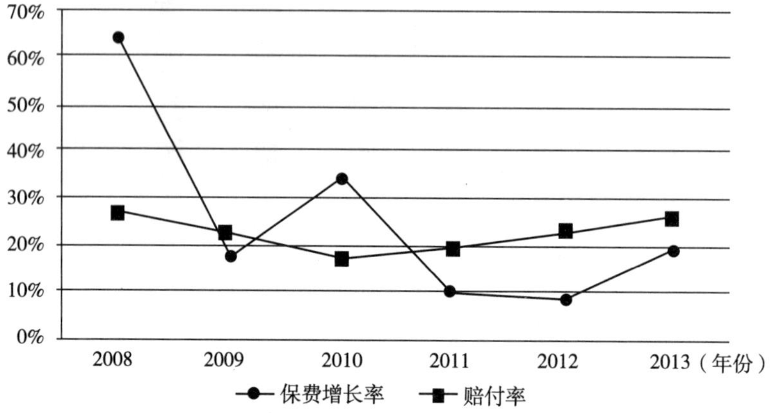

图13-7　湖北省保费增长率和赔付率

综上所述,2013年湖北省保险业保持平稳发展,服务社会经济发展的能力有所提升,但仍存在着一定程度的赔付风险。

三、湖北省上市企业部门风险分析

本书选取七十家在沪深两市上市的湖北省企业作为样本分析湖北省上市企业部门的相关风险。分析表明,湖北省上市企业整体的资产负债率偏高,反映出其对债务融资的依赖度仍然较强,存在一定的资本结构错配风险,但其表现出的期限错配风险相对较低。另外,从违约概率的相关指标来看,湖北省上市企业的违约可能性较小,湖北省上市企业总体面临的风险较低。

1.上市企业盈利能力分析

在2012年至2013年第三季度的时间区间内,湖北省上市企业部门总体的净利润率稳定在3%~4%,于2013年第四季度跃升至7.42%,如图13-8所示。从该运行趋势上来看,湖北省上市企业的利润率表现相对稳定,但绝对值偏低,反映出湖北省上市企业经营状况不善、盈利能力不强的问题。受限于上市企业产业分布的特点与企业战略安排的差异,湖北省上市企业不能较好地根据宏观经济形势进行调整,导致经营状况不佳。

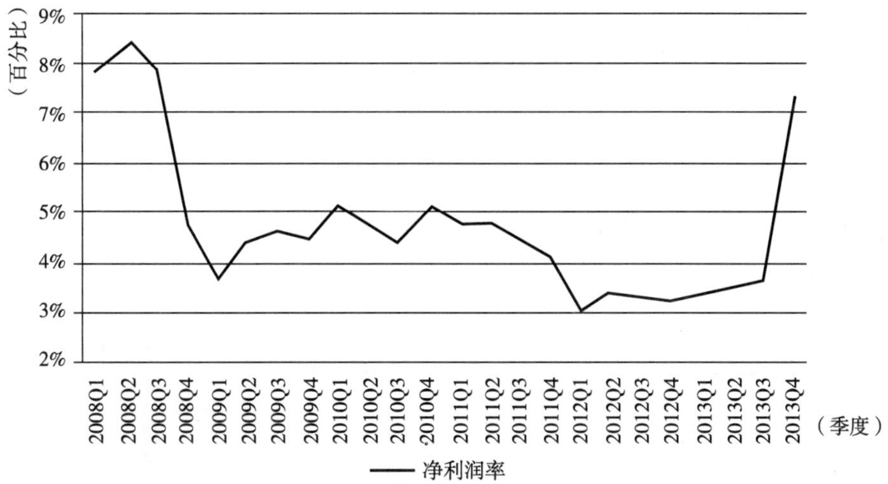

图 13－8　湖北省上市企业净利润率

2. 账面价值资产负债表分析

(1)资本结构错配分析

自 2011 年起,湖北省上市企业部门的资产、负债规模呈现波动上升的态势,资产负债率也不断增加,于 2013 年第四季度达到 65.33%的相对较高水平,如图 13－9 所示。湖北省上市企业部门相对较高的资产负债率主要能说明以下两点问题:一方面,湖北省上市企业部门存在一定的资本结构错配风险,需要迅速调整结构,缓解还本付息的偿债压力;另一方面,湖北省上市企业部门在融资方式的选择上仍然存在偏重选择债务融资的问题,未能充分利用股票市场进行融资。因此,湖北省上市企业应转变发展方式,积极有效地调整资本结构与融资方式,以防资本结构错配风险的进一步加大。

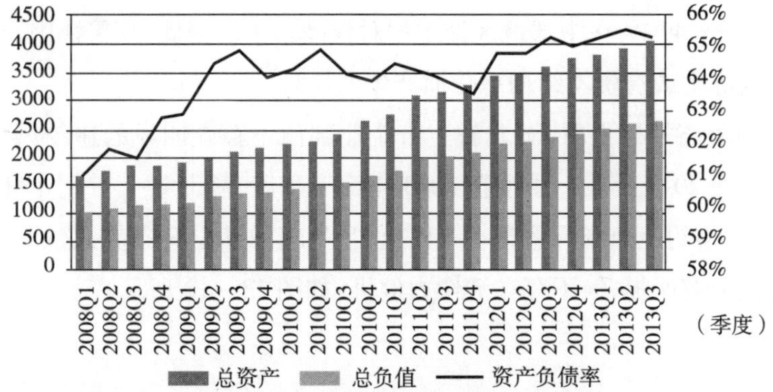

图 13－9　湖北省企业部门资本结构

(2)期限错配风险分析

湖北省上市企业部门在流动性管理方面的效果较好,流动比率指标水平在2012年和2013年间均保持在1以上的安全水平,在一定程度上表明其面临的期限错配风险较小(如图13－10所示)。同时,相对较好的流动性表现也能局部缓解企业的清偿力风险。

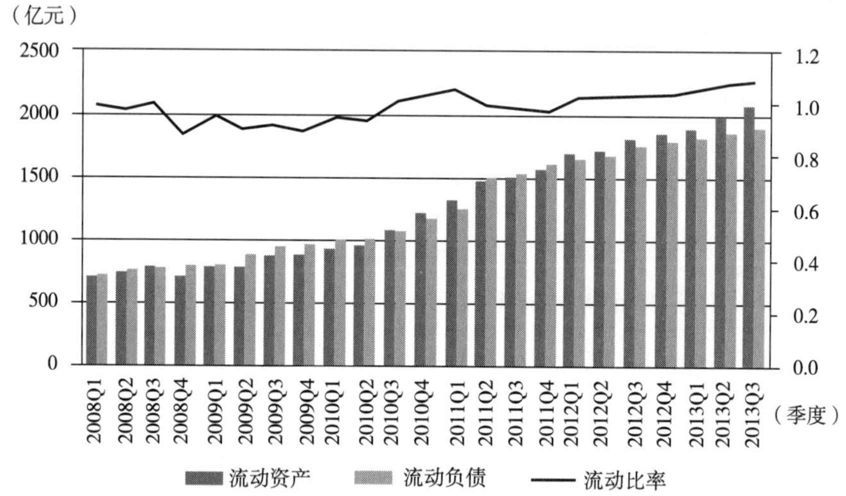

图13－10 湖北省企业部门流动比率

3. 或有权益资产负债表分析

2012～2013年,湖北省上市企业资产的市场价值高于账面价值,而受到资本市场波动的影响,上市企业部门的或有资产负债率指标的波动幅度大于账面资产负债率,如图13－11所示。在2012年第一季度至2013年第三季度期间,湖北省上市企业部门的或有资产负债率均保持在30%～40%,并于2013年第三季度达到33.49%,在中部地区处于相对较高水平。因此,须警惕因企业经营状况不稳定导致或有资本结构恶化而产生的风险。

从违约距离指标上看,湖北省上市企业部门不存在明显的违约风险,整体情况良好。在2012年第一季度至2013年第三季度,湖北省上市企业部门运行状况良好,其违约距离指标稳定在4以上,且呈现波动上升态势,这种表现说明其抗风险能力有所提升,不存在清偿力危机(如图13－12所示)。

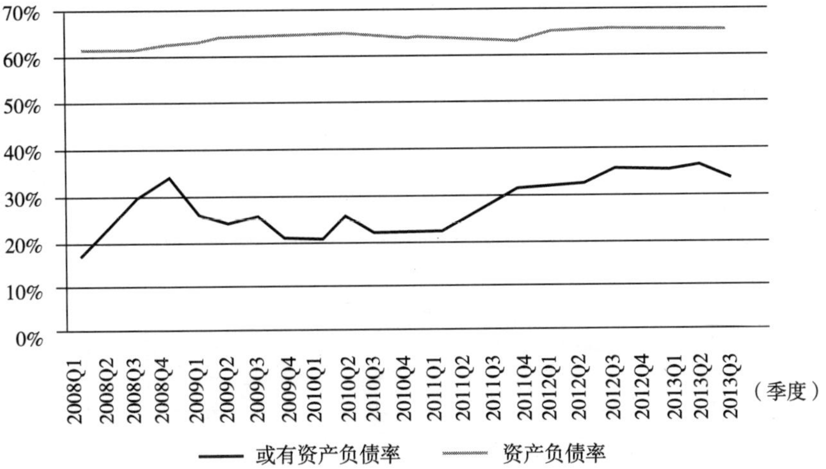

图 13－11　湖北省上市企业部门或有资产负债率

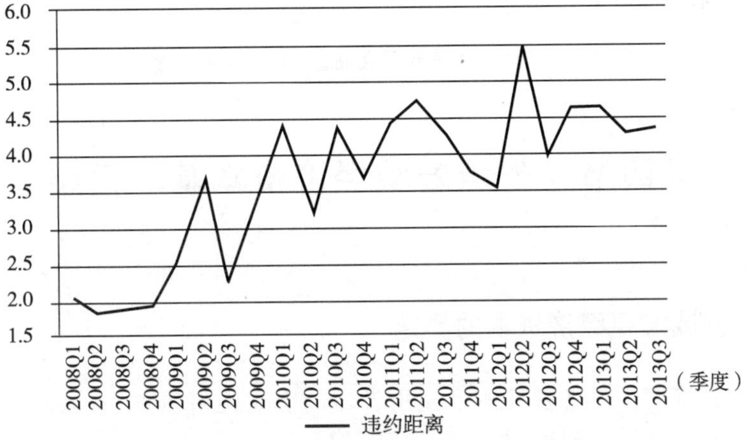

图 13－12　湖北省上市企业部门违约距离

四、湖北省家户部门风险分析

2012 年，湖北省城乡居民收入稳步提升，但增长率较 2011 年均有所降低。其中，城镇居民人均可支配收入为 20839.6 元，同比增长 13.42%，较 2011 年降低 1 个百分点；农村居民人均纯收入达到 7852.0 元，同比增长 13.83%，较 2011 年降低 4.45 个百分点。一方面，城乡居民收入增幅的下降在一定程度上反映出湖北省地方经济发展动力减弱；另一方面，农村居民人均纯收入增速高于城镇居民人均可支配收入增速，城乡居民收入差距进一步缩小。

另外，湖北省城乡居民收入的增长对提高消费品市场活跃度有着一定的促进作用,从个人消费贷款与城乡居民储蓄存款的比值上看,该指标于2012年达到19.29%,较2011年下降0.33个百分点(如图13-13所示)。说明湖北省家户部门的偿付风险有所降低,也说明湖北省家户部门的风险水平仍然处于相对较低的水平。

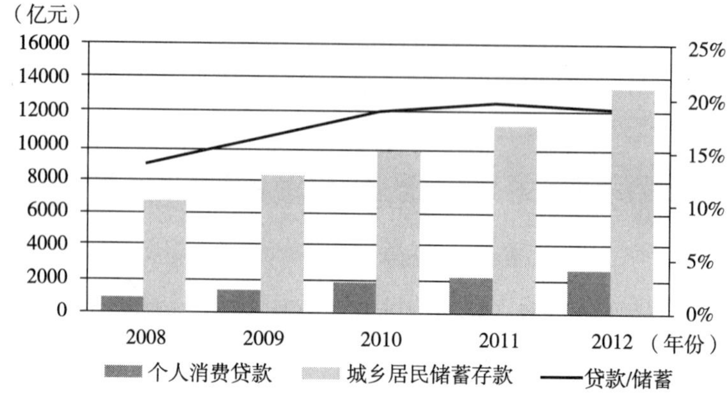

图13-13　湖北省城乡居民储蓄存款与消费贷款比较

第四节　省域宏观经济资本基本框架

一、省域宏观经济资本的界定

省域经济发展战略管理体系使用省域的宏观经济资本、省域经济的宏观VaR、省域净资产、社会储备等主要概念。省域的宏观经济资本是一个省份为抵御金融风险应该持有的最低资本水平。省域经济的宏观VaR是一定时期内省域金融资产在95%的置信度下对目标水平的最大偏离。省域净资产是指省域拥有的净资产总量。社会储备是指省域各经济部门为抵御金融风险而积累的储备,包括农业储备、养老储备和外汇储备等。

省域宏观经济资本是指一个省份为抵御风险而提供的资本准备。省域宏观经济资本分配在不同的省域部门表现出的资本准备形式也大不相同,但共同组成了省域风险储备体系。就金融部门而言,经济资本表现为存款保险基金、证券投资者保护基金、保险基金等。就公共部门而言,经济资本表现为外汇储备和财政储备等。就企业部门而言,经济资本表现为产业互助基金、产业风险基金等。就家户部门而言,经济资本表现为医疗保障基金、养老基金和国家教育基金等。

二、省域宏观经济资本的研究要素

省域的宏观经济资本是保障一个省份经济金融运行平稳、社会环境稳定的最低资本金准备。省域经济的研究包含三个要素,分别是风险管理要素、资本管理要素和绩效评价要素。

1. 风险管理要素

宏观金融工程的核心思想是风险管理,在控制风险的前提下实现经济的跨越式发展。风险分为系统性风险和非系统风险,非系统性风险通常可以通过技术层面的方法去管理,但是面对系统性风险,在宏观层面上,一个国家、一个省份如果没有事先准备是难以应对的。在宏观金融工程领域,宏观经济资本就是为了抵御系统性风险而提供的资本金准备。同样,在省域金融工程的范畴里,风险管理的主要手段就是建立省域资本金准备。这个资本金准备是一个大的概念,涵盖了四大部门,分别是金融部门、公共部门、家户部门和企业部门。省域宏观经济资本要求将总的风险资本按照合理的规模和比例配置到各个部门中,这里面主要用到 RAROC 和违约期权价值的经济资本配置法。

2. 资本管理要素

在微观领域中,经济资本对资本的必要回报率有所要求,在风险管理的属性中包含了收益最大化的目标要求。在宏观领域,经济资本也有相同的属性,就是宏观经济资本将风险管理放在首位,但是也要求必要的经济增长率,类似于微观领域的资本回报率。也就是说,宏观经济资本虽然不以盈利为目的,但是宏观经济资本在风险管理中相当于随时需要付出的沉没成本。因此,省域宏观经济资本也需要成本管理,在达到管理目标的前提下,最大限度地降低风险准备。

3. 绩效考核要素

宏观金融工程研究的对象如国家、省份、产业等,都是动态发展和变化的,在风险管理的过程中,各个管理对象的基本情况都会发展变化。那么相应地,经济资本的管理和配置也需要随时调整动态。因此,具体对于一个省份而言,需要一个可以调整的省域经济资本配置的机制，这套机制包括风险管理要求、资本成本要求和必要收益要求。可以这么说，省域的经济资本管理可以为省域经济发展提供质量的测定、风险的管理和必要的经济增长速率。

三、省域的宏观经济资本的研究框架

在省域的宏观经济资本研究要素的基础上，我们提出省域的宏观经济资本研究框架。省域的宏观经济资本研究框架主要由宏观经济资本度量、宏观经济资本的配置、宏观经济资本的风险管理、金融稳定基金、经济发展目标及其宏观经济资本绩效评价这六个部分组成。

1. 宏观经济资本度量

省域的宏观经济资本的度量要求计算省域经济的宏观 VaR。省域经济 VaR 的计算包括部门 VaR 和省域整体 VaR。部门 VaR 包括公共部门、金融部门、企业部门、家户部门的 VaR，根据部门资产的分布结合资产价值增长的预期目标来获得。对于省域宏观 VaR 的计算，首先将宏观经济的有关目标转化为资产存量增值的目标，然后结合部门的 VaR 进行计算得到。

省域经济资本的度量可以按照基于四部门划分的宏观经济资本和按照产业划分的经济资本测度。省域经济资本是对省域经济资产价值可能的最大损失进行测度。测度方法有几种，分别是经验测算法、资产市值测度法和模拟资产价值分布法。

经验测算法根据历史经验判断资产价值的损失占总资产的比率，那么后一年资产价值的损失就按照这个总资产乘以这个比例来估算。这种方法测算起来较为方便，但是缺乏准度和精度。

资产市值测度法通过假设资产市值的分布来测算资产损失。在 CCA 分析的框架中，权益被当做看涨期权，而看涨期权的标的资产就是此资产的市场价值。在期权计算公式的前提假设中，标的资产服从几何布朗运动。此时，标的资产是服从对数正态分布的。这种方法最大的缺点是主观性比较强，没有调整的空间。

模拟资产价值分布法与资产市值测度法类似，但不同的是，资产市场价值的分布不是设定的，而是通过权益市场价值的分布以及权益与资产市场价值模拟出来的。这种方法精度较高，但是对数据的要求过高。

2. 宏观经济资本配置

省域的宏观经济资本配置是在省域的宏观经济资本测度完成的基础上进行的。省域的宏观经济资本通过将各个经济部门的风险因素量化为经济资本的分配系数来完成经济资本的度量。当然针对不同的经济配置目标，所采用的配置方法也不相同。采用比率系数法可以较为直观清晰地反映各个部门对风险的抵御程度和目前的风险状况，便于操作。采用违约价值期权的方法进行经济资本的配置主要从风险资产的边际贡献来考虑，较通过 VAR 构造的概率分布来说，以违约期权价值来进行省域的宏观经济资本分配方法可以保障资本的使用效率更高，但是操作起来较为复杂。

无论在省域的宏观经济资本配置中采取哪种方法，省域的宏观经济资本配置都已经将资本的利用效率和风险抵御程度纳入整个体系内，这成为省域的宏观经济资本绩效考核的重要依据。

3. 省域的宏观经济资本与风险管理

省域的宏观经济资本管理是指通过对省域的宏观经济资本的合理配置来提高资金的使用效率。使用社会资本的必要回报率作为客观标准，建立合适的渠道使经济资本由利润率较低的部门向较高的部门转移，从而提高金融资源的使用效率，推动有关宏观经济指标的实现。省域宏观经济资本管理的一个重要环节是绩效评价。对各部门经济资本的存量和使用效率进行跟踪，及时根据需要进行调整，提高资金的使用效率。

省域风险管理包括省域风险识别、省域风险度量、省域风险评价和报告。以省域的宏观经济资本为基础的风险管理是一套完整的风险管理工程体系。省域风险识别要求对省域宏观经济环境、省域经济金融政策、省域经济金融数据进行详尽的分析和估算，找出风险点，通过现实的检验，利用试错法依次谨慎确定。省域风险度量通过计算省域 VAR 来量化。省域风险评价通过分析结果提出各风险的影响程度和可能发展的深度。

4. 省域稳定基金

省域稳定基金是省域风险管理下，经济资本为达到配置目标而采取的风险管理办法，具体做法就是成立风险准备基金。如果风险可能发生在金融部门的银行业，那么就需要成立银行业的稳定基金，如省域存款保险基金。如果风险可能发生在家户部门的住房，那么就需要成立省域住房保障基金。如果风险可能发生在能源业中的化工业，那么就需要成立省域化工能源稳定基金。

5. 省域经济发展目标

省域的宏观经济资本的度量、配置，省域的宏观经济资本的风险管理以及省域稳定基金的成立都是围绕省域经济发展目标来进行的。省域经济发展目标包括经济效益目标和社会效益目标。经济效益目标包括省域经济增长的速度、省域经济增长的质量、省域主导产业发展的状况及其产业平均利润率、省域金融存贷款总量的规模和速度、省域金融存贷比、省域要素和金融市场的活跃程度等。省域社会效益目标包括省域新增就业数量、省域城乡居民收入水平、省域社会保障体系建设水平、省域物价水平等。

6. 省域绩效评价

省域绩效评价基于省域绩效考核。省域绩效考核借用了微观经济资本的核心概念，就是 RAROC。它由信孚银行于 20 世纪 90 年代提出，将其作为单笔盈利能力进行考核。其相比传统的 ROA、ROE 以及 EPS 等金融风险管理指标而言，它不仅仅考虑了银行的盈利能力，更衡量了风险调整后的收益。省域的宏观经济资本评价的对象是省域四大经济部门，分别是公共部门、金融部门、企业部门和家户部门。由于各个部门具备的风险特征不同，因此绩效评价的衡量指标和目标也不同。例如，对省域企业部门而言，需要抵御的宏观经济风险集中在经济的周期性变化、原材料的价格波动变化、经济金融危机带来的外部冲击，因而企业部门绩效评价的核心内容在于企业部门资产负债率、利润率、流动比率、违约距离以及省域经济资本等指标的衡量体系的构建和测算；对省域家户部门而言，需要抵御的风险主要集中在就业波动、养老基金亏空和社会保障乏力上。

省域绩效评价实际上是建立一套省域经济发展质量和程度的实时监控体系。通过省域账面和或有资产负债表的动态变化，反映出一个省经济金融总体以及各个部分的风险状况以及风险准备情况。

经济资本最早产生并应用于企业的经营管理中，近十几年来西方国家的商业银行开始引入并实践经济资本管理，并把经济资本从抽象概念进化为具体、可量化、可操作的管理体系，成为了商业银行风险管理实践中新的风险管理手段。它通过对风险的资本化，实现了对风险的全面度量和管理，其应用也越来越广泛，成为银行业普遍接受的风险管理模式。经济资本管理是商业银行风险管理的前沿理论，代表了未来银行风险和价值管理的核心，经济资本管理具有降低银行总体风险、优化资产结构、提升银行战略经营管理水平、促进银行建立更加科学合理的绩效考核体系等诸多优点。

第五节　湖北省宏观经济资本的度量、配置以及评价

一、湖北省的宏观经济资本度量

湖北省的宏观经济资本的度量要求计算湖北省的宏观 VAR。省域的宏观 VAR 是指在一定置信区间范围内在风险暴露下的资产规模。我们在计算省域经济资本的过程中，按照四部门分别计算是比较合适的。由于湖北省金融部门和企业部门的权益市值数据可以方便获取，所以可以得到资产市值的分布。但是，湖北省家户部门和公共部门的权益市场价值是无法直接获取的。因此，这两个部门 VAR 的计算方法会有所不同。

1. 湖北省金融部门和企业部门经济资本的度量方法

首先，我们利用或有权益分析技术得出资产的市场价值和波动率。CCA 分析法建立了金融部门和企业部门的权益市值和资产市值之间的联系。根据 Merton(1973)的研究，我们知道企业部门所有者权益的市场价值及波动率、企业资产的市场价值及波动率满足以下公式：

$$S\sigma_s = J\sigma_J \frac{\partial J}{\partial S} = J\sigma_J N(d_1)$$

其中，S 和 σ_s 分别表示资产的市场价值和波动率，J 和 σ_J 表示企业所有者权益的市值和波动率；$N(d_1)$ 为标准正态分布的累积分布函数。

然后，确定湖北省部门资产价值的分布。湖北省部门资产价值分布的概念换一个角度看就是资产损失分布的概念。我们将资产损失定义为资产的市场价值低于其账面价值的部分。因此，在给定账面价值的情况下，资产市值越低，那么资产损失就越大。

最后，计算湖北省的部门宏观 VAR。根据前面得到的湖北省部门资产价值

的分布,我们得出资产价值的平均值和在置信水平 95% 时资产市值的极小值,两者的差就是湖北省宏观在险值,也就是湖北省宏观经济资本,计算公式如下:

湖北省经济资本 = 资产平均价值 - 资产市值的极小值(95% 的置信度水平)

2. 湖北省家户部门和公共部门经济资本的度量方法

由于湖北省公共部门和家户部门缺少权益市场的数据,因此,无法运用上述方法计算湖北省宏观经济资本,只能通过湖北省公共部门和家户部门的市值进行估计,从而得到湖北省资产市值分布的估计。

3. 湖北省经济资本度量的层次

湖北省经济资本的度量从四个层面展开。

第一,从经济部门来看,湖北省的宏观经济资本的测算可分为湖北省公共部门经济资本的度量,湖北省金融部门经济资本的度量、湖北省家户部门经济资本的度量和湖北省企业部门经济资本的度量。

第二,从湖北省的行业来看,湖北省经济资本的测算可分为湖北省汽车工业经济资本的度量、湖北省能源化工业经济资本的度量、湖北省农业经济资本的度量等。

第三,从风险类别来看,湖北省经济资本的测算可分为湖北省金融风险经济资本的度量、湖北省产业承接转移风险经济资本的度量、湖北省南水北调工程风险经济资本的度量、湖北省小额贷款违约风险经济资本的度量等。

第四,从总量经济资本来看,无论是涉及哪个层次经济资本的度量,都需要加总。但是经济资本的加总不是简单地将各组成部分的经济资本做简单的加法,而是在剔除了各部分彼此间的风险相关性后得到的经济资本总和。

4. 湖北省上市企业部门经济资本的实证分析

我们根据 CCA 方法,从湖北省基础数据中得出上市企业部门的账面资产价值和或有权益资产市场价值,进而得到湖北省上市企业部门平均资产价值与或有资产市值极小值之间的差,即为湖北省上市企业部门的经济资本。

从表 14 - 1 可以看出,经济资本越大则表示此期间湖北省上市企业部门包含的风险因素越大。从图 14 - 1 可以看出 2008 年第四季度,湖北省上市企业部门经济资本最小为 1041.98 亿元,2011 年第一季度湖北省经济资本最大为 4131.87 亿元。2013 年,湖北省上市企业部门平均经济资本为 2425.03 亿元,与

2012 年比增加了 190.86 亿元，说明 2013 年湖北省上市企业部门的风险有所加大。

表 14－1　湖北省上市企业部门经济资本

年份/季度	湖北省经济资本（亿元）
2008Q1	3308.42
2008Q2	2110.99
2008Q3	1296.87
2008Q4	1041.98
2009Q1	1995.98
2009Q2	2453.36
2009Q3	2384.49
2009Q4	3450.09
2010Q1	3851.02
2010Q2	2648.06
2010Q3	3582.41
2010Q4	4039.07
2011Q1	4131.87
2011Q2	3674.71
2011Q3	2898.58
2011Q4	2282.54
2012Q1	2375.81
2012Q2	2386.26
2012Q3	2118.90
2012Q4	2092.54
2013Q1	2310.03
2013Q2	2032.89
2013Q3	2540.03

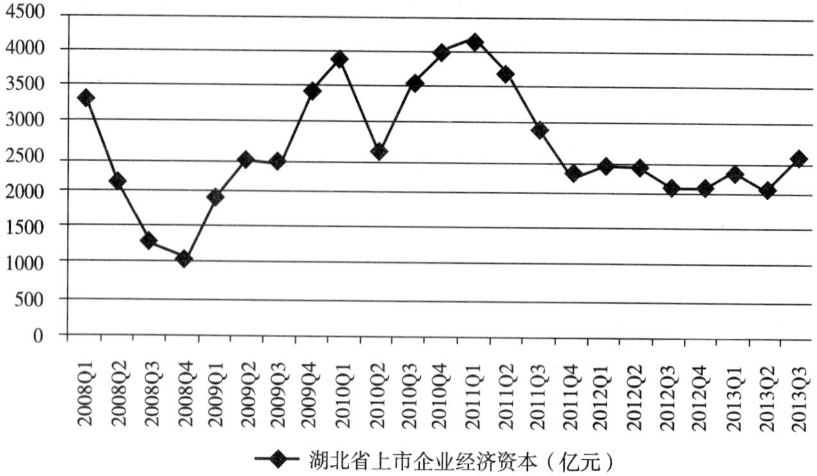

图 14－1　湖北省上市企业部门经济资本

二、湖北省经济资本的配置

湖北省的宏观经济资本的配置是指总的经济资本在湖北省这个经济体系中的主要部门、主要产业、主要风险管理对象中分配和重新调配。在具体实践中，宏观经济资本的配置可以指湖北省金融部门经济资本在银行业、证券期货业、保险业、非正规金融业中的配置；也可以指湖北省产业风险基金在汽车工业、商贸物流业、文化旅游业、水产养殖业、能源化工业等中的配置。在湖北省经济资本的配置过程中，可以遵循风险原则，也可以遵循风险与收益相匹配的原则。比如，湖北省产业风险基金在配置的过程中可以遵循风险原则；再比如，湖北省企业部门经济资本在分配过程中就要兼顾风险和收益。湖北省经济资本在配置的过程中，分为初始经济资本的分配和突发性风险下经济资本的调整。经济资本初始的分配主要考虑湖北省经济资本在各个部门中合理的结构，不是计划性的分配结果；突发性风险下经济资本的调整关注的是当危机中准备金不足时，部门间准备金进行相互调剂。通过将部门的 RAROC 值与本部门的平均社会收益率相比较，越高的 RAROC 值就分配越多的经济资本。

1. 湖北省经济资本配置的基本思路

(1)湖北省经济资本分配的载体

湖北省经济资本分配的载体是社会风险准备金。在湖北省公共部门反映为应对汇率波动的外汇储备和应对社会突发事件、淘汰落后产能和处理不可逆灾害时的财政贮备；在湖北省金融部门就反映为湖北省存款保险基金、存款准备金和保险保障资金池；在湖北省企业部门反映为湖北省产业风险基金、企业互助基金。

(2)湖北省宏观经济资本配置依据的结构

湖北省经济资本配置依据的结构主要是部门结构。湖北省金融部门可以细分为银行业、证券期货业、保险业和非正规金融业等子部门。湖北省企业部门可以细分为第一产业子部门、第二产业子部门和第三产业子部门，或者传统产业子部门、主导产业子部门和新型产业子部门。

(3)湖北省宏观经济资本的配置技术

湖北省宏观经济资本的配置主要依照风险贡献原则，即风险贡献大的部门就分配更多的经济资本。因此，首先我们要找到衡量风险贡献一套指标体系，在此基础上确定出不同部门对整体风险的贡献值。湖北省经济资本配置的风险贡献度量采取的指标值是预期损失的在险水平，配置技术是边际分配法。边际分配法可以分为部门边际分配法和增量 VaR 配置法。

(4)湖北省宏观经济资本的初始配置和再分配

湖北省的宏观经济资本初始的分配主要考虑湖北省的宏观经济资本在各个部门中合理的结构，不是计划性的分配结果。突发性风险下经济资本的调整关注的是当危机中准备金不足时，部门间准备金进行相互调剂。通过将部门的 RAROC 值与本部门的平均社会收益率相比较，越高的 RAROC 值就分配越多的经济资本。

2. 湖北省宏观经济资本配置的技术和方法

(1)湖北省宏观经济资本配置的风险指标

湖北省宏观经济资本配置的风险指标使用的是预期损失的在险值。基于风险补偿的宏观经济资本规模为资产市场价值与 95% 显著度水平下该分布所对应的资产市场价值之差。经济资本是资产价值下跌的准备金，是当资产价值下跌到较低水平后恢复到目标水平所需要追加的资金。

(2)湖北省的宏观经济资本配置的基本方法

按照湖北省部门结构，可以划分为公共部门、企业部门、金融部门和家户部门。首先通过 CCA 方法以及蒙特卡洛模拟构造资产 A、B、C、D 相对应的预期损失 L_A、L_B、L_C、L_D，整个湖北省经济看成是 P，现在计算预期损失 L_P。根据上述假设，可以计算出资产 A、B、C、D 对投资组合 P 的风险贡献以及占投资组合 P 的比例 M，得出下列式子：

$$RC_A = \frac{UL_A(UL_A + UL_B\rho_{AB} + UL_C\rho_{AC} + UL_D\rho_{AD})}{UL_P}, M_A = \frac{RC_A}{UL_P}$$

$$RC_B = \frac{UL_B(UL_B + UL_A\rho_{AB} + UL_C\rho_{BC} + UL_D\rho_{BD})}{UL_P}, M_B = \frac{RC_B}{UL_P}$$

$$RC_C = \frac{UL_C(UL_C + UL_A\rho_{AC} + UL_B\rho_{BC} + UL_D\rho_{CD})}{UL_P}, M_C = \frac{RC_C}{UL_P}$$

$$RC_D = \frac{UL_D(UL_D + UL_A\rho_{AD} + UL_B\rho_{BD} + UL_C\rho_{CD})}{UL_P}, M_D = \frac{RC_D}{UL_P}$$

那么按照风险贡献的原则，湖北省四部门湖北省经济资本的分配数额依次为：

$$EC_A = EC \times M_A, EC_B = EC \times M_B, EC_C = EC \times M_C, EC_D = EC \times M_D$$

（3）湖北省宏观经济资本配置的配置方法

湖北省宏观经济资本的分配方法主要有三种，分别是比例分配法、部门增量 VaR 分配方法和部门边际 VaR 分配法。

①比例分配法

将湖北省经济划分为四部门，分别是公共部门、企业部门、金融部门和家户部门，首先单独计算各个部门预期损失的 VaR，然后再确定风险贡献值 M，公式如下：

$$M = \frac{\text{单个部门 } VaR}{\text{湖北省 } VaR}$$

②部门增量 VaR 法

湖北省四部门中某一个部门的 VaR 增量衡量的是该部门资产头寸变化对整体 VaR 的影响程度。通过某部门 VaR 的增量与四部门 VaR 的增量之和之比可以得出湖北省宏观经济资本的部门配置结构，如下：

$$M = \frac{\text{湖北省某个部门的增量 } VaR}{\text{湖北省四部门增量 } VaR \text{ 之和}}$$

③部门边际 VaR 法

边际 VaR 法是指将湖北省四部门中的某一部门剔除得到的湖北省整体资产 VaR 的变化，即有假设部门资产 P 的边际 VaR 为 $MVaR(P)$，那么 $MVAR(p) = VaR(P) - VaR(P-p)$，从而得出部门边际法下湖北省的宏观经济资本配置结构。

参考文献

一、中文著作

[1]巴曙松.《中国县域金融体系的发展和重构》[J].西南金融,2010 (7):18－20.

[2]白钦先.金融结构、金融功能演进与金融发展理论的研究历程[J].经济评论,2005(3).

[3]李泉,拜琦瑞.甘肃省域经济特征及其协调发展研究[J].科学经济社会, 2007(4).

[4]陈勇.湖北县域经济发展现状与对策研究[D].武汉:武汉大学,2005.

[5]杜迎伟,张树忠,王雨舟.发挥“农业保险＋信贷的协同效应”[J].中国金融,2008(21):63－65.

[6]樊纲,王小鲁,马光荣.中国市场化进程对经济增长的贡献[J].经济研究,2011(9).

[7]顾海兵,张一弓.后30年:中国国家经济安全战略的总体研究[J].经济学动态, 2010(1).

[8]高强,李鹏进.我国城市基础设施建设投融资现状及对策研究[J].开发研究,2012(1):117－122.

[9]郭炎.农业银行银保业务发展浅析[J].湖北农村金融研究,2012(10):61－65.

[10]黄建.我国区域资本市场与经济增长问题研究[D].大连:东北财经大学,2004.

[11]黄德春,闵尊祥,徐敏.金融发展与技术创新:对中国高新技术产业的实证研究[J].中国科技论坛,2011(12).

[12]黄湘雄,芮玉红.广东区域金融发展实证研究[J].南方金融,2004(9).

[13]金荣学,解洪涛.中国城市化水平对省际经济增长差异的实证分析[J].管理世界,2010(2).

[14]简新华,魏珊.产业经济学[M].武汉:武汉大学出版社,2002.

[15]贾拓,姚金楼,王承萍,汤春华.区域系统性金融风险的识别与防范——以泰州为例[J].上海金融,2012(12):102－107.

[16]蓝必华.建立区域经济风险预警与控制系统对策研究——以深圳市龙岗区为例[J].改革与战略, 2006(8).

[17]李丹红.农村民间金融发展现状与重点改革政策[J].金融研究,2000(5):118－125.

[18]李华.城市基础设施建设投融资体制改革的探索[J].辽宁大学学报(哲学社会科

学版),2000(6):71－75.

[19]李义奇.金融发展与政府退出:一个政治经济学的分析[J].金融研究,2005(3).

[20]刘岩,丁宁.美日多层次资本市场的发展、现状及启示[J].财贸经济, 2007(10).

[21]刘仁伍.区域金融结构和金融发展理论与实证研究[D].北京:中国社会科学院研究生院,2000.

[22]裴成荣.发展区域资本市场加快国有企业改革[J].西安石油学院学报(社会科学版),2003(1).

[23]王珺,杨本建.企业所有权结构与产业集群的形成[J].管理世界,2010(4).

[24]王丽英,陈国绪,荆卓.我国城市基础设施建设投融资方式创新研究[J].中央财经大学学报,2009(12):53－57.

[25]王毅.用金融存量指标对中国金融深化进程的衡量[J].金融研究,2002(1).

[26]温锋华,姜玲.我国城市建设的投融资模式与政府行为创新[J].改革,2013(6):144－150.

[27]伍艳,西部欠发达地区城镇化进程中的金融支持[J].西南民族大学学报(人文社科版),2011 (2):126－129.

[28]伍海华,马正兵.金融发展和经济增长关系的交叉谱分析[J].经济评论,2003(4):97－100.

[29]熊桉.对统筹湖北省域经济发展的现实思考[J].湖北经济学院学报(人文社会科学版),2004(1).

[30]徐为山,赵海山.商业银行综合经营背景下银行保险业务的发展——一个协同视角[J].上海金融,2008(05):16－22.

[31]徐东.基础设施资产证券化[M].北京:中国社会科学出版社,2010.

[32]殷剑峰.不对称信息环境下的金融结构与经济增长[J].世界经济,2004(2).

[33]郁明华,于利东,刘冬.结构调整、收入增长与经济发展——基于省域经济数据的实证分析[J].统计科学与实践,2011(4).

[34]袁佩佳.资产负债管理框架下的地方财政可持续性分析[J].地方财政研究,2006(3):16－21.

[35]叶永刚,龚伟等.中国孵化器融资体系研究、设计与实施[M].中国金融出版社,2004.

[36]叶永刚等.宏观金融工程:理论卷[M].北京:高等教育出版社,2011.

[37]叶永刚等.县域金融工程研究——基于通山模式的分析[M].北京:人民出版社,2014.

[38]张军洲.中国区域金融分析[M].北京:中国经济出版社,1995.

[39]张秀生.区域经济学[M].武汉:武汉大学出版社,2007.

[40]张炜,董敏.城市经营与城建投资体制改革初探[J].城市发展研究,2001(8):33-34.

[41]张志强.金融发展、研发创新与区域技术深化[J].经济评论.2012(3).

[42]郑立群.工程项目投资与融资[M].上海:复旦大学出版社,2011.

[43]张春霖.如何评估我国政府债务的可持续性[J].经济研究,2000(2):66-71.

[44]张建华,程文.中国地区产业专业化演变的U型规律[J].中国社会科学,2012(1).

[45]张汉林,魏磊.全球化背景下中国经济安全量度体系构建[J].世界经济研究,2011(1).

[46]庄子银.高级宏观经济学[M].武汉:武汉大学出版社,2004.

[47]宗超.《区域资本市场与中西部崛起》[D].南昌:江西财经大学,2006.

[48]支大林.中国区域金融研究[D].长春:东北师范大学,2002(10).

[49]中国人民银行大庆市中心支行课题组.产业风险、金融系统性风险与国家风险及其管理:大庆个案分析[J].金融研究,2001(11).

二、英文著作

[1]Alberto Gabriele, Korkut Boratav & Ashok Parikh. "Instability and Volatility of Capital Flows to Developing Countries". *World Economy*, 2000(4).

[2]Albuquerque, Rui. "The Composition of International Capital Flows: Risk Sharing through Foreign Direct Investment". *Journal of International Economics*, 2003(2).

[3]Allen M., Rosenberg C., Keller C., et al. "A Balance Sheet Approach to Financial Crisis". *IMF Working Paper*, 2002:9-57.

[4]Arrow, K. "Economies Welfare and the Allocation of Resources for Invention". UMI, 1962.

[5]Arun, T. & Annim, S. K. "Economic Governance of Mfis: Inside the Black Box". IZA, 2010.

[6]Debreu G. "The Coefficient of Resource Utilization". *Econometrics*, 1951.

[7]E. C. Wang. "A Dynamic Two-Sector Model for Analyzing the Interrelation between Financial Development and Industrial Growth". *International Review of Economics and Finance*, 2000, 9(3):223-241.

[8]Goldsmith, Raymond. *Financial Structure and Development*. New Haven, CT: Yale University Press, 1969.

[9]Greenwood, J. & Jovanovic, B. "Financial Development, Growth and the Distribution of Income". *The Journal of Political Economy*, 1990, 98(5):1076-1107.

[10]Kerstin Bernoth & Burcu Erdogan. "Sovereign Bond Yield Spreads: A Time-varying Coefficient Approach". *Journal of International Money and Finance*, 2012:639-656.

[11]King, R. G. & R. Levine. "Financial, Entrepreneurship and Growth: Theory and Evidence". *Journal of Monetary Economics*, 1993, 32(3):513-542.

[12] Krugman Paul. "A Model of Innovation, Technology Transfer and the World Distribution of Income". *Journal of Political Economy*, Vol. 87, 1979(2).

[13] McKinnon, R. I. *Money and Capital in Economic Development*. Brookings Institution Press.

[14] Peter K. Cornelius. "Trade in Financial Services, Capital Lows and the Value - at - Risk of Countries". *World Economy*, 1999 (4).

[15] Robert M. Solow "A Contribution to the Theory of Economic Growth". *The Quarterly Journal of Economics*, 1956, 70(1): 65 - 94.

[16] Shaw, Edward S. *Financial Deepening in Economic Development*. New York: Oxford University Press, 1973.

[17] Wendy Carlina & Colin Mayerb. "Finance, Investment and Growth". *Journal of Financial Economics*, 2003(69): 191 - 226.

图书在版编目（CIP）数据

省域金融工程：基于中国湖北省的示范分析／叶永刚等著．—北京：人民出版社，2015.8
ISBN 978-7-01-015105-2

Ⅰ.①省… Ⅱ.①叶… Ⅲ.①地方金融事业—金融工程—研究—湖北省
Ⅳ.①F832.763

中国版本图书馆 CIP 数据核字（2015）第 174927 号

省域金融工程——基于中国湖北省的示范分析

SHENGYU JINRONG GONGCHENG——JIYU ZHONGGUO HUBEI SHENG DE SHIFAN FENXI

叶永刚　刘宇奇　宋凌峰　张培　等著

责任编辑 卢　典
封面设计 张　煜
出版发行 人民出版社
地　　址 北京市东城区隆福寺街 99 号
邮　　编 100706
网　　址 http：//www.peoplepress.net
经　　销 新华书店
印　　刷 环球印刷（北京）有限公司
版　　次 2015 年 8 月第 1 版　2015 年 8 月北京第 1 次印刷
开　　本 710 毫米×1000 毫米　1/16
印　　张 17.75
字　　数 295 千字
书　　号 ISBN 978-7-01-015105-2
定　　价 49.00 元